O Tesouro Arcano

A Maçonaria e Seu Simbolismo Iniciático

João Anatalino Rodrigues

O Tesouro Arcano

A Maçonaria e Seu Simbolismo Iniciático

© 2013, Madras Editora Ltda.

Editor:
Wagner Veneziani Costa

Produção e Capa:
Equipe Técnica Madras

Revisão:
Silvia Massimini Felix
Neuza Rosa
Margarida A.G. Santana

Dados Internacionais de Catalogação na Publicação (CIP)
(Câmara Brasileira do Livro, SP, Brasil)

Rodrigues, João Anatalino
O Tesouro arcano: a maçonaria e seu simbolismo iniciático/João Anatalino Rodrigues. – 1. ed. – São Paulo: Madras, 2013.

ISBN 978-85-370-0853-9

1. Maçonaria 2. Maçonaria - História
3. Maçonaria – Simbolismo I. Título.

13-04999   CDD-366.1

Índices para catálogo sistemático:
1. Maçonaria: Sociedades secretas 366.1

É proibida a reprodução total ou parcial desta obra, de qualquer forma ou por qualquer meio eletrônico, mecânico, inclusive por meio de processos xerográficos, incluindo ainda o uso da internet, sem a permissão expressa da Madras Editora, na pessoa de seu editor (Lei nº 9.610, de 19.2.98).

Todos os direitos desta edição reservados pela

MADRAS EDITORA LTDA.
Rua Paulo Gonçalves, 88 — Santana
CEP: 02403-020 — São Paulo/SP
Caixa Postal: 12183 — CEP: 02013-970
Tel.: (11) 2281-5555 — Fax: (11) 2959-3090
www.madras.com.br

Índice

Introdução – O reino de Enteléquia 10

Primeira Parte – A Maçonaria Arquetípica

Capítulo I – O Tesouro Arcano 14
    A egrégora 14
    Corrente de energia 15
    A egrégora maçônica 16
    A Loja 18
    O tesouro arcano 20
    O problema da linguagem 21
    A questão do método 22

Capítulo II – O Pensamento Mágico 25
    O intuitivo e o racional 25
    Jung e os arquétipos 26
    Política e magia 29
    O pensamento mágico e a história 32
    Maçonaria e pensamento mágico 34

Capítulo III – A Origem das Fraternidades 37
    Maat – o equilíbrio universal 37
    As cidades antigas 38
    A fraternidade maçônica 41

Capítulo IV – A Irmandade de Israel 43
    A irmandade de Israel 43
    A sabedoria arcana 44
    Os Irmãos de Heliópolis 47

Os sacerdotes egípcios 50
A relação com a Maçonaria 51
Capítulo V – Moisés e Akhenaton 51
    Moisés, sacerdote egípcio 53
    Especulações instigantes 54
    Akhenaton, o Reformador 56
    Revisão histórica 57
    Os pedreiros hebreus 60
Capítulo VI – Israel, Povo Iniciado 60
    O simbolismo do Êxodo 60
    Uma viagem iniciática 62
    As 12 oficinas 64
    A mística do número 12 66
    Regras da fraternidade 68
Capítulo VII – Os Mistérios Egípcios 71
    O deus Osíris 71
    A deusa Ísis 73
    Ísis e a astrologia 74
    Ísis e a política 75
    Influência no Cristianismo 75
    Conteúdo iniciático dos Mistérios 76
    Ísis e Maçonaria. 77
Capítulo VIII – Os Mistérios de Elêusis 79
    A lenda de Démeter e Perséfone 79
    Os Mistérios de Elêusis 80
    A função iniciática dos Mistérios 81
    A ritualística dos Mistérios 82
    A influência na Maçonaria. 83
Capítulo IX – Os Mistérios de Mitra 86
    O deus Mitra 86
    Zoroastro 87
    A doutrina de Zoroastro 89
    O Mitraísmo em Roma 91
    A teologia do Mitraísmo 93
    O conteúdo arquetípico dos Mistérios de Mitra 95
    Os rituais mitraicos 96
    Mitraísmo e Maçonaria. 98

Capítulo X – Os Pitagóricos 100
    Pitágoras...100
    As teorias de Pitágoras..101
    A Tetractys...103
    Pitagorismo e Cabala...105
    Pitagorismo e o Tarô..106
    Pitagorismo e Maçonaria...107

Segunda Parte – A Maçonaria Corporativa

Capítulo XI – Os Fariseus 109
    Um pouco de história..109
    A origem dos fariseus 110
    Os donos do Templo..111
    A Grande Assembleia..112
    As doutrinas dos fariseus 113
    Cristão *versus* fariseus 115
    Analogia com a Maçonaria 116

Capítulo XII – Os Saduceus 118
    A questão histórica..118
    Quem foram os saduceus 119
    As doutrinas dos saduceus 120
    Os saduceus e a Maçonaria 122

Capítulo XIII – Os Essênios 124
    A comunidade essênia...124
    Síntese histórica 125
    Como viviam os essênios..127
    O Messianismo..129
    Os essênios e a Maçonaria 132

Capítulo XIV – Os *Collegia Fabrorum*..134
    Origem dos *Collegia* 134
    Os *collegia* romanos..135
    A estrutura dos *collegia* 137
    A teoria Comacine 140
    Os *Collegia Fabrorum* e a Maçonaria..141

Capítulo XV – Os Maçons Operativos 143
    O ofício sacralizado 143
    Ideal ascético...145

    O legado dos operativos 147
    As guildas dos pedreiros livres 150
    Os segredos dos maçons. 150
Capítulo XVI – A Transição..153
    O pensamento gnóstico 153
    O Cristo gnóstico 154
    O Cristianismo místico...156
    As fraternidades gnósticas 158
    Um casamento por amor 159
    Do operativo para o especulativo 160
Capítulo XVII – Maçonaria Especulativa............................164
    A Renascença..164
    Martinho Lutero e os rosa-cruzes 165
    Os maçons aceitos 166
    A Constituição de Anderson. 169

Terceira Parte – A Maçonaria Simbólica

Capítulo XVIII – O Reino da Natureza 172
    Nature naturans..172
    O Tao: Yin e Yang 173
    A versão bíblica..175
    Ordo ab Chao 176
    Aplicação na Maçonaria...177
Capítulo XIX – A Cosmogenia Arcana.................................179
    Os quatro mundos da Cabala 179
    A cosmogenia cabalística 181
    Os arquitetos da Criação 182
    "Sabedoria Mestre de Obras" 183
    O Grande Arquiteto do Universo 184
    Um romance escatológico..186
Capítulo XX – Antropologia Arcana.....................................188
    Antropologia e Cabala...188
    O homem primordial...190
    O homem vitruviano 191
    O homem de Vênus 193
    Humanidade autêntica...194
    Civilizações pré-adâmicas...195

Capítulo XXI – Geometria Arcana 199
   A linguagem sagrada..199
   A linguagem da Maçonaria...200
   O ponto...201
   O círculo...202
   O círculo e o ponto...203
   O círculo, o ponto e o triângulo 204

Capítulo XXII – Simbologia Arcana..207
   O nível e o prumo...207
   O esquadro e o compasso...209
   A trolha 211
   O avental 212
   Luvas brancas...214
   O maço e o cinzel...215

Capítulo XXIII – Alegorias Arcanas...218
   A pirâmide seccionada 218
   O galo...220
   A ampulheta...223
   O princípio trinitário..223
   A trindade maçônica 227
   A corda de 81 nós...227

Capítulo XXIV – Mitologia Arcana..231
   Mitos e lendas 231
   O ramo de ouro 232
   O simbolismo do bode 234
   Filho da Viúva..237
   A barba de Aarão..238

Bibliografia..241

Introdução

O reino de Enteléquia

Quem está familiarizado com a filosofia de Aristóteles sabe o que significa o termo Enteléquia e certamente não vai estranhar a razão de termos feito a introdução deste livro com esse conceito.

Esse termo designa a energia que o Criador concedeu a todos os seres da Natureza, para levá-la à sua forma mais perfeita. Formada pelo prefixo *en* (o que está dentro), *télos* (objetivo, realização, acabamento) e o radical do verbo *ékhô* (trago em mim, possuo), o vocábulo grego *entélékheia* significa a qualidade do ser que tem em si mesmo a capacidade de promover seu próprio desenvolvimento. No ser humano pode ser entendida como a força que o leva a enriquecer o espírito por meio da aquisição do conhecimento e também a promover o desenvolvimento do seu organismo em termos físicos.

Evidentemente temos consciência da dificuldade que a interpretação desse termo apresenta, pois se refere a um conceito filosófico bastante complexo, que nem mesmo entre os estudiosos da filosofia aristotélica encontra muito consenso. Leibniz o utilizou para indicar as substâncias simples ou mônadas criadas, que contêm certa perfeição ou autossuficiência interna, o que as torna autônomas em suas ações, ou, em sua própria expressão, elas são "autômatos incorpóreos" (Monadas, § 18).

Na filosofia contemporânea, esse termo é utilizado pelo biólogo Hans Driesch, que por intermédio dele justifica seu conceito de vitalidade, presente nos seres vivos. Para esse grande biólogo alemão, Enteléquia é o princípio da vida nos seres animados: equivale ao fator primordial, que se reduz a agentes físico-químicos como origem da atividade vital.[1]

---

1. Driesch, *Teoria Analítica do Desenvolvimento do Organismo*, 1912.

Na filosofia arcana, Reino de Enteléquia é uma expressão cunhada pelo filósofo alquimista François Rabelais, para designar o trabalho do discípulo de Hermes na procura da pedra filosofal.[2]

É, como se pode intuir, um termo que já de início inspira uma série de especulações, tanto no campo das realidades físicas quanto espirituais. Grosso modo, se quisermos dar a esse conceito uma amplitude que muitos poderão achar licenciosas, mas que nós consideramos perfeitamente cabíveis, diríamos que Enteléquia pode ser considerada como algo análogo ao nosso DNA, que na estrutura biológica dos seres humanos determina a conformação física que ele poderá adquirir em sua história de vida, e no terreno espiritual ao que chamamos de espírito, ou seja, aquela força que, internamente, movimenta o ser humano em sua atividade psíquica.

Enteléquia é, pois, o princípio da vida. Em todas as formas do ser – física ou espiritual – Enteléquia é a potência que o move para seu fim e o realiza como parte constitutiva do todo universal. Em qualquer elemento da Natureza, seja mineral, vegetal ou animal, existe esse "programa" único, original e fundamental que o dirige e o conforma para uma finalidade predeterminada pelo Grande Princípio que rege a formação das realidades universais. É ele que faz um mineral assumir a forma e a função que lhe cabe dentro do reino a que pertence; também informa as propriedades e as funções de cada organismo no reino vegetal ou animal. E por consequência preside igualmente as realizações do espírito, conduzindo o homem à plenitude de sua arte, de sua técnica ou ciência e de suas virtudes éticas e morais.

Também é pela Enteléquia que o organismo do doente recupera seu equilíbrio natural, reconduzindo-o à saúde; e no terreno das realidades espirituais é o que leva o iniciado, o *recipiendário* das verdades iniciáticas, à luz da iluminação.

De uma forma geral, o espírito humano tem despendido muita energia na tarefa de descobrir qual é o princípio que rege a vida do Universo. Os cientistas o procuram no infinitamente pequeno, estudando a estrutura e o comportamento das mais ínfimas partículas da matéria física. Os espiritualistas o perseguem nas relações que nossa mente estabelece com o mundo das realidades sutis. Mas, de qualquer forma, todo conhecimento é visto como resultado da busca desse *Tesouro Arcano*, que, embora oculto, se manifesta nas realizações de todos os seres da Natureza.

---

2. Rabelais, *As Aventuras de Gargântua e Pantagruel*, Clube do Livro, 1978.

Em nosso entender, não é outra coisa que todo indivíduo busca, seja na liturgia das religiões ortodoxas, seja na prática iniciática de grupos pararreligiosos, que por meio de suas místicas concepções filosóficas e rituais buscam penetrar no território das realidades não acessíveis ao raciocínio lógico.

Cremos não estar dizendo nenhum impropério se afirmarmos que todo maçom, ao ser iniciado nos augustos Mistérios da Arte Real, está na verdade penetrando no Reino de Enteléquia. Mas, para poder usufruir de todas as belezas que esse reino concentra será necessário que ele se dispa de suas roupagens críticas e de sua armadura lógica. Nele há de viajar somente com seu espírito, como faz a menina Alice no País das Maravilhas. Pois tudo nele é metáfora, símbolo, alegoria, analogia, enfim, estruturas arquetípicas que estão na base do inconsciente coletivo da humanidade e são trazidos para o mundo de nossas realidades cotidianas por intermédio desses artifícios linguísticos. E nelas essas estruturas se transformam em crenças, mitos, lendas, alegorias e outros folclores que nossa mente utiliza para traduzir em linguagem aquilo que só a sabedoria do espírito consegue entender.

Como faziam nossos antigos irmãos alquimistas, os verdadeiros maçons também andam em busca de sua pedra filosofal. Da mesma forma que na antiga Arte dos Adeptos, são poucos os que a encontram. Mas isso não quer dizer que ela não exista. E foi para os Irmãos que acreditam na existência desse maravilhoso *Tesouro Arcano* que nós fizemos este trabalho.

Primeira Parte
A Maçonaria Arquetípica

Capítulo I

O Tesouro Arcano

*A egrégora – Corrente de energia – A egrégora maçônica – A Loja
– O tesouro arcano – O problema da linguagem – A questão do método.*

A egrégora

A primeira joia do Tesouro Arcano a ser encontrada na Maçonaria é a chamada *egrégora*. É por meio dessa estrutura arquetípica que habita no inconsciente coletivo da humanidade, desde seus primórdios, que o objetivo espiritual buscado pelo iniciado nos Mistérios da Arte Real se realiza.

Egrégora, (do grego *egrêgorein*) significa velar, vigiar. É um termo que designa o antigo costume grego de "concentrar" o povo em uma assembleia, com a mente voltada para determinado objetivo. Era um costume muito utilizado em época de guerra ou de acontecimentos importantes da vida daquele povo. Com o tempo, essa prática se tornou uma verdadeira tradição popular, invadindo todos os segmentos da vida grega, sendo exercida na religião, por intermédio dos festivais conhecidos como *Mistérios*, nos esportes, por ocasião das famosas Olimpíadas, e até na política, quando as assembleias dos cidadãos da *pólis* eram reunidas na praça pública (ágora), para resolver assuntos de importância para a comunidade.

Esse tipo de costume pode ser verificado entre os gregos mais antigos, como se percebe nas obras de Homero, particularmente a *Ilíada*, onde as assembleias dos povos argivos, "concentradas" para planejar a guerra contra os troianos, nos mostra como funcionava o espírito da *egrégora* entre os gregos daqueles tempos míticos.[3]

---

[3]. A *egrégora* é a ideia que informa a tradição cultivada pelas equipes esportivas, especialmente as de futebol, de se concentrar antes das partidas. Na Maçonaria ela está também presente na tradição da "corrente da união", quando é transmitida a "palavra semestral".

A teoria da egrégora fundamenta-se na existência das entidades denominadas *egrégoros*, que são centelhas de energia espiritual manifestadas pela mente das pessoas congregadas em estreita união, e na crença de que elas podem influenciar os acontecimentos no mundo físico.

Essas "entidades" estão presentes em todas as coletividades, seja nas mais simples associações, ou mais propriamente nas assembleias religiosas. São geradas pelo somatório de energias físicas, emocionais e mentais de duas ou mais pessoas quando se reúnem para qualquer finalidade em que suas emoções estejam envolvidas. Nesse conceito cabe, inclusive, o famoso ensinamento de Jesus, segundo o qual "ele estaria no meio" de qualquer grupo que se reunisse em seu nome.

Dessa forma, podemos dizer que todos os agrupamentos humanos geram seus *egrégoros* particulares. Por isso nós os encontraremos nas empresas, nos clubes, nas igrejas, nas famílias, nas equipes esportivas e em todas as associações de pessoas em que as energias físicas e espirituais dos indivíduos são eliciadas para "trabalhar" por um resultado.

A ideia que está no centro dessa crença é a de que, quando um grupo se reúne e promove sinergia, a energia que é gerada por essa comunhão de pensamento forma uma espécie de corrente que influencia o meio em que ela atua. Ela seria a força que dá efetividade a um grupo de oração, a uma equipe esportiva, aos grupos de trabalho, etc. Assim, a técnica de formação de egrégoras hoje está na base dos modernos métodos de treinamento nas empresas e nos grupos de influência na sociedade.

Corrente de energia

Destarte, *egrégoros* podem ser vistos como esferas de energia, emanadas dos indivíduos agrupados e ligados mentalmente por um objetivo comum. São como átomos que se agrupam e formam uma "corrente de energia", que aproveita os objetivos do grupo e também favorece a cada um dos indivíduos pessoalmente.

Hoje, a estratégia da formação de egrégoras está disseminada por todas as atividades que envolvem trabalho coletivo. Em um hospital, por exemplo, o ambiente é preparado para formar uma *"central"* destinada a concentrar energias para a cura dos pacientes. Em uma fábrica, uma empresa comercial, uma equipe de futebol, os exercícios coletivos, as orações comunitárias, os momentos de reflexão e concentração, tudo são estratégias usadas para eliciar a energia do grupo.

Na crença do Espiritismo esse conceito é conhecido pelo nome de "formas-pensamento", ou seja, ideias projetadas pela mente humana e materializadas no mundo espiritual como "entidades" que sobrevivem na esfera astral e podem influenciar os objetivos para os quais são dirigidos. É nesse sentido que funciona o que chamamos de "mau-olhado" e as projeções negativas ou positivas de pensamento, que influem no comportamento das pessoas.

Assim, uma egrégora caracteriza-se pelo espírito de congregação, que é obtido pela soma das manifestações mentais emitidas pelo grupo e que a todos beneficia, individual e coletivamente. Daí esse termo ser constantemente utilizado na prática maçônica.

Com o tempo essa ideia evoluiu para uma prática muito comum entre os diversos grupamentos humanos. Assim, as egrégoras, que em princípio tinham função religiosa e serviam ao próprio sistema de governo praticado nesses antigos tempos, passaram a ser usadas por grupos particulares na defesa de seus interesses corporativos. O *egregôrein* tornou-se uma estratégia de organização social e ganhou uma aplicação prática na forma de corporações associativas, formadas para os mais diversos fins.

Nasceram assim as associações de classe, as corporações obreiras, os partidos políticos, os clubes sociais, mas agora já despregados da concepção original, que hospedava um misto de religiosidade, componentes raciais e até política de Estado. O objetivo passou a ser a defesa das próprias conquistas do grupo, sua preservação como sistema corporativo e o desenvolvimento e o compartilhamento de valores culturais, econômicos e sociais.

Situam-se nesse espectro as antigas corporações de obreiros, tipo "Collegia Fabrorum" dos romanos, as corporações de ofício da Idade Média (guildas) e as chamadas Lojas Operativas dos pedreiros medievais, famosos construtores de igrejas e edifícios públicos, dos quais o termo maçom foi emprestado. Todas essas corporações tinham, na estrutura nuclear de seus fundamentos, uma noção de egrégora a uni-los.

A egrégora maçônica

A Maçonaria é uma estrutura mental arquetípica, cuja origem repousa na ideia de que existe uma ordem social perfeita que pode ser realizada pela união dos homens de boa vontade. Essa união promove o aprimoramento dos espíritos nela congregados, como resultado da egrégora formada pelos Irmãos em estreita comunhão. Essa egrégora, que é sustentada pelas qualidades pessoais que cada um deles traz para o grupo, promove de um lado o desenvolvimento coletivo, permitindo a realização de seus objetivos, e de outro o enriquecimento ontológico de cada um dos indivíduos dele participante.

Sabemos que, como estrutura arquetípica, a Maçonaria é contemporânea das primeiras civilizações. Desde os tempos mais antigos, os povos que alcançaram os mais altos estágios civilizatórios cultivam a tradição de preservar sua cultura, seus conhecimentos e suas conquistas mediante a reunião de grupos específicos de indivíduos que comungam de interesses mútuos. Esses grupos se formam por cooptação, procurando aglutinar, na forma mais nivelada possível, os "iguais" dentro de uma sociedade, fundamentados na crença de que aqueles que estão mais envolvidos com determinado sistema é que têm maior interesse em preservar seus valores.

É nesse amplo espectro, que funde religião, política, mitologia e história, que iremos encontrar, por exemplo, as antigas manifestações culturais conhecidas como *Mistérios*, que vários autores maçons costumam invocar como sendo as estruturas mais antigas da Maçonaria.[4] Aqui caminhamos nas sombras e só podemos fazer conjecturas baseadas em analogias entre os ritos praticados por aqueles povos e os símbolos comuns compartilhados por eles e pela Maçonaria Moderna, mas é certo que existe uma ligação e uma relação de antecedente e consequente entre essas manifestações espirituais dos antigos povos e a Arte Real hoje praticada. E o vínculo que os une é justamente a força da egrégora, sendo a prática iniciática presente em todos eles nada mais que uma estratégia desenvolvida para captar a energia emanada do grupo e dirigi-la para a consecução dos seus objetivos.

É evidente que a Maçonaria praticada por nossos antecessores das idades antiga e medieval era muito diferente da que conhecemos hoje. Dela não sobreviveram registros suficientemente precisos para dar ao historiador uma noção bastante clara de como era a Arte Real praticada por esses Irmãos de outros tempos. Os fragmentos dos ritos e os documentos manuscritos que versam sobre aspectos particulares dessas sociedades são muito controversos. Os próprios registros de suas atividades, que sobreviveram à ação do tempo, por falta de continuidade histórica e pela ausência de um padrão de unidade entre as práticas por elas adotadas, e depois pelas Lojas Operativas dos maçons medievais, acabam mais por confundir do que esclarecer a quem se propõe a escrever sobre a antiga Maçonaria. Dela fica sempre uma ideia de corporativismo, temperado por uma mística muito própria da cultura daquelas épocas, quando a religião era o único sistema de balizamento dos espíritos e todas as instituições sociais eram condicionadas por esse fator.

---

4. *Mistérios* aqui são identificados como festivais iniciáticos que os povos antigos costumavam praticar para honrar seus deuses e obter suas graças.

A origem da Maçonaria sempre foi um assunto muito obscuro, e mesmo hoje, apesar da farta literatura já publicada, ainda suscita muitas dúvidas aos estudiosos dessa matéria.

Como instituição, é costume situar suas origens no início do século XVIII, a partir da Constituição que lhe foi dada pelos maçons ingleses, liderados pelo pastor anglicano James Anderson. Mas o que estes fizeram não foi exatamente a criação de algo novo, e sim a sistematização de uma prática já várias vezes centenária. Sabemos que muito antes da fusão das Lojas londrinas e das *Constituições de Anderson*, os maçons já se reuniam nos canteiros de suas obras para *praticar* alguma coisa parecida com a Arte Real. A essas reuniões, por algum motivo ainda não suficientemente esclarecido, eles chamavam de *Lojas*.

Egrégora – Loja Maçônica União e Caridade IV – foto do autor.

A Loja

Na tradição arcana, o termo *Loja* (em sânscrito *Loka*) designa as diferentes partes do Universo onde a vida se manifesta. Refere-se também às diferentes idades, ou fases que a humanidade deve passar para cumprir seu destino cármico. Assim, a terra seria uma *Loka*, assim como outras partes do Cosmos onde o Criador, supostamente, possa ter semeado alguma forma de vida. Nesse sentido, o pensamento humano, reunido em *Loja* e dirigido para uma finalidade, poderia influenciar na conformação do Universo como um todo. Essa seria uma visão espiritualista dos propósitos da Maçonaria, como estrutura arquetípica da arquitetura cósmica, em que os maçons são vistos como "pedreiros da construção universal". Por isso, também o templo maçônico, onde se reúne a *Loja* dos maçons, é visto como sendo um microcosmo que reflete esse macrocosmo, ou seja, uma representação simbólica do Universo, onde a vida cumpre seus ciclos energéticos, realizando sempre uma evolução no sentido da perfeição suprema.[5]

O termo *Loja* hoje corresponde a uma assembleia de maçons. Nos tempos medievais era aplicado à reunião dos profissionais da construção civil que trabalhavam em determinada obra, para discutir os problemas técnicos a ela relacionados. Era uma espécie de corporação, formada a partir de uma forma associativa mais elaborada, conhecida como Corporação de Ofício dos Pedreiros Livres, cujos interesses e atividades abarcavam não só os aspectos relacionados à obra em si, mas também regulava a prática profissional e a própria vida social dos profissionais do ramo da construção.[6]

O que era essa Maçonaria anterior às *Constituições* e como faziam os maçons operativos que construíram as grandes catedrais medievais, e depois os primeiros Irmãos especulativos (alquimistas, filósofos, artistas e artesãos em sua maioria, e mais tarde militares e outros cavalheiros) que os sucederam nessas práticas é algo difícil de definir como fato histórico. Que cuidavam de seus assuntos de forma muito particular – como se fossem seitas religiosas – isso parece certo, pelo que se deduz dos documentos conservados. E que assim faziam por conta das próprias idiossincrasias, costumes e crenças da época também nos parece óbvio. E que a arte por eles praticada era considerada uma arte sacra por excelência, isso também não deixa dúvidas.[7]

Depois que a Arte Real deixou os canteiros de obras e empolgou "os espíritos de qualidade", no dizer de Pawels e Bergier,[8] ocorreu uma laicização das instituições maçônicas, em uma época em que as disputas dinásticas e os conflitos religiosos invadiram as Lojas, nelas refletindo o conturbado ambiente que se vivia então. E desse período, após a institucionalização da Maçonaria como uma sociedade de cunho universal, com personalidade jurídica própria e cultura filosófica e administrativa de certo modo unificada, a ideia que dela temos, como bem

---
5. Ver a esse respeito René Guenon, *Discursos Sobre a Iniciação*, São Paulo, Pensamento, 1968.
6. Jean Palou, *A Franco-Maçonaria Simbólica e Iniciática*, São Paulo, Pensamento, 1986.
7. Daí o termo "Arte Real", aplicada ao ofício dos antigos construtores medievais e adotado pela Maçonaria Moderna para designar sua prática.
8. *O Despertar dos Mágicos*, Bertrand Russel, 2001.

observou Jean Palou, é a de que a Maçonaria, dita Especulativa, pode ser contada como um episódio da Reforma religiosa. Ou então mais um rebento do pensamento liberal e reformista que surgiu quando o espírito humano foi libertado dos nós com que um clero ignorante e supersticioso o havia amarrado por mais de um milênio.

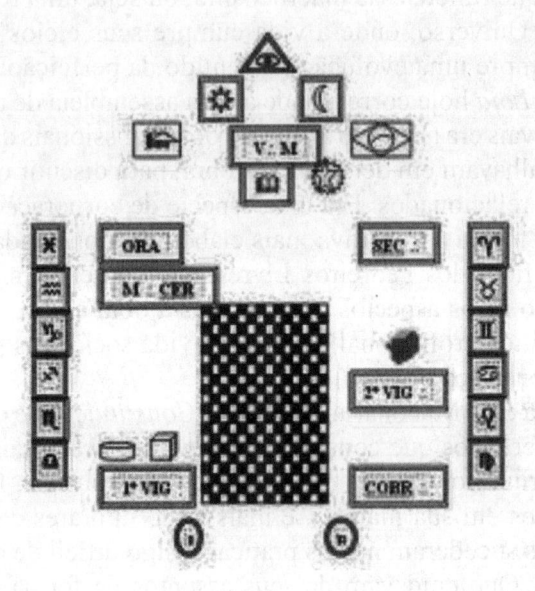

Estrutura de uma Loja – *Dicionário ilustrado de Maçonaria* – Sebastião Dodel dos Santos.

O tesouro arcano

E é nesse contexto que ela se insere hoje, pois em todos os casos, quando se trata de Maçonaria, o que encontramos é sempre uma ação que tem em mira a superação de momentos particularmente difíceis que a sociedade está vivendo. Essa dificuldade pode ser de ordem política, como a que vivia a Europa nos dias de Anderson, com suas intermináveis guerras religiosas, a França revolucionária de 1789, os Estados Unidos na época de sua independência, o Brasil nos anos que antecederam a proclamação da Independência e a instituição da República, ou então uma fase obscura e complicada da vida social, política e cultural de uma comunidade, em que o obscurantismo e a intolerância imperam, como foi a época da Reforma Religiosa e da Contrarreforma que ela provocou.

Dada a característica que a Maçonaria Moderna assumiu, ou seja, a de uma sociedade de cavalheiros, em que se busca desenvolver uma ética comportamental consentânea com os valores que a sociedade profana elege como úteis e desejáveis, muitas vezes o *Tesouro Arcano* que se esconde atrás dos símbolos, metáforas, lendas, metonímias e outros tropos de linguagem, bem como em complicados e às vezes bizarros rituais praticados com um espírito quase religioso, acaba sendo desprezado pelos novos *Obreiros da Arte Real*. Perde-se, nessa teatralização anímica, o verdadeiro significado desse alfabeto do inconsciente coletivo da humanidade, e quando, por vezes, algum fragmento dessa disciplina da alma é invocado em algum "quarto de hora de estudo", tudo soa como se ali se estivesse recitando uma algaravia vazia de sentido e sem nenhum propósito prático, a não ser o cumprimento de uma tradição que ninguém mais sabe a que se refere.

Todavia, o *Tesouro Arcano* contido nesses fragmentos de tradição, muitas vezes incompreensíveis até mesmo para os "iniciados" é como o tosão de ouro dos argonautas, ou a pedra filosofal dos alquimistas. Precisa ser garimpado pela bateia do espírito, pois é aí que está o princípio que informa a verdadeira Maçonaria. E aí entra a necessidade de conhecermos a linguagem maçônica, para poder decodificar o sentido da mensagem oculta em seus símbolos, metáforas, analogias, mitos e alegorias.

O problema da linguagem

Há duas formas de conhecer o Universo e buscar uma comunicação com ele. Podemos chamá-las de objetiva e intuitiva, material e espiritual, científica ou religiosa, etc. Mas, seja qual o for o nome dado a essas formas de abordagens da realidade manifesta ou não manifesta do Universo, o que fica é o fato de que não podemos negar a existência de fenômenos que nossas pobres ferramentas mentais, mesmo acrescidas e poderosamente estendidas por modernos aparelhos científicos, não conseguem detectar. E quando são intuídos, por força da largueza que alguns espíritos bem dotados possuem, esses fenômenos não podem ser organizados de forma epistêmica por falta de linguagem adequada.

É que a mente humana só consegue entender o que ela pode representar como imagem. O que não pode assumir forma conhecida pelo homem não pode ser objeto de conhecimento.

Todavia, a imaginação precisa ser devidamente informada para ter material com o que trabalhar. E todas as informações que temos das realidades humanas ou divinas são extraídas do próprio ambiente em que o homem vive. Essa é razão de os povos antigos representarem Deus nas mais diversas formas da natureza e os hebreus, que sintetizaram a noção do divino em uma entidade única, na hora de dar uma representação mental visual para Ele, o fizeram por meio da figura do arquétipo situado no mais alto nível de sua hierarquia social, que era o patriarca. Assim, temos a imagem austera e conservadora de Deus que Israel legou ao mundo. Ela é a representação de seus próprios líderes, velhos patriarcas de uma sociedade pastoril que neles encarnava o pátrio poder. Essa é a razão de o cronista bíblico, ao descrever a criação do homem, dizer que Deus o formou "à sua imagem e semelhança", denotando claramente que a imagem que os antigos hebreus tinham de Deus era a projeção do próprio patriarca de sua tribo, ou do pai de família, que em sua cultura detinha o pátrio poder. Essa noção também viria a ser utilizada por Jesus, que via Deus como um Pai, fundamentado no próprio significado que esse arquétipo assumia na estrutura da sociedade judaica.[9]

Entretanto, Deus é uma realidade que a grande maioria das pessoas, em todo o mundo, seja qual for a religião que professem, não ousa negar. Mesmo aqueles que se confessam ateus, na verdade, não o estão negando, pois para se negar a existência de alguma coisa, primeiro é necessário pressupor a possibilidade de sua existência.

É que o fenômeno da afirmação e da negação é simplesmente um problema de línguagem. Como nossa mente funciona com comando binário, ela não pode projetar uma ação negativa sem antes ter noção de seu contrário, que é a ação positiva. Dessa forma, podemos afirmar que a negação da existência de Deus é impossível sem primeiro admitir a possibilidade de sua existência. Por isso é que a chamada psicologia da assertividade ensina que toda vez que damos uma ordem negativa ao nosso organismo, nossa mente tem de representar primeiro o contrário daquilo que lhe está sendo ordenado. Assim, ela não pode deixar de fazer alguma coisa sem primeiro saber como é fazer essa coisa. Isso é uma consequência da forma como ela é estruturada.

A questão do método

Os cientistas, para exprimir as ideias que eles têm do Universo, utilizam uma linguagem organizada, feita de números, figuras, equações, postulados, silogismos e pressupostos, que são frutos de uma atividade consciente do cérebro. Essas representações mentais que eles fazem do Universo constitui o método chamado científico.

De forma diferente atua o método iniciático. Enquanto a ciência se socorre da linguagem derivada, consciente, arranjada, desenvolvida

---

9. Veja-se Northrop Frye, *O Código dos Códigos*, Boitempo, 2001.

pela mente para reconstruir para nossa sabedoria a fenomenologia universal, a iniciação está vinculada à linguagem primitiva e inconsciente do Universo, que só pode ser reconstruída mediante um simbolismo que muitas vezes não tem paralelo dentro do arsenal de fórmulas que nossa mente consciente desenvolveu para explicar o mundo em que vivemos.

No mundo existem realidades que não podemos ver, ouvir ou sentir. Quem consegue ver a eletricidade? Ou ouvi-la? Quem consegue ver ou ouvir a atividade de um elétron, girando em volta de seu núcleo? Quem pode sentir a ação dos átomos impressionando o écran de um tubo de TV para formar uma imagem? Mas, no entanto, podemos *ver, ouvir e sentir* a atuação dessas forças por meio de suas manifestações no mundo das realidades sensíveis. A eletricidade ilumina nossas cidades e move nossas máquinas. A atividade dos átomos os transforma em elementos químicos e lhes confere suas propriedades. A luz se decompõe em espectros e nos dá imagens de eventos que estão acontecendo naquele justo momento nos lugares mais distantes do mundo.

Se existe um mundo material é porque existe concomitante uma energia que o gera e lhe dá forma. E não existem leis, mesmo naturais, que não tenham sido promulgadas de *alguma forma por alguém.*

Nosso conhecimento do mundo é imperfeito, incompleto e falho porque ele se limita ao território de nossa linguagem. Não está no mundo de nossa mente consciente aquilo que nossa capacidade de linguagem não consegue representar com seus parcos recursos. Por isso Wittgeinsten ensina que "os limites de nosso mundo são os limites de nossa linguagem".[10]

Isso explica por que temos tantas e tão diferentes ideias da realidade espiritual e do mundo das coisas divinas. Algumas tão bizarras que custa a acreditar que um dia tenham sido pensadas e mesmo sustentadas, ao preço de muitas vidas, como verdades incontestes.

Algumas das concepções que fazem parte do acervo do pensamento mágico que habita o inconsciente humano e se manifestam pelos símbolos e arquétipos, no mais das vezes, são incompreensíveis ao pensamento racional. E só podem ser transmitidos por meio do *método iniciático*, ou seja, aquele que se dirige mais à mente inconsciente do aprendiz do que à sua consciência. Esse é o método utilizado pelas sociedades iniciáticas, por meio das cerimônias de iniciação e também pelas religiões por intermédio dos atos litúrgicos e de seus rituais.

Assim, podemos dizer que antes da pedagogia existiu o comportamento; antes da religião nasceu o culto e antes da ciência o homem

---

10. Ludwig Wittgeisnten (1899-1951), *Tratado Lógico Filosófico*, 1922.

desenvolveu a técnica. Isso significa que o homem primeiro pratica um comportamento, depois se preocupa em entender por que o faz. Por isso, toda prática cultural tem, em sua origem, um arquétipo, uma noção não criada pela mente humana, a inspirá-la. E a Maçonaria, como tradição, é, por definição, uma estrutura arquetípica cujos fundamentos estão no inconsciente coletivo da humanidade.

Capítulo II

O Pensamento Mágico

O intuitivo e o racional — Jung e os arquétipos — Política e magia — O pensamento mágico e a história — Maçonaria e pensamento mágico.

O intuitivo e o racional

Alexandrian sustenta que tanto o pensamento mágico quanto o racional é necessário à construção do espírito humano. O primeiro é inerente ao inconsciente, o segundo ao consciente. Ambos, porém, têm gênese tão antiga quanto o próprio homem e teriam, segundo suas próprias palavras, *uma função reparadora do eu* pressionado pela necessidade de dar respostas a questões que nem a razão pura nem a razão prática conseguem responder.[11]

O pensamento mágico é um conhecimento intuitivo e não racional. É que o recurso à intuição explora a propriedade que o aparelho psíquico humano tem para "sentir" realidades inatingíveis pela razão, e por analogia tentar entendê-las. Não raramente nossa mente precisa recorrer a simbolismos e outros artifícios para exprimir esses conteúdos, uma vez que a linguagem lógica, que se exprime por símbolos pictóricos e expressões linguísticas verbais e não verbais, não tem meios para fazê-lo. As profecias de Nostradamus, o Apocalipse de São João, as obras alquímicas, o simbolismo da Cabala, as fábulas infantis e algumas histórias bíblicas são exemplos dessas estratégias mentais, cujo conteúdo, muitas vezes, é irredutível à lógica da linguagem. Por isso têm de ser representadas por meio da linguagem simbólica.

O pensamento mágico não é exclusividade de espíritos místicos que procuram, irrefletidamente, penetrar nos mistérios do Universo. Na verdade, sua utilização, ao longo da história da humanidade, sempre

---
11. Alexandrian, *História da Filosofia Oculta*, São Paulo, Martins Fontes, 1983.

teve um sentido mais pragmático do que os amantes do positivismo científico podem pressupor. Pensadores tidos como racionalistas tiveram suas experiências com o pensamento mágico. Freud, a quem se atribui a sistematização dos conteúdos do inconsciente humano, confessou a influência que recebeu desse tipo de pensamento quando elaborou sua tese sobre o significado dos sonhos. Jung, principalmente, deve sua fama às descobertas que fez sobre as relações que o inconsciente humano mantém com o mundo mágico dos símbolos e dos arquétipos. Por sua importância na compreensão desse tema, apresentamos o resumo que segue.

Jung e os arquétipos

Carl Gustav Jung (1873-1961), psicanalista suíço, foi grande estudioso da simbologia que influencia o pensamento humano e gera uma grande parte de nossas crenças e tradições. Sua teoria a respeito dos arquétipos que povoam o inconsciente da humanidade é ainda hoje muito respeitada. Segundo ele, a humanidade compartilha um inconsciente coletivo, ou seja, um conjunto de institutos culturais simbólicos, que se tornam estruturas psíquicas comuns a todos os grupos humanos, em todos os tempos. Exemplos desses arquétipos são o amor fraternal, o ritual do casamento, o medo do escuro, a associação de estados psicológicos com certas cores, a crença de que o movimento dos astros no céu influencia a vida na terra, o respeito para com os mortos, a crença na existência de seres sobrenaturais, etc.

C.G. Jung –
Foto: *Enciclopédia Barsa.*

Essas estruturas psicológicas são *arquétipos*, ou seja, a sensibilidade da existência de forças ou "entidades" que a humanidade aprendeu a amar, temer, respeitar, enfim, dar a elas uma determinada valoração em seu material consciente ou inconsciente.

Todos nós sabemos que devemos respeito aos mortos. Que precisamos procriar para perpetuar a espécie, que devemos prestar respeito e homenagens a determinados símbolos, que devemos crer na existência de forças superiores, etc. Quer dizer, essas são noções que existem anteriormente a nós e conformam nossa maneira de pensar e de viver, pois deixar de atender a elas nos causará algum tipo de constrangimento ou limitação. Não precisamos entendê-las nem justificá-las, e muitas vezes praticamos inconscientemente o culto a esses arquétipos até como uma necessidade de sobrevivência.

Jung associa esses arquétipos aos temas mitológicos que aparecem em contos e lendas populares de épocas e culturas diferentes. São os mesmos temas encontrados em sonhos e fantasias de muitos indivíduos e também nos mitos e lendas de todos os povos em tempos e lugares diversos. Isso denota, segundo ele, a origem comum da humanidade, que em seus primórdios enfrentou os mesmos desafios e fez as mesmas indagações. Arquétipos como Adão, Hércules, Cristo, Osíris, Prometeu, bem como duendes, magos e feiticeiros, todas as entidades do bem e do mal, temores e crenças em determinados elementos da Natureza, são comuns a toda a raça humana. Assim, os arquétipos são elementos estruturais formadores do inconsciente coletivo da humanidade e dão origem tanto às fantasias individuais quanto à mitologia de um povo em geral.

Lugares e acontecimentos também constituem estruturas arquetípicas. A noção de um paraíso (Éden), por exemplo, assim como o temor de um apocalipse (um fim dos tempos) são comuns para todos os povos e épocas. Estados psicológicos de felicidade e desgraça coletiva estão na origem dessas noções arquetípicas, que denunciam a necessidade de a mente humana construir uma escatologia (uma história cósmica com princípio, meio e fim) para poder se sentir como partícipe dessa história.

O mito grego de Édipo é um claro exemplo desse simbolismo. Édipo é um motivo tanto mitológico quanto psicológico, que representa uma situação arquetípica que se relaciona com o conteúdo da mente inconsciente do filho em relação aos seus pais. Quer dizer, o mito de Édipo tem a ver com o ciúme natural que um filho (ou filha) tem da relação entre seu pai e sua mãe.

Muitas histórias bíblicas também revelam conteúdos semelhantes, que são fundamentados ou em sensibilidades que a mente humana sublimou ou reprimiu, ou em conflitos ambientais que conformaram a história do homem e suas sociedades. É fácil ver na metáfora de Caim e Abel, por exemplo, um conflito entre a agricultura e o pastoreio, patente em territórios onde a Natureza não é muito pródiga em recursos naturais, especialmente pastagens e água. Assim também é a história das filhas de Lot, que reflete uma crítica dos cronistas de Israel aos seus belicosos vizinhos amonitas e moabitas. Da mesma forma, a história dos irmãos Jacó e Esaú é uma metáfora das lutas entre membros da mesma família pela herança patriarcal, que sempre foi regulada pelo princípio da primogenitura.

Na mesma moldura podemos colocar também a lenda da torre de Babel, a história do dilúvio universal e a formação das raças humanas a partir dos três filhos de Noé, cujas origens podem estar em memórias que se referem a situações e personagens arquetípicos de um tempo em que os primeiros grupos humanos ainda estavam procurando encontrar suas próprias identidades e fixar suas características dentro de um ambiente que lhes parecia competitivo e hostil.[12]

Os arquétipos normalmente são construídos a partir das esperanças, dos desejos e dos anseios de um povo. Como as necesssidades e as lutas dos grupos humanos para construir seus sistemas de vida e fixar seus valores são mais ou menos semelhantes, essas estruturas mentais acabam sendo comuns. Por isso também é que encontraremos em todas as literaturas sagradas os mesmos temas e praticamente as mesmas personagens, caracterizadas à maneira das necessidades e da identidade de cada povo. Talvez não tenham existido, historicamente, um Adão, um Noé, um Moisés, um Josué, da mesma forma que Aquiles, Ulisses, Hércules, Teseu, Jasão e outros heróis gregos. Do mesmo modo, Arjuna, Rama e os demais heróis brâmanes podem ser apenas imagens mentais das virtudes cultivadas por esses povos, que as retrataram na forma de personagens heroicas, da mesma forma que as lendas e folclores encontrados na cultura dos mais diversos povos do mundo, em todos os temas, são retratos dessas estruturas. Destarte, encontraremos o simbolismo do herói sacrificado pela salvação de seu povo em praticamente todas as culturas antigas, da mesma forma que o legislador, o guerreiro, o homem santo, o sábio, e também arquétipos do mal e do bem, retratados em feiticeiros, bruxas, duendes, demônios, gigantes malvados e monstros de todas as espécies.

Um dos principais estudos de Jung se refere à simbologia. Ele entende que o inconsciente se expressa primariamente por meio de símbolos. Os símbolos são a linguagem do inconsciente, que retrata, por analogias, aproximações e outras relações menos inteligíveis, o conteúdo de uma determinada sensibilidade, que a mente racional ainda não conseguiu classificar.

---

12. Gênesis 19, 30 a 38. Hoje a tendência é interpretar a história de Caim e Abel como metáfora de uma realidade histórica. Abel representa a cultura hebraica, baseada no pastoreio, e Caim os povos cananeus, que já praticavam a agricultura quando os hebreus chegaram à Palestina. A luta entre eles reflete o conflito entre a agricultura e o pastoreio, da mesma forma que a metáfora das filhas de Lot e o incesto por elas praticado com o próprio pai reflete a necessidade de os israelitas estigmatizarem seus belicosos vizinhos amonitas e moabitas, taxando-os de bastardos, produtos de um incesto.

É que nossa mente racional só entende o que ela pode representar. E nossa capacidade de representação é do tamanho de nossa capacidade de linguagem. Daí o símbolo ser a representação de uma sensibilidade não organizada em nossa mente, mas muito forte em nossos sentidos. E mesmo que nenhum símbolo concreto possa representar de forma plena um arquétipo, quanto mais representativo ele for do material existente em nosso inconsciente, mais capacitado ele estará para eliciar uma resposta emocionada de nosso sistema neurológico. Por isso, um alemão responde mais intensamente à visão de uma cruz gamada, por exemplo, pois tal símbolo tem uma identificação profunda com conteúdos arquetípicos de sua cultura, da mesma forma que os judeus com o pentagrama, os cristãos com a cruz, a cultura xamânica com determinados animais, etc.[13]

Assim, na estrutura mais profunda do pensamento humano o arquétipo é um elemento básico que muitas vezes o conforma e o dirige. Não há tradição popular que não tenha em sua base um ou mais arquétipos a sustentá-la. Da mesma forma as religiões, sejam elas metafísicas, como a religião dos Vedas, o Budismo e o Taoísmo, que se baseiam em doutrinas desenvolvidas por inspirações reconhecidamente cerebrinas, ou as reveladas, como o Judaísmo, o Cristianismo e o Islamismo, cujos seguidores acreditam que tenham sido inspiradas pela própria divindade, também são informadas por arquétipos.

Como a Maçonaria é uma cultura fundamentalmente simbólica, é interessante conhecer um pouco o trabalho de Jung. Por isso fizemos este pequeno excerto de seus estudos acerca dos arquétipos fundamentais que estão nas raízes das crenças e tradições da humanidade. Nele encontraremos as noções fundamentais para o entendimento dos verdadeiros significados dos símbolos, lendas e metáforas que informam a estrutura mais sutil da Arte Real.

Pensamento mágico e política

No campo da política são fartas as referências a esse fenômeno. O cardeal Richelieu, principal ministro do rei Luís XIV, o imperador Napoleão I, o tsar Nicolau I, o ditador alemão Adolf Hitler e vários outros homens que tiveram poder de vida e morte sobre milhões de pessoas subordinavam suas decisões aos conselhos de pretensos magos que eram, em sua maior parte, grosseiros charlatões.[14]

---

13. Para mais informações sobre esse tema, veja-se C. G. Jung, *Arquétipos e inconsciente coletivo*, vol. X, São Paulo, Vozes, 1986.
14. O tsar Nicolau I mantinha em sua corte o inefável monge Rasputin. Hitler não tomava decisões sem consultar seu astrólogo Karl Ernest Kraft.

De outra forma, mas não menos emblemática, entretanto, a influência que o pensamento mágico pode projetar nos negócios políticos e administrativos de uma nação está estampada de maneira bem nítida na organização dada aos Estados Unidos da América. Os maçons que fizeram a independência daquele país e lhe deram a organização política e jurídica que ainda hoje sustenta essa grande nação eram mestres em conhecimentos arcanos e os aplicaram nessa estrutura. Eles, tal como os ingleses e escoceses do século XVII e XVIII, que fundaram e desenvolveram a Maçonaria como instituição, também se consideravam um grupo de "eleitos", preparados, iluminados, iniciados nos *mistérios arcanos*; sua ideia de nação era a de uma *egrégora* nacional, alimentada pela filosofia do Iluminismo, cujos arquétipos inspiradores eram a Liberdade, a Igualdade e a Fraternidade. E como essa tríplice argamassa só podia ser encontrada na prática da Arte Real, eles disseminaram os símbolos maçônicos por toda a parte, para servir de âncora para esse estado de espírito, mostrando a importância que a Sublime Ordem teve, e ainda tem, na cultura americana.[15]

De alguma forma isso também é verdadeiro em relação ao Brasil. A estrutura administrativa que aqui se instalou foi toda inspirada pelos maçons que fizeram nossa independência e depois proclamaram a República. Não seria nenhum exagero dizer que a história do Brasil está umbilicalmente ligada à história da Maçonaria neste país. Aliás, esse é um padrão que se repete em toda a história das nações do continente americano, desde o Canadá até o Chile, pois os libertadores da América foram, em sua maioria, maçons.

Embora a independência do Brasil tenha sido promulgada, de forma oficial, por um príncipe português, os planos e as ações que levaram dom Pedro I a romper os laços da colônia com a metrópole foram arquitetados e realizados por maçons, sendo essa uma das primeiras intervenções da Ordem na história do país. Assim é que encontraremos os maçons José Joaquim da Rocha e José Clemente Pereira organizando o episódio que ficou conhecido como o *Dia do Fico*, acontecimento decisivo para o desencadeamento dos eventos que iriam desembocar na independência do Brasil. E depois a atuação do maçom José Bonifácio de Andrada e Silva, na tarefa de convencimento e assessoria ao príncipe dom Pedro, em sua decisão de proclamar a independência do Brasil.

Podemos dizer, portanto, que a independência de nosso país foi, de fato, uma obra da Maçonaria. Também não é demais lembrar que o próprio dom Pedro I foi feito Grão-Mestre maçom justamente com o

---

15. Veja-se David Ovason, *A Cidade Secreta da Maçonaria*, São Paulo, Planeta, 2007.

objetivo de integrar sua condição de primeiro mandatário do país à crescente influência que a Ordem adquirira no Novo Continente, influência essa que se fazia sentir entre a própria elite do Império. Mais tarde, no Ministério que governaria o país e consolidaria sua independência, iremos encontrar outros Irmãos de nomeada, como o já citado José Bonifácio de Andrada e Silva, Joaquim Gonçalves Ledo e vários outros eminentes brasileiros que ajudaram a consolidar a independência do Brasil e organizar a nação brasileira como Estado livre e democrático.

Essa história é por demais conhecida e não é preciso discorrer muito sobre ela. Apenas lembraremos que o Grande Oriente do Brasil foi fundado concomitantemente aos eventos que fizeram a independência do Brasil, e, dado o papel que essa organização exerceu nesses acontecimentos, poderíamos dizer que a oficialização do movimento maçônico no Brasil, com a fundação do GOB, em 1822, ano da independência, é um episódio da história do país que deve ser contado juntamente com os demais acontecimentos que nos legaram uma nação livre. Destarte, qualquer história do Brasil que omita o papel da Maçonaria na libertação, constituição e desenvolvimento das suas instituições, bem como na formação da sua base econômica, social e política, será incompleta.[16]

E durante todo o século XIX, período em que o Brasil se firmou como nação independente, a Ordem maçônica se faria presente em todos os eventos históricos que construíram uma identidade para o país e lhe deram relevo como nação. É assim que encontraremos maçons em todos os setores da vida nacional, emprestando seu talento, sua capacidade de trabalho, suas habilidades e seus dons de estadistas, ora promovendo a industrialização do país como o grande Irineu Evangelista de Souza, o barão de Mauá, ora lutando pelos direitos humanos, como no caso da abolição da escravatura, em que pontificam maçons históricos como Luís Gama, José do Patrocínio e o grande poeta Castro Alves. E depois, quando a necessidade política exigiu que o regime imperial fosse abolido e em seu lugar fosse proclamada a República, pois que esse era o regime adotado por todas as nações do continente, encontraremos à testa desse movimento novamente uma plêiade de maçons ilustres, tais como Joaquim Nabuco, Benjamin Constant, Nilo Peçanha, Deodoro da Fonseca, Quintino Bocaiúva, Silva Jardim, Prudente de Morais, Rangel Pestana e outros.

Assim, podemos dizer que, da mesma forma que os maçons americanos forneceram os planos do majestoso edifício político e social que

---

16. Castellani e Carvalho, *História do Grande Oriente do Brasil*, São Paulo, Madras Editora, 2011.

Selo comemorativo dos cem anos de existência do Grande
Oriente do Brasil – Clube Filatélico Maçônico.

se tornaram os Estados Unidos da América, foram os maçons brasileiros que estruturaram o Brasil como nação.

O pensamento mágico e a história

O pensamento mágico pode provir tanto de uma necessidade de "saber" mais do que a própria razão alcança, como de uma fé inabalável na existência de uma realidade que transcende nossa capacidade de entendê-la, mas não a de nossos sentidos de senti-la. No primeiro caso classificamos os chefes de Estado antes mencionados e todos aqueles que, de alguma forma, recorrem a esse recurso para tomar alguma decisão pragmática na vida; no segundo caso estão todos os magos, desde o *atharvan* (médico religioso na Índia) até os xamãs (feiticeiros tribais dos povos ameríndios), e ainda o profeta e o crente fervoroso que aparecem, não raras vezes, na história, transcendendo suas próprias limitações físicas, realizando os chamados "milagres".

Hoje a moderna física atômica não descarta a analogia entre o pensamento mágico, expresso principalmente nos temas cósmológicos do Hinduísmo, do Taoísmo e da Cabala, e as teorias de construção do Universo físico. Principalmente na chamada Teoria S – a teoria segundo a qual o Universo se constrói pela interação de suas partículas – essa analogia é particularmente notável.[17]

---

17. A esse respeito, veja-se Fritjof Kapra, *O Tao da Física*, São Paulo, Cultrix, 1991.

A magia é contemporânea da própria gênese da mente humana. Nasceu no mesmo dia em que o homem produziu a primeira reflexão. Nas civilizações orientais e na que lhes seguiu, a greco-romana, a magia era inseparável da religião e fornecia o próprio substrato psíquico no qual se fundamentavam as crenças religiosas. Os deuses e os demônios mesopotâmicos eram influenciados pelas práticas que os magos exercitavam. Também as divindades egípcias eram suscetíveis aos rituais humanos, e os gregos e seus pupilos romanos não foram diferentes nesse sentido.

Mesmo o Judaísmo, religião calcada em um conteúdo espiritualista mais profundo do que aquele presente nas crenças dos mesopotâmios e egípcios, não escapou da ideia de que Deus podia ser influenciado pelas atitudes rituais de seus sacerdotes e praticantes. Assim é que Caim mata Abel porque as oferendas deste lhe agradam mais ao olfato do que as daquele. Moisés e Aarão estabelecem rituais apropriados para honrar a Jeová. Os israelitas são concitados a praticar determinados comportamentos para atrair sua benevolência e evitar sua ira. Os sacrifícios eram realizados tanto para acalmar os deuses quanto para atrair sua benevolência.

Isso mostra que os antigos israelitas viam em seu Deus uma entidade que era capaz de hospedar tanto o mais alto conceito de espiritualidade quanto os mais mesquinhos sentimentos humanos. O primeiro, como se vê, era fruto de uma sensibilidade que não podia ser organizada mediante um conhecimento racional – o Deus espírito, inominado e virtual –, e o segundo, um arquétipo oriundo de uma sociedade fundada no princípio patriarcal.

A Bíblia é o livro em que talvez essa dicotomia entre o consciente e o inconsciente humano é mostrada com mais evidente clareza. De um lado, as tradições religiosas do povo hebraico se desenvolvem com um acentuado espiritualismo, centrado em uma rica simbologia arcana, e de outro, sua sociedade se conforma em estatutos claramente típicos de uma sociedade patriarcal. Destarte, nela encontraremos uma linguagem profundamente simbólica para tratar dos elementos sutis de sua vida espiritual (a Cabala) e de outro uma linguagem simples, natural, para tratar dos assuntos do dia a dia. É nesse sentido que temos uma Bíblia que só pode ser entendida pelos chamados "iniciados" e outra que se destina ao povo em geral.[18]

---

18. Esse assunto foi magistralmente explorado por Northroph Frye em seu livro *O Código dos Códigos*, citado.

Maçonaria e pensamento mágico

A partir de certo momento na história, a Maçonaria passou do plano operativo para o especulativo. Esse momento parece ter ocorrido a partir das Cruzadas, quando os exércitos cristãos marcharam em direção à Terra Santa para libertá-la do domínio dos sarracenos.

Essa, pelo menos, foi a justificativa oficial, embora a verdade seja bem outra. O fato é que a Europa, depois da queda do Império Romano, entrou em profundo declínio político, econômico e social. A gloriosa civilização dos dias dos Césares desapareceu. Restou uma população mergulhada na pobreza e na ignorância, submetida à tirania dos nobres e à arrogância intelectual de um clero corrupto e supersticioso. Por isso os nobres europeus viram com bons olhos uma expedição ao Oriente, onde a riqueza e a civilização do velho mundo haviam sido preservadas pelo desenvolvimento do mundo islâmico e pela sobrevivência do Império Bizantino, que em sua organização conservara a antiga estrutura romana.

Assim, na verdadeira motivação dos prelados da Igreja e dos nobres cavaleiros que se deslocaram para a Terra Santa estava muito mais a cúpida vontade de enriquecer do que a piedosa intenção de libertar os lugares santos das mãos dos "selvagens" seguidores de Maomé. Até porque Jerusalém, o objetivo principal dos exércitos cruzados, quando sob controle dos muçulmanos, era muito mais livre e aberta aos cristãos do que se tornou depois, quando caiu sobre o controle dos cruzados.

Na multidão que se deslocou para a Palestina, que constituía um verdadeiro povo em marcha, não havia só combatentes, mas também profissionais de todas as espécies: para lá foram seleiros, carpinteiros, forjadores, armeiros e principalmente pedreiros. A própria Ordem dos Templários – irmandade fundada pelos cruzados, supostamente para policiar e defender as estradas que conduziam a Jerusalém – empregava uma multidão desses profissionais, que eram chamados "os homens dos Templários".[19]

Foi uma imigração natural, que se fazia mais por conta de motivos econômicos e profissionais do que religiosos, já que o que se procurava era sempre um meio mais eficiente de ganhar a vida, como hoje fazem os profissionais que demandam de um país para outro, em busca de melhores mercados para seus serviços. A interação entre os Templários e os pedreiros livres é hoje mais que provada e nenhum espanto nos

---

19. Edward Burman, *Templários, Os Cavaleiros de Deus*, Rio de Janeiro, Nova Era, 1986 – Pier Paul Read, *Os Templários*, Rio de Janeiro, Imago, 2001.

causaria se dessa interação não tivesse nascido realmente a Maçonaria Especulativa, como nos quis fazer crer o cavaleiro De Ramsay.[20]

Uma interação desse tipo e um desenvolvimento posterior de Lojas Especulativas ao lado de Lojas Operativas justificariam o desenrolar dos acontecimentos que desembocaram na Maçonaria Moderna. Por isso é que percebemos, a partir do início do século XVI, uma revalorização de ideias que se acreditavam sepultadas no Ocidente pelo triunfo do Cristianismo oficial defendido pela Igreja Católica. Filósofos como Giordano Bruno, Giambatista della Porta, Marcilio Ficcino e outros pensadores renascentistas ressuscitam Jâmblico, Plotino e outros pregadores de religiões solares, da mesma forma que renasceram as "utopias" por meio de trabalhos como o de Thomas Morus, Roger Bacon, Jonh Milton, etc.[21]

Nessa mesma vertente, os hermetistas, os cabalistas e todos os cultores do pensamento mágico fazem nascer a genial farsa da Rosa-Cruz. E o pensamento rosacruciano impressiona a imaginação dos intelectuais, dos cientistas, de toda a elite pensante e formadora de opinião na Europa, que nesse exato momento procurava uma alternativa espiritual para o autoritarismo dos católicos e o reacionarismo dos protestantes.[22]

Dessa forma, como herança cultural das Cruzadas, o ambiente intelectual das civilizações orientais seria trazido para a Europa e proporcionaria um renascimento espiritual, fundamentado em um sistema de pensamento que a Igreja Romana havia banido do Ocidente em favor de um conjunto de lendas e superstições, sustentadas mais pela necessidade política de dominação, como era o sistema feudal, do que por motivos doutrinários mesmo.

E por uma estranha consequência, seria justamente o pensamento mágico, disseminado pelos cultores da gnose, da astrologia e da alquimia, que se tornaria o núcleo de diversos conceitos agasalhados pela ciência moderna.[23] E é por isso também que, nos ensinamentos da Maçonaria,

---

20. Jean Palou, *A Maçonaria Simbólica e Iniciática*, São Paulo, Pensamento, 1964. O cavaleiro André Michel de Ramsay (1686 – 1773), nobre francês, foi um dos maiores divulgadores e organizadores de Lojas Maçônicas na Europa no início do século XVIII. Seu discurso a respeito da interação entre os maçons operativos e os cruzados, especialmente os Cavaleiros Hospitalários de São João, deu início à tradição que sustenta ser a Maçonaria uma extensão das ordens de cavalaria nascidas na Terra Santa, durante as Cruzadas.
21. Veja-se a nossa obra *Conhecendo a Arte Real*, citada.
22. Veja-se Pawels e Bergier, *O Despertar dos Mágicos*, 26ª ed., Bertrand Russel, Rio de Janeiro, 1996. Sobre a influência da Ordem Rosa-Cruz no pensamento renascentista veja-se Frances Yates, *O Iluminismo Rosa-Cruz*, São Paulo, Cultrix, 1967.
23. Veja-se as obras de Fritjof Kapra, *O Ponto de Mutação* e *O Tao da Física*, ambos publicados pela Ed. Cultrix, São Paulo, que tratam, com muita habilidade, desse assunto.

em seus diversos graus, iremos encontrar temas de interesse científico, histórico e filosófico, tratados de uma forma simbólica, mística e alegórica, como convém ao método iniciático.

Michel de Nostredame (1503-1566) é o mais famoso
representante do chamado pensamento mágico.
Foto: *Enciclopédia Barsa*

Capítulo III

A Origem das Fraternidades

Maat – O equilíbrio universal – As cidades antigas – A origem das fraternidades – A fraternidade maçônica.

Maat – o equilíbrio universal

A tradição hermética sustenta que houve uma época na vida da humanidade em que todos os homens tinham consciência da unidade do Universo e sabiam que o céu e a terra eram complementos um do outro. Ambos refletiam a consciência maior que os havia pensado. Era um mundo unificado por dentro e por fora, onde tudo estava em tudo, o que estava dentro era igual ao que estava fora, o que estava embaixo era igual ao estava em cima, e dessa forma o Universo se mantinha em equilíbrio constante.

Essa concepção, cosmológica em sua origem, religiosa em sua prática, evoluiu mais tarde para o plano social e ético, dando fundamento a elementos culturais importantes que moldaram comportamentos e inspiraram crenças que ainda hoje informam boa parte de nossa vida espiritual.

Esse equilíbrio era mantido por uma relação de estreita reciprocidade entre homens e deuses. Os primeiros lhes prestavam culto e os segundos controlavam a Natureza para que esta sempre lhes aparecesse sob uma forma amigável. Daí a religião animista dos povos antigos, com sua profusão de deuses identificados com as forças da Natureza.

Já antes dos tempos históricos essa noção podia ser observada na cultura religiosa dos povos do Nilo. Vem do antigo Egito, anterior aos faraós, a noção de que esse equilíbrio era realizado pela deusa *Maat*, a qual agia como uma intermediária entre os homens e os deuses, reco-

A deusa Maat – Foto: E. W. Budge – *Os Deuses Egípcios*, vol. II.

lhendo na terra os influxos das boas ações praticadas pela humanidade e levando-as para o céu, como alimento para as divindades; e deles ela trazia para a terra as benesses concedidas, como contraprestação das ações humanas realizadas em sua homenagem.

Assim, o equilíbrio universal era mantido pela prática da *maaty*, ou seja, o viver de forma virtuosa, praticando a verdadeira justiça. Desse modo, a ética, a ecologia e a responsabilidade social estavam solidamente vinculadas ao espírito religioso e este, por sua vez, se refletia no sistema jurídico, formando um todo harmonioso que dava vida à sociedade, regulando as relações do homem para com a divindade e entre eles mesmos.

Destarte, a pátria e o povo eram a noção ampliada da família do rei-sacerdote, a quem incumbia a mediação dessa relação entre o profano e o sagrado, que se realizava por meio dos ritos apropriados, instituídos pelos próprios deuses.[24]

As cidades antigas

Entre os gregos a noção de estabilidade social estava estreitamente ligada à ideia de fraternidade. Os grupos familiares eram chamados de *frátrias*. Esses grupos congregavam as pessoas da família e todos os agregados que de alguma forma tivessem relação de parentesco com o

---
24. Daí o desenvolvimento dos chamados *Mistérios*, rituais religiosos que visavam honrar os deuses e imitá-los em seus processos de criação das realidades universais.

chefe da família, ou qualquer ligação profissional, social ou legal, com o núcleo familiar. Dessa conformação, em princípio moldada por vínculos de sangue e depois por interesses sociais, religiosos, políticos e econômicos, evoluiu a noção de clã – a família ampliada – e da reunião de clãs formou-se, mais tarde, a *pólis*, que era a comunidade circunscrita a uma urbe.

Foi esta última que deu origem às cidades-estado da Grécia antiga e da Península Itálica. Praticamente, todas as cidades do Ocidente clássico evoluíram a partir desses núcleos familiares. Iremos encontrá-los também em Roma, na estrutura do patriciado, assim chamados os núcleos familiares que deram origem ao Estado romano e foram responsáveis por uma estrutura social que sobreviveu por muitos séculos.

Fustel de Coulanges, em sua obra clássica, conta como essa evolução se processou: "*Assim, a cidade-estado surgiu como resultado desse tipo de organização familiar. A cidade era uma grande família. Família, frátria, tribo, cidade são, portanto, sociedades perfeitamente análogas e nascidas umas das outras por uma série de federações. No mundo antigo era o culto que constituía o vínculo unificador de toda e qualquer sociedade. Cada cidade tinha seus deuses, assim como a família. O sacerdote máximo da cidade era chamado rei, como era o pai dentro da família. E, aquele que era da 'família' chamada cidade era o cidadão; portanto era cidadão todo homem que tomava parte no culto da cidade e estrangeiro aquele que não compartilhava do mesmo culto. A cidade em seus primeiros tempos nada mais era do que a reunião dos chefes de família*", escreve aquele autor. [25]

A própria fundação de Roma não escapou a essa conformação. Nesse sentido, a chamada Cúria Hostília (reunião dos chefes tribais italianos), sob o comando de Rômulo, é tida como sendo o núcleo histórico do Senado romano e mais tarde o alicerce da República. Sua sede foi construída originalmente como um templo etrusco sobre o local onde as diversas facções tribais depuseram suas armas, após elegerem Rômulo para seu rei (771-717 a.C.).

Isso nos mostra como a organização social se constrói e se apoia na perenidade de certos arquétipos cultivados pela mente humana e nos permite deduzir que, quando essas estruturas arquetípicas são esquecidas e relegadas a um segundo plano na vida das sociedades, elas declinam e acabam por desaparecer, como registra Gibbons em sua obra clássica.[26]

---

25. Fustel de Coulanges, *A Cidade Antiga*, p. 23.
26. Edward Gibbons, *Ascensão e Queda do Império Romano*, 1986. Esse arquétipo é construído em cima da hierarquia existente no poder do *pater familias*, que, em sentido amplo,

Por esse prisma se pode perceber também que a liga que mantinha a unidade primordial das antigas sociedades estava principalmente no compartilhamento da religião. Esse era o principal elemento constitutivo da família antiga. E a família, como vimos, não se constituía só por conta de ligações afetivas ou condições de nascimento, mas tinha como principal fundamento o poder do pai como sacerdote do lar. Ele, como patriarca, era o centro no qual girava todo o núcleo familiar. Destarte, a família não era formada apenas pelos ascendentes e descendentes do núcleo principal – o *pater* famílias, o patriarca –, mas por todo o grupo de pessoas a quem a religião permitia partilhar o mesmo lar e oferecer respaldo fúnebre aos antepassados comuns. Em razão dessa tradição, a primeira instituição estabelecida pela religião doméstica foi o casamento, pois este era considerado praticamente um novo nascimento, já que por ele se instituía um lar, onde se mantinha o vínculo dos descendentes com seus ancestrais e o culto aos mesmos deuses lares, assim como se compartilhava a terra onde os túmulos dos antepassados se encontravam. É aqui que se identificam também a origem da sacralidade do casamento e a instituição da monogamia como arquétipos garantidores da perenidade da família.[27]

Da mesma forma, a instituição da propriedade privada como direito de família também teria origem na crença de que os mortos precisam ter um pedaço de terra para continuar suas vidas após a morte. A pessoa sem túmulo conhecido, além de ser uma alma sem direito a repouso no mundo dos desencarnados, era também um fracassado que não legara aos seus descendentes uma base de continuidade para seu núcleo familiar. Foi dessa forma que os povos da Grécia e da Itália desenvolveram o instituto da propriedade privada, derivando-a da própria tradição religiosa, pois o solo onde repousavam os mortos constituía, por força dessa crença, uma propriedade inalienável e imprescritível que não podia ser perdida sob pena de destruição do próprio núcleo familiar. Assim, o direito de propriedade, fundamentado na prática de um culto hereditário, não acabava com a morte de um único indivíduo, porque a propriedade não pertencia a ele, mas à família.[28] Essa tradição foi observada também entre os hebreus, como nos mostra o episódio descrito em Gênesis, 23, em que Abraão, peregrino em terra estrangeira,

---

foi depois estendido para a figura do rei.
27. É aqui, também, que se identifica o surgimento do costume de considerar a pessoa que compartilha da mesma cultura simbólica como "iniciado, Irmão", e o que não compartilha como "profano, estrangeiro".
28. Ibidem, Fustel de Coulanges, op. cit., p. 25.

compra de um homem chamado Efron um campo para fazer uma tumba para sua esposa Sara.

Com essa prática se mantinha a estreita ligação entre o mundo dos homens e o mundo dos deuses, representada pelo respeito que as *frátrias* dedicavam às suas divindades e na tradição mantida por elas, de honrar seus ancestrais falecidos como intermediários entre os vivos e os mortos. Em Roma, esses ancestrais eram conhecidos como *manes* ou deuses lares, de quem se faziam pequenos bonecos de madeira que eram colocados nos aras (altares) domésticos. Na *Ilíada* e na *Odisseia* também se percebem traços distintivos dessa tradição na forma peculiar de os gregos honrarem seus ancestrais.

A fraternidade maçônica

Assim, o termo "fraternidade", que na origem era aplicado a um grupo de tradições comuns, vem do grego *frátria,* que na antiga Atenas designava uma associação de cidadãos, unidos pela mesma cultura religiosa e compartilhante dos mesmos arquétipos. Cada *frátria* formava uma unidade política e religiosa. A legislação de Sólon legitimou essas associações, determinando sua composição em 30 *frátrias*.

O desenvolvimento ulterior das sociedades, que de famílias se tornaram tribos, de tribos passaram a povos, de povos a nações, nações a Estados, forçou a incorporação de elementos culturais estranhos à sua estrutura nuclear. A tradição antiga da *frátria* como núcleo fundamental da comunidade se perdeu, mas essa noção jamais deixou de existir no inconsciente coletivo da humanidade. Ela seria conservada na tradição de todos os povos, por meio dos grupos que então se formaram para o compartilhamento de tradições e defesa de interesses comuns. Esses grupos, nos quais identificamos os iniciados nos Antigos Mistérios e também as corporações obreiras da Antiguidade, antecessoras das guildas medievais, estão na origem de todas as sociedades, religiosas ou laicas, que buscam preservar, manter, divulgar ou cultuar determinados elementos arquetípicos próprios de suas culturas.

Foi dessa tradição e do que ela representa, em termos de compartilhamento de uma tradição feita de arquétipos comuns, que evoluiu a ideia que nutre a vida corporativa. De uma de suas vertentes fluiu a noção que informa a moderna Maçonaria, que por definição é *uma sociedade universal de homens de boa vontade, cujo objetivo é defender a liberdade de pensamento, a igualdade entre as pessoas e a fraternidade entre os povos da terra.*

Essa definição é colocada tendo em vista a Maçonaria Especulativa, ou seja, a organização que se tornou conhecida por esse nome em algum momento no fim da Idade Média, formada pela associação entre os profissionais da construção civil – conhecida como Maçonaria Operativa – e membros da sociedade (militares, intelectuais, artistas, comerciantes, cientistas, etc.), transformando as antigas corporações dos pedreiros livres em verdadeiros clubes de pessoas ilustres, com o objetivo de defender um ideal de progresso e liberdade.

É com essa noção que trabalhamos hoje o conceito de Maçonaria e é com ela que desenvolveremos os temas expostos neste livro.

Capítulo IV

A Irmandade de Israel

A irmandade de Israel – A sabedoria arcana – Os Irmãos de Heliópolis – A relação com a Maçonaria.

A irmandade de Israel

Muitas são as especulações a respeito da origem da Arte Real e sobre as fontes que abastecem seus ritos, tradições e doutrina. A hipótese que propomos nesta parte de nosso trabalho é apenas mais uma dessas especulações. E ela nos foi inspirada pelas profundas relações existentes entre a Ordem Maçônica e a história de um povo que desde a mais remota antiguidade vem praticando uma espécie de Maçonaria como cultura social, política e religiosa, cultura essa que, a nosso ver, tem garantido para esse povo uma sobrevivência mais longa do que a de outros grupos humanos dele contemporâneo.

Falamos aqui da ideia de irmandade como expressão de uma vida comunal que amplia o conceito de família, estendendo-a para o conceito de povo e nação. Nesse sentido, a Maçonaria que foi institucionalizada pela união das Lojas londrinas é apenas um episódio da rica história dos Obreiros da Arte Real. Na verdade, o que os maçons londrinos fizeram foi dar caráter de secularidade a uma instituição que já existia havia muitos séculos, mas que, graças à fragmentação de suas práticas, não tinha uma identidade reconhecida como organização secular.

A noção de *Loja* aqui é referida como sendo uma congregação de pessoas reunidas para um determinado fim. Essa intuição não é nossa. Ela tem sido utilizada de forma geral por todas as vertentes maçônicas, que veem na *Loja* uma congregação de Irmãos, reunidos em determinado local, comumente chamado de *Templo*, para cuidar dos interesses do grupo. Essa noção, embora tenha sido copiada diretamente da prática exercida pelos antigos pedreiros medievais, tem, não obstante, sua inspiração mais antiga nos primeiros tempos de organização do povo de Israel, quando este ainda vagava pelo deserto, recém-saído do Egito após ter ali vivido como escravo durante mais de 400 anos. Essa noção nos vem do fato de que nesse período os israelitas se organizavam em acampamentos, distribuídos entre as 12 tribos que formavam aquele povo, vivendo sob a autoridade de líderes por eles escolhidos, orientados por mestres supostamente indicados pelo próprio Deus de Israel. As regras de convivência eram claramente inspiradas no espírito de irmandade, como se pode verificar na legislação contida nos cinco livros da Torá, compêndio histórico-jurídico que se supõe tenha sido redigido por Moisés para regular a vida do povo de Israel.[29]

O proto-Estado de Israel, antes de se tornar um reino, pode ser considerado como uma espécie de vivência maçônica bastante peculiar. Tanto é que o rito do *Arco Real* se refere à *Loja* presidida por Moisés no Monte Horeb como sendo a primeira Loja Maçônica do mundo.

Essa é a razão pela qual os maçons adotaram tantos símbolos e referências à cultura israelita e também o motivo de os encontrarmos disseminados por todos os graus do moderno catecismo maçônico. Essas inferências não se devem apenas à admissão de judeus na Ordem, como acreditam alguns autores, mas porque a própria cultura maçônica desenvolveu-se a partir do núcleo israelita e busca recompor, no simbolismo e no objetivo contido na ideia de fraternidade praticada pela Maçonaria Moderna, os mesmos sentimentos que motivaram a fundação da antiga nação de Israel. Dessa forma, podemos dizer que, se existe um arquétipo inspirador para a Arte Real hoje praticada, esse é a Israel bíblica.

A sabedoria arcana

Quando falamos de irmandade como expressão cultural de um povo, referimo-nos à ideia de grupo que o povo de Israel desenvolveu quando se libertou da escravidão no Egito. Isso nos leva a ver em Moisés o *verdadeiro fundador* da Arte Real, porque a organização que ele deu aos hebreus depois que os tirou do Egito assemelhava-se a uma grande *frátria*, cujos membros, unidos pelos laços do sangue e da religião, se comprometeram com uma causa, que era a de criar na terra a *humanidade autêntica*, ou seja, um povo *dedicado ao Grande Arquiteto do Universo*, governado por

---
29. Essas referências são encontradas em todos os cinco livros do Pentateuco, porém são mais explícitas no Deuteronômio, livro chamado de Segunda Lei, pois além de reafirmar todos os mandamentos e prescrições contidos no Êxodo e no Levítico, contém ainda uma série de outras prescrições que foram incorporadas à legislação da antiga nação de Israel.

leis e costumes ditados diretamente por Ele, para servir de modelo para todas as nações da terra. E também porque as bases de sua arquitetura, em seu simbolismo arcano, foram todas construídas a partir da ideia arquetípica do Tabernáculo, mística estrutura concebida com propósitos francamente iniciáticos. Essa estrutura, que depois foi aplicada na construção do Templo de Jerusalém, é a alegoria mais representativa da Arte Real.[30]

Da mesma forma que na Ordem Maçônica, como hoje a vemos, a organização que Moisés deu ao povo de Israel foi fundamentada em uma *sabedoria exterior*, que compunha o corpo jurídico das leis instituídas por Moisés nos cinco livros que compõem a Torá e pelos costumes praticados pelo povo, e em uma *sabedoria interior* que continha a arquetipologia na qual o espírito daquele povo estava sendo modelado. O conhecimento dessas estruturas só podia ser transmitido de forma oral a uns poucos escolhidos.[31]

Essas duas sabedorias estão contidas no *Livro da Lei* que a nação de Israel, por inspiração do Grande Arquiteto do Universo, escreveu para deixar como legado a todos os povos que quisessem conhecer sua verdadeira vontade. Mas somente a primeira delas podia ser aprendida pelos meios comuns de aprendizado, porquanto a segunda era dirigida diretamente ao espírito das pessoas e só por meio da prática *iniciática* se podia obtê-la. Essa sabedoria é o que nós chamamos de *Tesouro Arcano*.

A tradição arcana ensina que o Pentateuco, os cinco livros que supostamente Moisés teria escrito, reunidos no que chamamos de Livro da Lei, comunica a sabedoria exterior, aquela que todas as pessoas podem adquirir pela leitura desses livros. Mas há outra Bíblia dentro das alegorias, símbolos, nomes e perífrases que ela contém que só pode ser entendida pelos chamados *iniciados*, pois ela está escrita em código.

Antigas tradições sugerem que foi essa sabedoria interior que teria dado a Moisés o poder para libertar os hebreus do cativeiro e consagrar os líderes do povo, bem como a ciência para realizar os grandes prodígios a ele atribuídos. E essa sabedoria o Grande Arquiteto do Universo só a comunicou aos seus ouvidos. Essa sabedoria é a que está contida na doutrina da Cabala. Ela se refere não ao conteúdo literal dos artigos

---

30. A origem israelita da prática maçônica já foi defendida por muitos autores de renome, inclusive pelo próprio dr. Anderson, o autor das *Constituições*, que sugere ter sido Seth, o terceiro filho de Adão e Eva, o primeiro maçom. Mas foram poucos os que se ocuparam de buscar os paralelos da cultura hebraica que se instalaram na Maçonaria e justificá-los em termos de ensinamento moral ou espiritual. Essa é uma das propostas deste trabalho.

31. Por isso a doutrina de Israel está dividida em três corpos doutrinários distintos, contida na Torá (a doutrina literal), o Talmude e a Mishnáh (comentários rabínicos da Torá e das tradições de Israel) e a Cabala (a parte esotérica dessa doutrina).

do Decálogo e as prescrições do Deuteronômio, mas ao ensinamento secreto que Deus transmitiu a Moisés, e que ele também depositou na Arca da Aliança. Por isso, ao instruir Moisés para construir a Arca, além dos rolos da lei, Deus disse a Moisés: *"e porás na arca o testemunho que eu hei de lhe dar"*.[32] Esse testemunho é o segredo arcano que só podia ser compartilhado pelos "escolhidos" e era transmitido por via oral.

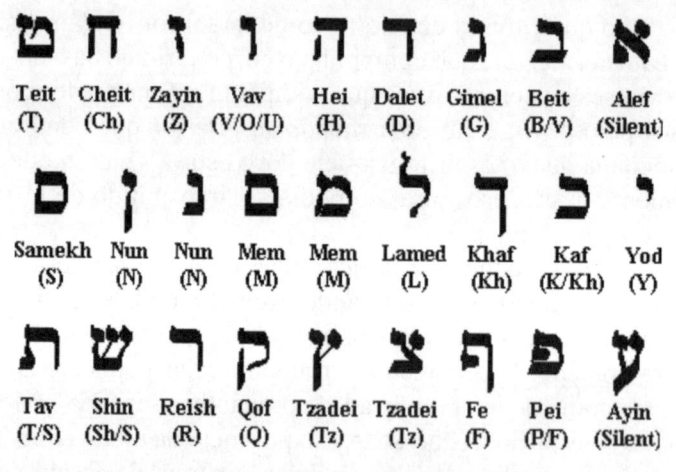

ט	ח	ז	ו	ה	ד	ג	ב	א
Teit	Cheit	Zayin	Vav	Hei	Dalet	Gimel	Beit	Alef
(T)	(Ch)	(Z)	(V/O/U)	(H)	(D)	(G)	(B/V)	(Silent)

ס	ן	נ	ם	מ	ל	ך	כ	י
Samekh	Nun	Nun	Mem	Mem	Lamed	Khaf	Kaf	Yod
(S)	(N)	(N)	(M)	(M)	(L)	(Kh)	(K/Kh)	(Y)

ת	ש	ר	ק	ץ	צ	פ	פ	ע
Tav	Shin	Reish	Qof	Tzadei	Tzadei	Fe	Pei	Ayin
(T/S)	(Sh/S)	(R)	(Q)	(Tz)	(Tz)	(F)	(P/F)	(Silent)

O alfabeto hebraico – Fonte: *A Cabala Mística*; Dion Fortune.

Segundo a tradição, essa sabedoria lhe foi ditada na *língua dos anjos*, que era a língua falada na terra antes da queda do homem. A *língua dos anjos* aqui referida é o alfabeto hebraico, em sua forma cabalística. Segundo a tradição, essa era a língua falada no céu, a qual teria sido instituída pelo Grande Arquiteto do Universo como forma de comunicação entre as criaturas celestes. Essas criaturas celestiais formavam uma espécie de irmandade, ou escola teosófica, a chamada Fraternidade dos Elohins. Depois da queda, alguns desses anjos a ensinaram aos homens como fórmula para que eles pudessem regressar, um dia, ao estado de beatitude que haviam perdido em consequência da queda. Alguns poucos homens, em cada geração, receberam esse conhecimento. Entre eles, Adão, seu filho Seth, Enoch, Noé, Abraão. Este último a ensinou aos "homens santos" das tribos de Israel e estes a conservaram durante o tempo em que Israel esteve cativo no Egito.[33]

---

32. Gênesis, 25, 16.
33. Os "homens santos" aqui referidos são os chamados sacerdotes levitas, encarregados do culto. Essa interpretação é oriunda da Cabala e é encontrada também na doutrina defendida pela Teosofia.

Portanto, ao considerar o povo de Israel como sendo o primeiro agrupamento humano a que podemos dar o nome simbólico de *Loja*, estamos reconstituindo esse povo em um direito que lhe cabe, ou seja, o de ter praticado uma verdadeira Maçonaria, da qual saiu a maior parte das tradições que informam a moderna Arte Real. Mas tudo isso teve seus arquétipos inspiradores, como veremos a seguir.

Os Irmãos de Heliópolis

A primeira influência que pode ser apontada nesse caso são os Irmãos de Heliópolis, assim chamado o corpo sacerdotal egípcio do mais famoso de seus santuários.

As mais antigas tradições egípcias atribuem a um personagem lendário, chamado Menés (ou Merner), a façanha de ter unificado politicamente o Egito. Tendo unido em um único reino as cidades do Alto e do Baixo Egito, ele teria dado início à dinastia dos reis daquele país, os chamados faraós. Seu nome não foi registrado no documento que informa os nomes dos faraós, as famosas Pedra do Cairo e Pedra de Palermo, lista compilada em uma estela esculpida na V dinastia, encontrada nas ruínas de Mênfis, mas todos os historiadores antigos a ele se referem como sendo o primeiro rei a governar as terras do Egito em um governo unificado.[34] Segundo a tradição, ele teria herdado o trono diretamente do deus Hórus, o filho de Osíris e Ísis.

Na época da unificação (cerca de 3000 a.C.), o vale do Nilo já hospedava uma cultura bastante desenvolvida. Avançadas técnicas de agricultura, medicina, metalurgia e outros conhecimentos que caracterizam a existência de uma civilização já eram praticadas pelos povos daquela região.

Era crença antiga entre os egípcios que tudo isso lhes havia sido ensinado pelo deus Toth, que os gregos chamavam de Hermes (o Trismegistos). Ele instruíra os antigos sacerdotes e estes se tornaram os "iniciados" que deram ao Egito a grande civilização que os povos do Nilo possuíam desde tempos imemoriais, conforme se lê nos famosos tratados conhecidos como *Corpus Hermeticus*.[35]

Esses iniciados eram aqueles que naqueles tempos se chamavam de "mestres" nas chamadas profissões sagradas, como tais eram consideradas as ocupações dos médicos, engenheiros, sacerdotes, astrônomos e homens de ciência, capazes de realizar grandes obras de engenharia,

---
34. A ele se referem Maneton, Apião e o grego Heródoto.
35. O *Corpus Hermeticus* é um conjunto de livros escritos por filósofos gregos nos primeiros séculos da Era Cristã, dando origem à chamada doutrina hermética.

complicadas intervenções cirúrgicas, interpretar a vontade dos deuses e interferir no curso da Natureza, provocando chuvas, mudando a direção dos ventos, transformando metais comuns em ouro, etc.

É dessa tradição, inclusive, que se origina a alquimia. Essa arte era praticada pelos sacerdotes egípcios desde os tempos pré-históricos. Foi derivada da metalurgia, a partir da técnica de aplicação de banhos de ouro em peças de cobre, artesanato no qual eles eram peritos. Com o tempo cristalizou-se a tradição de que os templos egípcios detinham também o segredo de fabricar ouro. Esses poderes eram atribuídos especialmente aos sacerdotes do santuário de Heliópolis, tanto que o alquimista Fulcanelli consagra uma de suas obras (*O Mistério das Catedrais**), aos Irmãos de Heliópolis. Jâmblico, Pelásgio e os filósofos que escreveram a obra conhecida como *Corpus Hermeticus* também se referem aos poderes que seriam próprios dos sacerdotes desse santuário. Destarte, se Moisés foi realmente um sacerdote egípcio antes de se tornar o líder dos hebreus, é possível inferir que ele também tivesse tido acesso a esses conhecimentos, o que justifica o caráter de mago com que ele aparece na Bíblia. Explica também a perícia de seu irmão Aarão na arte da metalurgia.[36]

Apesar de a vasta literatura esotérica existente sobre o assunto atribuir à classe sacerdotal egípcia uma imensa gama de segredos arcanos, os registros históricos são bastante concisos ao se referir a esse assunto. Na verdade, esse caráter místico, esotérico, que a religião solar dos egípcios assumiu foi mais uma obra dos filósofos gregos da chamada escola hermética do que dos próprios egípcios.

Até a revolução de Akhenaton, a hierarquia sacerdotal estava organizada muito mais para fins de administração do Estado do que para propósitos religiosos ou iniciáticos. Não havia uma classe sacerdotal propriamente dita, mas sim ordenações sacerdotais que eram feitas pelos faraós, os quais escolhiam entre seus súditos os membros do clero. Foi somente a partir dessa intervenção do faraó na vida religiosa de seus súditos que a classe sacerdotal começou a se organizar de forma independente e a ganhar poder. Data dessa época também o caráter místico que a essa classe foi atribuído.

A classe sacerdotal egípcia era bastante estratificada. Havia a classe superior, que ostentava o título de *hem-netjer*, palavra que literal-

---

*N.E.: Obra publicada em língua portuguesa pela Madras Editora.
36. São esses conhecimentos que os Irmãos da Rosa-Cruz irão alardear em seus famosos Manifestos. Quanto a Aarão, irmão de Moisés, sua perícia na arte da metalurgia é mostrada no episódio em que ele fabrica o bezerro de ouro. Aliás, só ele poderia "fabricar" um deus, pois essa era uma arte secreta, de exclusivo conhecimento de sacerdotes iniciados.

mente significa *servo do deus*, que pode ser traduzido por *sacerdote*. Porém o sumo sacerdote era o próprio faraó. Só ele detinha o poder de intermediar a relação entre os homens e os deuses no Egito. Havia uma classe intermediária conhecida por *wab*, literalmente *os homens puros*. E mais abaixo na hierarquia havia os chamados *pais divinos*, que não eram exatamente sacerdotes, mas participavam dos ofícios religiosos, exercendo certas funções litúrgicas.

Em princípio as funções sacerdotais não eram privativas nem vitalícias. Os sacerdotes podiam ser destituídos pelo faraó e normalmente se fazia um rodízio entre os escolhidos. Cada grupo exercia a função por um período de tempo, geralmente três meses a cada ano. Homens e mulheres do povo podiam ser escolhidos para a função: camponeses que exploravam a *terra sagrada*, artesãos, dançarinas, músicos e outros profissionais podiam ser nomeados. Seus serviços eram pagos em mercadorias, as quais, em princípio, eram consideradas como propriedade do deus patrono do santuário.

Os convocados para trabalhar nos templos ficavam também isentos de alguns impostos e geralmente eram liberados dos trabalhos compulsórios que normalmente se exigiam do restante da população, tais como abrir canais de irrigação, construir edifícios públicos, etc. Uma das obrigações que eles assumiam era o juramento de jamais revelar os segredos ou mistérios dos quais participavam nos templos.

Evidentemente nem sempre o faraó tinha condições de exercer as funções sacerdotais. Assim, com o tempo essa função foi sendo delegada a um sumo sacerdote de sua escolha. Para alcançar essa honrosa posição era preciso que o candidato tivesse uma esmerada educação nas artes e nas ciências. Dessa forma, logo se desenvolveu uma carreira eclesiástica organizada, com disciplinas curriculares, como leitura, escrita, engenharia, aritmética, geometria, astronomia, etc. Foi assim que os sacerdotes de Heliópolis e de outros templos se tornaram guardiães dos conhecimentos sagrados e ganharam reputação de sábios, que perdura até hoje.

Um documento jurídico contendo o testemunho de um sacerdote de Heliópolis, atualmente depositado no Museu de Turim, dá uma descrição das funções de um sacerdote egípcio. Esse sacerdote exerceu o ofício no santuário de Amon-Rá em Karnac, em algum tempo entre 1310 e 1220 a.C., no reinado de Ramsés II. Seu nome era Bakenkhonsu. Nesse documento consta uma inscrição a ele atribuída, que diz, textualmente:

"Passei quatro dos meus primeiros 11 anos como aprendiz, sendo responsável pela estrebaria de adestramento de Seti I. Durante quatro

anos fui sacerdote puro de Amon. Durante 12 anos fui pai divino de Amon. Durante 15 anos fui terceiro profeta de Amon. Durante 12 anos fui segundo profeta de Amon. Ele me glorificou em reconhecimento ao meu caráter. Ele me investiu da função de grão-sacerdote de Amon durante 27 anos. Eu fui um bom pai para meus subordinados, amparando seus descendentes, dando a mão aos que estavam angustiados, reanimando os que estavam na miséria, fazendo obras úteis em seu templo enquanto fui mestre arquiteto de Tebas."[37]

A relação com a Maçonaria

Rezam também as antigas tradições que nos santuários egípcios a ciência da arquitetura era arte considerada sagrada. Conhecimentos secretos, aplicados a essa técnica, eram transmitidos de forma iniciática a uns pouco escolhidos e conservados como segredo de Estado. É sabido que os egípcios eram notáveis construtores. Seus monumentais edifícios, construídos para servir de tumbas e templos para suas divindades, resistiram ao tempo e à destruição que as guerras naturalmente provocam nas obras humanas.

O termo *pedreiro* provavelmente foi cunhado nesses antigos tempos, quando as construções eram erguidas principalmente com pedras. Aplicava-se esse título tanto aos trabalhadores que labutavam nas pedreiras, *extraindo*, cortando e trabalhando artesanalmente as pedras que seriam usadas na construção, quanto àqueles que as assentavam, e também aos artesãos, que as transformavam em obras de arte. Maneton informa que nessa época esses profissionais da construção já haviam adotado a prática de organizar-se em confrarias para preservar os segredos da profissão e defender seus mercados, daí alguns autores maçônicos falarem na existência de uma forte Maçonaria Operativa entre os antigos construtores egípcios.

Eis aí, portanto, na tradição dos Irmãos de Heliópolis, o vínculo que os liga à prática da moderna Arte Real. Um conjunto de temas, práticas e tradições que ainda hoje são observáveis na estrutura da Maçonaria (especialmente nos chamados ritos de inspiração egípcia).[38]

Em nossa intuição, foi dessa fonte que Moisés bebeu sua sabedoria e a transmitiu aos Irmãos de Israel. Essas relações, inspirações e influências serão mostradas nos capítulos seguintes.

---

37. Aidan Dodson, *The Hieroglyphs of Ancient Egypt*. Barnes & Noble, New York, 2001.
38. Particularmente o Rito de Misrain-Mênfis.

Capítulo V

Moisés e Akhenaton

Moisés, sacerdote egípcio — Especulações instigantes — Akhenaton, o Reformador — Revisão histórica — Os pedreiros hebreus.

Sacerdote egípcio no exercício das suas funções –
Art and History of Egipt – Bonecchi – 1994.

Moisés, sacerdote egípcio

Antigos textos sugerem que Moisés, antes de fundar a Irmandade dos Filhos de Israel, foi príncipe do Egito e membro da Sublime Ordem dos Irmãos de Heliópolis. Nessa irmandade, que congregava grandes sábios e as principais personalidades do Estado egípcio, ele exercia altas dignidades. Foi então que descobriu ser realmente descendente de pais hebreus, o que muito o perturbou, pois percebeu o erro mortal em que vivia, adorando deuses diferentes daquele que seu próprio povo adorava. Os hebreus, seus irmãos de sangue, cultuavam um único Deus, cujo nome podia ser escrito de diferentes formas, mas a pronúncia do verdadeiro nome lhes era proibida, razão pela qual eles o chamavam por vários nomes alternativos.[39]

O Egito, como todas as nações antigas, não distinguia a política da religião. O soberano era uma extensão da divindade local. Na época em que se supõe Moisés tenha vivido, Tebas era a capital do Egito, e o deus daquela cidade, Amon-Rá, a principal divindade do país. Os santuários de Luxor e Karnac, em Tebas, dominavam a vida religiosa e política da nação, mas o santuário de Heliópolis, no Alto Egito, o mais tradicional do país, não havia perdido sua influência nem abdicara de pretensão de conduzir a vida espiritual dos egípcios. Essa conjuntura era motivo de constantes conflitos entre o poder político, exercido pelo faraó, e o religioso, exercido pelos sacerdotes daqueles santuários.

Nesse tempo, reinava no Egito um faraó cujo nome era Amenhotep, o quarto rei desse nome. Ele entrou em conflito com os governadores das províncias egípcias, porque queria submetê-los ao seu poder, já que essas províncias gozavam de muita autonomia e não raras vezes se opunham ao poder central.

O deus de Tebas, sua capital, era aquele que os egípcios chamavam de Amon-Rá, que era considerado o rei dos deuses, "aquele que renasce todos os dias". Essa expressão se referia ao Sol, que desaparecia à tarde e retornava de manhã. Acreditava-se que nessa capacidade que o Sol possuía, de sumir e reaparecer de novo todos os dias, estava a explicação do grande mistério da morte e do nascimento da vida na terra. Assim, Amon-Rá era cultuado como sendo o "poder que dá a vida", o poder oculto na luz do Sol.

Essa crença era adotada por todos os egípcios e eles a praticavam em forma de ritos e sacrifícios em homenagem ao deus Sol. Daí se dizer que a religião egípcia era uma religião solar, pois tinha no astro rei sua divindade suprema.[40]

---

39. Os historiadores Maneto e Apion, que viveram no terceiro século a.C. e primeiro século d.C., respectivamente, foram os primeiros autores a publicar tais informações a respeito dessa vida desconhecida de Moisés. Quanto aos nomes de Deus, é sabido que Senhor, Adonai, Jeová, Elohin, Abba, etc. são nomes alternativos que os hebreus usavam para se referir a Ele, evitando dessa forma pronunciar seu verdadeiro nome, que era grafado com as letras IHVH, mas jamais pronunciado em sua forma verbal.

40. Os templos egípcios eram todos orientados em direção à estrela Spica, ou Sírius, a estrela mais brilhante no céu do hemisfério norte.

Essa é uma tradição ainda hoje evocada na Maçonaria. Em todos os Templos maçônicos o Sol é sempre figurado como representação da majestade do Grande Arquiteto do Universo, sendo que sua luz é comunicada por meio da *estrela flamejante*. Ele representa luz por excelência. Daí o simbolismo da *estrela flamígera* evocar esse poder que vem da luz, ou seja, do Sol, a potência máxima que se coloca no Oriente e é representado, no Templo maçônico, por seu Venerável Mestre.

Especulações instigantes

Tudo isso nos permite levantar algumas especulações bastante instigantes. O nome egípcio de Moisés era Mos, que significa "filho das águas". Segundo a Bíblia ele teria sido depositado, ainda recém-nascido, em um cesto de juncos e lançado nas águas do Rio Nilo por sua mãe, a levita Iochabel, esposa do sacerdote Anrim. Isso ela fez para salvá-lo do decreto do faraó Amenhoteph III, pai de Akhenaton, o qual mandara as parteiras hebraicas afogar nas águas do Nilo todos os recém-nascidos entre o povo de Israel, pois segundo uma antiga profecia naqueles dias teria nascido no Egito o libertador dos hebreus, povo que lá vivia como escravo havia mais de 400 anos. Mas o Grande Arquiteto do Universo o salvou e conduziu o cesto onde ele foi posto até as mãos da irmã do faraó, que o criou como seu filho.[41]

Uma antiga tradição, coletada pelo historiador Apion, fala de um sacerdote chamado Osarseph, que se tornou governador de uma província egípcia (supostamente Gósen, a terra onde a Bíblia diz que os hebreus habitavam). Esse sacerdote, que teria vivido na época do faraó Amenhotep IV, aos 20 anos foi investido no alto cargo de sacerdote em Heliópolis.

O nome de Moisés não aparece em nenhum documento egípcio, mas o vizir Osarseph é citado em estelas e inscrições da época como sendo um importante dignatário, que além de exercer funções sacerdotais, também foi governador e mestre arquiteto da casa real, tendo construído grandes monumentos no país.

A suposição que aqui fazemos é a de que Osarseph e Moisés podem ser a mesma pessoa. Nesse caso o faraó Akhenaton (Amenhotep IV) teria feito de Moisés o sumo sacerdote da nova religião que ele quis implantar no Egito. Podemos inferir também que ele lhe deu o governo da terra de Gósen, onde habitavam os hebreus, seus conterrâneos. Dessa forma Moisés pôde organizar os trabalhadores hebreus em uma espécie

---

41. Êxodo, 2:3,5. Mas o termo "salvo das águas" pode também significar "iniciação", batismo, pois os iniciados nos templos egípcios eram considerados "Filhos do deus Nilo", ou seja, nascidos de suas águas.

de confraria, que teria sido responsável por grandes obras de arquitetura no país. Segundo a Bíblia, os hebreus ergueram as cidades de Tendas, Fiton e Ramsés. As duas primeiras eram cidades armazéns e a última uma cidade santuário que depois foi dedicada ao faraó Ramsés II, que subiu ao trono em 1290 a.C., cerca de 35 anos após a fuga de Moisés do Egito.

Gósen é identificada como a antiga Aváris, capital dos hicsos, povo semita que dominou o Egito entre os séculos XVIII a XV a.C. As fontes que nos levam a essa especulação constam dos relatos feitos por Maneto, historiador egípcio que viveu no terceiro século a.C. Essa história é referida também por Apion, historiador judeu-romano que viveu no primeiro século da Era Cristã. No entanto, Maneto se refere a essa organização de pedreiros como sendo composta por hebreus e egípcios expulsos das cidades pelo fato de ser leprosos (o que justifica o fato de Moisés se preocupar tanto com a lepra entre os hebreus e até ter prescrito muitas regras a respeito do tratamento dessa doença).

Já Apion diz que esses leprosos tinham sido postos a trabalhar nas pedreiras para que não contaminassem a população sadia. Lá eles teriam se organizado e escolhido como seu líder um sacerdote de Heliópolis chamado Osarseph, o qual lhes deu uma organização corporativa, que repudiou os deuses do país e adotou costumes completamente diferentes dos vigentes entre os egípcios. Esses costumes eram muito semelhantes aos que Moisés prescreveu para os hebreus, razão pela qual se sugere aqui que a história de Moisés, conforme contada no Êxodo, talvez tenha origem nesses eventos.[42]

Assim, Moisés, como príncipe do Egito, tornou-se não só um nome poderoso em assuntos da religião, como também politicamente, já que exercia o cargo de governador de uma das mais importantes províncias do país.

Akhenaton, o Reformador

Esses fatos teriam ocorrido nos dias do faraó Amenhotep IV, conhecido na história egípcia como Akhenaton, o Reformador. Moisés, segundo se infere das informações de Apion, teria se unido ao faraó Akhenaton em sua cruzada para implantar no país a religião de um único deus, Amon-Rá, divindade adorada em Tebas, sua capital. Esse deus, com o nome mudado para Aton, deveria ser a única divindade de todo o Egito e os demais deuses lhe deveriam ser sujeitos, da mesma forma que todos os egípcios

---

42. Essa organização é referida por Apion, porém não nessa ordem e estrutura. Ele fala apenas em trabalhadores qualificados e sem qualificação, sendo os primeiros muito requeridos no mercado da construção civil no Egito.

deviam prestar obediência ao grande faraó. Os sacerdotes não concordaram com esse estado de coisas e logo conclamaram os governadores provinciais para que reunissem seus exércitos e fizessem guerra contra aquele faraó, a quem chamavam de herege e cultor de deuses estrangeiros.

Pois Aton, o deus que Akhenaton queria impingir aos egípcios como divindade única, era, na verdade, o deus dos hebreus, segundo eles. Esse deus era chamado de Adonai (o Senhor) pelos hebreus, daí a possibilidade de que fosse o mesmo Aton adorado pelo faraó. Akhenaton, para torná-lo palatável para os egípcios, fundiu a ideia metafísica que os hebreus tinham de Deus, com os atributos de Amon-Rá, o deus de Tebas, que era representado pelo disco solar. Assim, nasceu a ideia do Deus único, que os hebreus, mais tarde, iriam disseminar pelo mundo e mudar completamente a história das religiões.

Os hebreus, como mandava sua tradição, não podiam escrever nem pronunciar seu nome, por isso se referiam a ele como "Adonai, o Inominado" e grafavam seu nome com quatro letras, IHVH (mais tarde traduzido para JAVÉ ou Jeová), que os gregos chamaram de Tetragrammaton.[43]

Todavia, os sacerdotes egípcios não aceitaram pacificamente essa mudança radical em suas tradições religiosas e insuflaram o povo dizendo que, se o Deus de Israel reinasse sobre os corações e mentes do povo do Egito, logo os israelitas estariam dominando o país, pois eram grandes em número e muito fortes em corpo e espírito.

Máscara de Akhenatom. Museu do Cairo – *Enciclopédia Barsa*.

---

43. Esse é o nome grego dado às quatro iniciais do nome de Deus, segundo os hebreus, que o soletravam como Iavé (Jeováh). Porém, Jeová é apenas um dos nomes de Deus, pois o seu Verdadeiro Nome era um segredo só revelado a muito poucos escolhidos.

Revisão histórica

Na verdade, havia muitas pessoas influentes no Egito, que eram oriundas do povo de Israel. Isso mostra que Israel nem sempre foi escravo no Egito. Nessa época provavelmente eles viviam em liberdade no Vale do Nilo e haviam prosperado como comerciantes, artesãos e pequenos proprietários agrícolas, como sugerem as informações de Apion. Essas condições favoráveis teriam começado com a ascensão de José, o filho de Jacó, o qual teria se tornado um poderoso vizir, cujo nome egípcio seria Yuya (sua tumba foi encontrada no Vale dos Reis em 1905). Assim, durante muito tempo, os hebreus viveram em paz e se tornaram muito prósperos no Egito, tanto que a própria Bíblia se refere a esse fato. *"Entretanto, levantou-se no Egito um novo rei que não conhecia José e que disse ao seu povo 'Vós bem vedes que os filhos de Israel estão muito numerosos e mais fortes do que nós. Oprimamo-los, pois, com manha, para que não suceda que, sobrevindo alguma guerra, eles se unam com nossos inimigos e, vencendo-nos, saiam depois do Egito.'"* [44]

O que está registrado na história egípcia é que Yuya foi um poderoso cortesão egípcio que viveu na época da 18ª dinastia dos reis egípcios. Foi casado como Tuiu, uma egípcia nobre, da família real. Sua filha Tiyy tornou-se a esposa real (primeira esposa) de Amenhotep III, pai do faraó Akhenaton. Na descendência de Yuya encontra-se um famoso sacerdote chamado Anen, que foi chanceler do baixo Egito, carregando ainda títulos pomposos como os de segundo profeta de Amon, sacerdote de Heliópolis e pai divino. O estudo de sua múmia feito pelo egiptólogo Grafton Elliot Smith sugere que provavelmente ele não era descendente de egípcios. A identificação que dele se faz com José, o filho de Jacó, se deve principalmente à aparência semita de suas feições.[45]

Assim, é possível perceber que os egípcios temiam os hebreus e não os tinham como escravos, mas que a opressão sobre eles começou quando as próprias condições políticas do país sofreram uma violenta modificação. Essa modificação, como se infere pelos trabalhos dos historiadores citados, deve ter se iniciado com a derrota da revolução de Akhenaton, a qual foi apoiada pelos hebreus.

Com sua revolta, porém, os sacerdotes colocaram uma grande parte do país em guerra contra aquele faraó. E naqueles dias houve um grande conflito por todo o Egito, que durou mais de dez anos; e muitos foram os que morreram porque o povo se dividiu; e em todas as cidades,

---
44. Êxodo, 1: 8, 9, 10.
45. Veja-se a esse respeito Ahmed Osman, *Moisés e Akhenaton*, Madras Editora, 2007.

as pessoas lutavam com fúria e coragem pelos deuses que adotaram, pois os homens combatem com mais ardor por suas crenças do que por suas famílias ou bens.[46]

Perdida a guerra, porque foram muitos os que se levantaram contra aquele faraó e seu vizir Moisés (ou Osarshep), logo foi morto aquele Akhenaton e em seu lugar subiu ao trono seu filho Tut-Ank-Amon, um menino de 10 anos de idade, cujo governo procurou restabelecer a paz no país revivendo a religião nacional de muitos deuses. Mas ele não conseguiu fazer as pazes com os Irmãos de Heliópolis, e estes (provavelmente porque Tut-Ank-Amon se recusou a perseguir e prender os seguidores de Aton e condenar Moisés à morte) envenenaram o jovem rei no nono ano de seu reinado.[47] Este Tut-Ank-Amon é aquele que foi sepultado em uma suntuosa tumba no Vale dos Reis, com um enorme tesouro e todos os seus serviçais.[48]

E depois disso aconteceu que os egípcios fizeram rei a um general de nome Horemheb, que logo começou a perseguir e massacrar os seguidores da antiga religião, devolvendo os privilégios da Irmandade de Heliópolis, a qual se fez novamente muito poderosa e voltou-se contra Moisés. Este, para salvar a vida, fugiu para o deserto do Sinai, onde se refugiou no oásis de Madian, que fica nos pés do Monte Horeb, na península do Sinai. Data, portanto, dessa época, a opressão que os egípcios começaram a submeter os israelitas.

Os pedreiros hebreus

A Bíblia diz que os hebreus viveram como cativos durante 400 anos no Egito. Não especifica uma data para sua imigração da Palestina para o Vale do Nilo, mas o calendário hebraico registra que o Êxodo ocorreu em 2.448, que corresponde ao ano de 1453 a.C. Assim, se os hebreus viveram no Egito durante 430 anos, eles para lá devem ter imigrado antes de 1800 a.C.[49]

---

46. Aqui nos inspiramos no romance de Mika Waltari, *Sinouê, o Egípcio*, mas a Revolução de Akhenaton é um dos mais bem documentados episódios da história daquele povo, graças aos documentos recuperados nas escavações feitas em El Amarna.
47. O jovem rei Tut-Ank-Amon foi assassinado aos 18 anos de idade e sua história era pouco conhecida até sua tumba ser encontrada por Howard Carter em 1928. Os tesouros que ela continha constituem o maior achado arqueológico de todos os tempos e encontram-se hoje no Museu do Cairo. As especulações sobre seu relacionamento com Moisés são inferências nossas.
48. Acredita-se que Tut-Ank-Amon era o filho legítimo de Akhenaton com uma de suas concubinas.
49. Data inferida pela informação contida em Reis, 6;1 segundo a qual o Êxodo teria ocorrido 480 antes do início da construção do Templo de Jerusalém. Estima-se que a construção do Templo de Salomão tenha sido iniciada em 1112/1113 a.C.

Com base nos trabalhos de Apion e Maneto é possível calcular que essa imigração tenha ocorrido entre 1780 e 1580 a.C., época que o Egito foi dominado pelos hicsos, povo semita oriundo da Palestina, que se supõe ser da mesma origem que os hebreus.

Maneto, segundo nos informa Flávio Josefo, apresenta os hicsos como sendo um povo que imigrou para o Vale do Nilo e conquistou o Egito sem luta, mas por ter religião e cultura diferente dos egípcios, acabou destruindo cidades e "os templos dos deuses", provocando grande matança e devastação no país.

Por cerca de 200 anos governaram o país com seus "reis pastores". Sua capital era no Delta do Nilo, sediada na cidade de Aváris. Por volta de 1580 a.C. os egípcios, comandados pelo faraó Amósis, atacaram Aváris e expulsaram os hicsos de volta para a Palestina. Maneto informa que eles se fixaram na Judeia e construíram Jerusalém. (Flávio Josefo, *Contra Apião*, vol. I, p. 73-105 § 14-6; p. 223-232 § 25-6).

Esse antigo historiador também informa que um grande grupo de 80 mil leprosos e doentes recebeu permissão para se estabelecer em Aváris, depois da partida dos hicsos. Esses leprosos mais tarde se rebelaram e chamaram de volta os "rei pastores", que destruíram cidades e aldeias e cometeram sacrilégio contra os deuses egípcios. Por fim, foram derrotados e expulsos do país. Esses últimos, segundo infere Apião, seriam os hebreus.[50]

Embora a Bíblia informe que o cativeiro dos israelitas no Egito durou 430 anos, os estudiosos, de modo geral, acreditam que esse cativeiro, se existiu, só começou depois que os povos pastores, conhecidos como hicsos, foram expulsos do Egito. Esses povos também eram semitas, como os hebreus. Se forem corretas as especulações de que esse cativeiro foi consequência do fato de os israelitas terem apoiado a revolução de Akhenaton, então é possível inferir que esse cativeiro começou no reinado de Horemheb, pois foi esse faraó que restituiu o Egito à sua antiga religião politeísta e massacrou os partidários do monoteísmo implantado por Akhenaton.[51]

Os acontecimentos relativos à fuga de Moisés estão registrados no livro do Êxodo. Presumivelmente, com tudo que se sabe hoje sobre a época de Moisés no Egito, e as possíveis relações que ele teve com a casa real e suas funções sacerdotais durante o reinado de Akhenaton,

---

50. Flávio Josefo (*Contra Apião*, Livro I, cap. 26, 28). Essas informações também constam do Talmude.
51. Horemheb reinou de 1335 a 1308 a.C.

é possível inferir que sua fuga para Madian não tenha ocorrido apenas pelo fato de ter morto um feitor egípcio.

Motivos políticos e religiosos devem ter interferido nessa sua decisão. A tradição sustenta que Moisés teria 40 anos quando teve de fugir do Egito. Nessa época já era intensa a utilização da mão de obra hebraica na construção de grandes edifícios no país.[52]

Madian era um oásis que ficava localizado próximo ao Monte Horeb, também conhecido como Monte Sinai. Foi lá que Moisés conheceu Raguel, na Bíblia conhecido pelo nome de Jetro, que era o xeque daquele oásis. E lá também casou-se com Séfora, filha de Raguel, com quem teve dois filhos, o primeiro a quem deu o nome de Gerson, que significa "estrangeiro em terra estranha", e o segundo, a quem chamou de Eliezer, que significa "o auxílio que vem do Senhor", nomes cujo significado deve ser buscado na doutrina da Cabala.

Antigas tradições, constantes do Talmude e do Alcorão, sustentam também que Moisés, antes de se tornar líder do povo de Israel, foi rei da Etiópia e sacerdote de Amon-Rá. Em Madian, Moisés teria habitado por cerca de dez anos, antes de ser chamado pelo Senhor para cumprir sua missão libertadora no Egito.

---

52. O trabalho dos israelitas na construção de grandes edifícios mostra que sua tradição como maçons operativos é anterior à construção do Templo de Salomão, que a maioria dos autores registra como origem da Arte Real.

Capítulo VI

Israel, um Povo Iniciado

O simbolismo do Êxodo – Uma viagem iniciática – As 12 oficinas – A mística do número 12 – Regras da fraternidade.

O simbolismo do Êxodo

Segundo as crônicas bíblicas, o número dos israelitas que saíram do Egito no Êxodo foi de 600 mil pessoas. Guiados por Moisés, eles atravessaram o Mar de Juncos, uma estreita faixa de terra alagada que contornava o Mar Vermelho, e se dirigiram ao deserto do Sinai, para onde o Senhor, pela mão de Moisés, os guiou. Ali, segundo instruções do Senhor, Ele inscreveria na mente e nos corações dos filhos de Israel seus mandamentos. E assim eles acamparam na base da montanha, enquanto Moisés subia para receber das mãos de Deus as tábuas da lei. Mas, como Moisés demorava demais na montanha, os israelitas se impacientaram com a falta de comida e com as privações que estavam passando; e aproveitando a ausência de Moisés, alguns indivíduos mais afoitos armaram uma rebelião e obrigaram Aarão a fundir um bezerro de ouro para servir-lhes de divindade. E depois dançaram e fizeram um grande festim em volta do ídolo. Quando Moisés desceu da montanha com as tábuas da lei nas mãos, viu a idolatria em que seu povo havia recaído, e assim, irado em extremo, quebrou as duas pedras onde Deus havia gravado os Dez Mandamentos e chamou contra os pecadores um terrível castigo, fazendo a terra se abrir e engolir milhares de idólatras.[53]

É possível perceber, na narração desses fatos, o sentido ritualístico e simbólico que lhe são dados nos cinco livros do Pentateuco. Já foram referidas neste trabalho as tradições constantes do Talmude e nas obras

---

53. Êxodo, 32:15,16. O bezerro de ouro provavelmente era uma cópia do boi Ápis, divindade adorada pelos egípcios.

de antigos escritores como Maneto, Apion, Flávio Josefo, Filo de Alexandria e outros, que sugerem ser a saga dos hebreus, conforme descrita no livro do Êxodo, uma autêntica *jornada iniciática*. Essas tradições nos levam a pensar que Moisés, ao sair do Egito com o povo hebreu, na verdade o conduziu a um santuário dedicado a Aton no alto do Monte Sinai, onde certamente estaria a salvo da perseguição que lhe movia as autoridades egípcias.

Já nos referimos também a algumas especulações de autores modernos como Sigmund Freud, por exemplo (*Moisés e o Monoteísmo*, Londres, 1939), que sugerem que Moisés e Akhenaton são, na verdade, a mesma pessoa e que o episódio da liberação dos hebreus do Egito nada mais é do que um conjunto de memórias da revolução monoteísta que aquele faraó promoveu no século XIV a.C. no Egito.

Isso explicaria as constantes recaídas dos hebreus na idolatria e nos costumes e tradições pagãs, que tanta preocupação e angústia provocaram em Moisés e Aarão. Leva-nos também a pensar que a ideologia que inspirou o povo de Israel pode, realmente, ter inspiração bastante diferente daquela que comumente se julga ter.

Os relatos bíblicos não são convincentes do fato de que Israel, como povo, já tivesse tal identidade religiosa e cultural quando saiu do Egito. Essa identidade parece ter sido cunhada por Moisés a partir de uma visão dele próprio e não de um povo que já a cultivava anteriormente. Isso transparece na constatação de que antes de Moisés, Jeová, o Deus dos hebreus, era adorado por esse povo na condição de um Deus particular e não como uma divindade universal e única. Na Palestina ele dividia o panteão dos deuses com outras divindades locais, tais como Amon (dos amonitas), Quemosh, dos moabitas, Dagon dos filisteus, Baal dos sírios, etc. Assim, eram várias as divindades dos povos palestinos, sendo Jeová apenas uma delas, e seu culto não tinha a pretensão de universalidade, embora os hebreus o colocassem acima de todas as outras.[54]

Destarte, o caráter da unidade e da universalidade de Deus foi realmente uma realização de Moisés, ou Akhenaton, se realmente eles forem a mesma pessoa, ou partidários da mesma inspiração (Akhenaton e Osarshep), como foi aventado no capítulo anterior.

---

54. Prova disso são as constantes disputas entre os profetas de Israel (Elias e Eliseu, principalmente) e os sacerdotes das outras religiões palestinas, narradas na Bíblia.

Mapa do Êxodo. Fonte: *Enciclopédia Barsa*.

Uma viagem iniciática

É assim que vemos no episódio do Êxodo israelita uma autêntica jornada iniciática, da qual nasceu de fato a prática de os Irmãos viverem em *Loja*, porque esta foi, em princípio, toda a nação de Israel. Destarte, a nação dos hebreus pode ser vista como verdadeira fraternidade, iniciada no sol do deserto, nas provas de fé e na *estrita observância* dos preceitos ditados pelo Grande Arquiteto do Universo.[55]

É nessa analogia que podemos sustentar que o Êxodo foi, na verdade, uma grande jornada em que o povo de Israel foi iniciado nos Sagrados Mistérios da religião hebraica e constituiu, a partir de sua organização como povo livre, a primeira *experiência verdadeiramente maçônica da história*. Nessa jornada eles enfrentaram o sol do deserto, os ventos, a terra seca e as águas do Mar Vermelho; e então podemos dizer que eles foram purificados *pelo fogo, pela água, pelo ar e pela terra, como são, ainda hoje, os irmãos que são iniciados nos sagrados Mistérios da Arte Real.*

---

55. A expressão "estrita observância" tem bastante importância na Maçonaria, tendo inclusive influído na organização dos ritos que nela existem hoje em dia. As Maçonarias Alemã e Francesa já praticavam (e ainda praticam) um chamado rito da "Estrita Observância", que se acredita ser responsável pela introdução por boa parte dos motivos esotéricos e tradições templárias que hoje existem na Ordem. Estrita observância, no entanto, aqui se refere à rigidez com que as normas e tradições de uma doutrina, ou ensinamento, devem ser observadas.

O Êxodo pode ser comparado, portanto, a uma jornada de purificação, que se assemelha às grandes aventuras do espírito, que resultam em profundas modificações interiores. Note-se que esse simbolismo está presente em todas as experiências místicas vividas pelos grandes líderes religiosos de todos os tempos. Moisés encontra Deus no Sinai, Buda encontra a verdade na meditação solitária, João Batista é a "voz que clama no deserto", Jesus se prepara para sua missão em 40 dias de jejum no deserto, Maomé descobre sua missão na Hégira (sua fuga de Medina para Meca, atravessando o deserto), etc. Por isso toda iniciação deve ser precedida de uma "purificação" praticada na solidão de um retiro e nas vicissitudes de uma "viagem iniciática". Aqui se modela o arquétipo da *iniciação*, necessidade espiritual presente no inconsciente coletivo da humanidade como símbolo de união do homem com o meio do qual foi levantado.[56]

E foi por isso, também, que o Grande Arquiteto do Universo os fez habitar no deserto por 40 anos antes de entregar-lhes a Terra Prometida; pela mesma razão os submeteu a duras provas, pois é da tradição iniciática a noção de que unicamente aqueles que conseguem sobreviver a elas e mantêm a fé podem ser considerados dignos de participar dos *Mistérios* em que estão sendo iniciados.[57]

Somente pelo caráter iniciático que essa peregrinação pelo deserto assume é possível entender os episódios que são narrados no Êxodo. Na verdade, ainda que os israelenses fossem forçados a viver no deserto, como nômades, como fazem os beduínos ainda hoje, até conseguirem se tornar fortes o suficiente para conquistar uma parcela das terras palestinas para ali se estabelecer, é inconcebível que um contingente tão grande de pessoas pudesse ter sobrevivido dessa forma e que essa formidável aventura não tivesse deixado algum rastro que pudesse ser recenseado. Mais de 600 mil pessoas, vivendo por 40 anos no deserto uma vida dura e perigosa certamente deixariam muitas reminiscências para ser exploradas pelos arqueólogos. Mas nada se encontrou até agora que provasse que a grande aventura narrada no Êxodo tivesse realmente acontecido.

Daí a razão de pensarmos que as descrições dos fatos e dos rituais instituídos por Moisés também têm toda a feição de estar se referindo a um simbolismo iniciático. Suas características estão muito mais para uma experiência espiritual do que para um conjunto de sacramentos instituídos a partir da prática de uma religião já estabelecida. Em

---

56. A iniciação maçônica é simbolizada pelas diversas "viagens" às quais o neófito é submetido.
57. Tradição que ainda hoje é conservada, de forma simbólica, na Maçonaria.

consequência, o caráter esotérico e francamente místico que essas disposições sacramentais apresentam.[58]

Hoje se diz aos candidatos à iniciação na Maçonaria que antigamente os pretendentes eram submetidos a provas duras e perigosas. Mais do que a simples remissão aos românticos tempos da cavalaria medieval, quando os novéis cavaleiros eram "provados" em sua coragem e fidelidade, ou à tradição dos Antigos Mistérios, quando dos neófitos eram exigidas mostras de grande resistência física e fortaleza de espírito, cremos que é no simbolismo da purificação e iniciação do povo de Israel que a Arte Real realmente se inspira quando se refere a essas provas.

Por essa razão é que sustentamos serem os filhos de Israel os primeiros Irmãos verdadeiramente iniciados na Arte Real, não só porque haviam sido pedreiros no Egito, mas também porque tinham adquirido a sabedoria moral e a energia do espírito que só a verdadeira *iniciação* proporciona. E agora, iniciados nos *Augustos Mistérios* que o próprio *Grande Arquiteto do Universo* lhes revelava, eles iriam se reunir em *Loja* permanente.

Com essa iniciação, que foi o Grande Êxodo, os filhos de Israel estavam prontos para erguer a nação que iria servir de modelo para a construção universal da *humanidade autêntica*, tal qual ela existia no Pensamento do Grande Arquiteto do Universo quando Ele começou a erigir esse edifício sublime, que é o mundo em que vivemos.

E é com base nesse arquétipo, ou seja, um grupo de pessoas eleitas, vivendo juntas na mais perfeita irmandade, praticando um conjunto de virtudes e valores definidos pelo verdadeiro Deus, que se assenta a ideia da Maçonaria mundial.[59]

As 12 oficinas

Dessa forma falou o Senhor a Moisés, estando o povo de Israel acampado em Madian, na base do Monte Horeb, também conhecido como Sinai: "*Fazei recenseamento de toda a congregação dos filhos de Israel por suas famílias e suas casas, e nomes de cada um dos varões, dos 20 anos para cima e de todos os homens fortes de Israel; e contá-los-eis*

---

58. Referimo-nos aqui às instruções para a construção do Tabernáculo, os objetos de culto e as vestes sacerdotais, bem como ao conjunto de ritos propostos para a adoração de Deus.
59. A esse propósito é interessante lembrar que em suas diatribes contra os maçons, Hitler os compara a judeus e entende que eles deviam ter o mesmo tratamento dado aos filhos de Israel. Essas disposições foram claramente expostas em documento que ele enviou às autoridades do partido nazista em 1931, denominado "Guia e Carta de Instrução", no qual se declarava que "A hostilidade natural dos camponeses contra os judeus, e sua hostilidade contra o maçom como um servo do judeu, devem ser trabalhadas com frenesi".

pelas suas turmas, tu e Aarão. E estarão convosco os chefes das tribos e das casas em suas gerações".[60]

Ora, era 12 o número de tribos que formavam o povo de Israel, organizados a partir dos filhos de Jacó, que cerca de mais de quatro séculos antes haviam emigrado da Palestina para o Egito. Eram eles conhecidos pelos nomes de Ruben, Simeão, Judá, Issacar, Zebulon, José, Levi, Benjamin, Dan, Asser, Gad e Neftali. Depois de purgados de seus pecados e reconstituídos na aliança com o Senhor, o povo de Israel prosperou e seu número aumentou grandemente, de sorte que, ao ser promovido o primeiro recenseamento no deserto, foram contados 603.500 homens em condições de serem admitidos naquela que seria a *Grande Irmandade de Israel*.[61]

Assim foi organizado o *Oriente de Israel*, formado pelas *12 Oficinas* dos hebreus dispersos no deserto, onde os membros eram separados por origem tribal e, dentro de cada tribo, por graus de ocupação. Os que tinham profissão nas tendas dos artífices e os que tinham mais instrução nas tendas que ensinavam e administravam. E para cada uma das Oficinas foi nomeado um príncipe a título de Mestre Geral, auxiliado por dois supervisores.

Essa disposição é uma analogia que fazemos, inferida a partir da organização dada aos acampamentos dos israelitas no deserto. Pela descrição que a Bíblia nos dá dessa organização é possível perceber que as tribos foram distribuídas estrategicamente para formar um grande agrupamento, coberto por todos os lados, e em condições de marchar unânime, como uma grande *egregóra*, em direção a um objetivo comum. Assim, as tribos de Judá, Issacar e Zebulon assentaram seus acampamentos no Oriente, Ruben, Simeão e Gad, no Meio-Dia, Efrain (tribo de José), Manassés e Benjamim, no Ocidente; Dan, Asser e Naftali no setentrião. E no centro, levando o Tabernáculo e seus adereços, os levitas.[62]

Aos Irmãos que conhecem de fato o simbolismo da Arte Real, essas informações não parecerão estranhas, pois é justamente nessa linguagem mística que se assentam os alicerces do templo maçônico. E é nessa metáfora do conhecimento arcano que está justificada a alegoria de que o templo maçônico é o modelo do Universo retratado na estrutura de um edifício. Pois em sua marcha em busca de um território onde pudesse assentar seu povo, Israel não visava apenas à construção de um Estado político e social, mas sim a confecção de um protótipo do reino

---

60. Números, 1:1-4.
61. Números, 1:44 a 46.
62. Números, 2; 3 a 30. Essas disposições lembram a estrutura de uma Loja Maçônica.

de Deus sobre a terra, que pudesse servir de modelo para todos os povos do mundo. E essa é a noção que serve à Maçonaria como ideal filosófico e prática de vida.[63]

A mística do número 12

O número 12 é claramente uma alegoria utilizada pelos mestres de Israel para simbolizar conhecimentos arcanos de grande profundidade. Embora não se refute aqui a historicidade das 12 tribos de Israel como núcleo base da sua formação nacional, é de se lembrar que esse número sempre aparece conectado com a mística que envolve toda a tradição e a cultura do povo israelita.

Desde épocas perdidas nas brumas do tempo esse número tem excitado a imaginação das pessoas mais sensíveis aos mistérios da Natureza. Não é privilégio de Israel o culto ao número 12, embora tenha sido esse povo que mais o utilizou para simbolizar os segredos presentes em sua cultura espiritualista.

Desde a mais remota Antiguidade o 12 tem servido a muitos povos para trabalhar as mais variadas ideias sobre o Universo e suas leis. Os mestres da antiga Caldeia, sabidamente peritos em astrologia e outros conhecimentos arcanos, estabeleceram a base do sistema numérico caldeu em torno desse número e não no número 10, que é nosso sistema numérico atual, inspirado nos árabes. Para eles o espaço e o tempo eram divididos em 12 segmentos, representados pelas 12 esferas siderais. Por isso havia 12 meses do ano, 12 horas diurnas, 12 horas noturnas, 12 signos e 12 casas do zodíaco.

Por outro lado, os hermetistas viam o número 12 como símbolo representativo da formação tanto da matéria física do Universo quanto de sua essência espiritual. Por isso encontraremos em muitos tratados de alquimia referências a esse número como símbolo do mais perfeito conhecimento, onde estaria contido o segredo da pedra filosofal. É que, por ser múltiplo perfeito de três, ele conteria a tríade dos elementos essenciais para conseguir transformar metais imperfeitos (chumbo, estanho, ferro, etc.) em metais perfeitos (ouro, prata), usando como base misturas de mercúrio, sal e enxofre (os três metais básicos da Natureza) trabalhados com os quatro elementos essenciais (água, ar, terra e fogo).

Esse número exerce também poderosa influência nas tradições chinesas. É um dos números favoritos dos mestres arcanos da China. Tanto que o zodíaco chinês é representado por 12 animais que formam

---

63. Referimo-nos aqui à analogia com a disposição dos lugares e ornamentos dentro do Templo maçônico. Aprendizes e Companheiros nas fileiras posteriores e Mestres no centro. No Oriente as altas patentes da administração e no meio-dia e setentrião os demais oficiais.

um círculo que completa um ciclo de 12 anos. Nesses 12 animais estão distribuídas todas as virtudes da vida que a divindade pôs na terra. Por isso a tradição chinesa sustenta que o supremo conhecimento está em observar e reproduzir os movimentos e o comportamento desses animais. É que ao praticar esses rituais o homem adquire todas as qualidades que a Natureza proporcionou às espécies vivas. Daí o desenvolvimento de técnicas de exercício e lutas marciais como o Tai Shi Chuan, o Kung Fu e outras práticas, que se regem pelo estrito cumprimento das 12 virtudes de ouro.

Mas é na grande tradição da Cabala que o número 12 encontra suas maiores aplicações como símbolo do conhecimento espiritual. Segundo os mestres dessa antiga tradição, esse número simboliza toda a obra de Deus na construção do edifício cósmico. Ele resulta da combinação interna das quatro letras do nome de Deus (IHVH), dando como resultado 12 possíveis combinações (4.3). Essas combinações estariam retratadas na árvore sefirótica, com suas dez emanações visíveis (materiais) e as duas invisíveis (espirituais). Assim, as dez séfiras que compõem a árvore da vida seriam as dez etapas de manifestação da divindade no Universo material, e as duas manifestações espirituais seriam representadas pela séfira oculta, Daeth (O Espírito Santo), e o Cristo, que é sua manifestação no mundo da matéria.

A Cabala cristã ensina que o Universo material é construído pela divindade suprema que se apresenta em uma tríplice forma enérgica e se manifesta em quatro planos de existência. A tríplice forma é simbolizada pelo Pai, o Filho e o Espírito Santo, que constituem os três ângulos do triângulo fundamental que dá origem à árvore da vida.

Os quatro planos de existência são as quatro esferas metafísicas nas quais a energia da divindade se manifesta. Essas manifestações são conhecidas como o mundo da emanação (a luz) chamado *Atziloth*; o mundo da criação (a energia), chamado *Briah*; o mundo da formação (os elementos atômicos da constituição universal), chamado *Yetzirah*, e o mundo da forma, da materialização, propriamente dita (a matéria universal), chamada de *Assiah*.

A Cabala trabalha com a ideia de que a constituição do povo de Israel e seus institutos religiosos e culturais são uma réplica simbólica do trabalho de Deus na edificação do edifício cósmico. Daí as expressões metafóricas fundamentais presentes em toda a história do povo de Deus: as 12 tribos de Israel, os 12 signos do zodíaco, as 12 maldições (Deuteronômio, 14; 26), os 12 apóstolos de Cristo, os 12 Juízes (seis maiores e seis menores), os 12 profetas maiores e os 12 menores, os (12.12= 144) "assinalados" do Apocalipse de São João, etc.

Filo de Alexandria, embora contestado pela maioria dos mestres de Israel, dizia que foi para honrar esse número que Moisés dividiu o povo de Israel em 12 tribos. Segundo esse historiador, essa foi uma estratégia de Moisés para organizar o vasto contingente de pessoas que deixou o Egito no Êxodo, pois jamais existiu um Jacó (ou Israel) com seus 12 filhos, sendo essa mais uma metáfora do que uma verdade histórica mesmo.[64] O número 12 seria uma inspiração mística de Moisés, que a teria adotado, mais por conta de motivos astrológicos do que históricos. Por isso há tanta profusão de invocações ao número 12 nos ordenamentos mosaicos (12 tribos, 12 pães de preposição, 12 pedras preciosas no peitoral dos pontífices, etc).

Regras da fraternidade

Moisés ensinou também os Irmãos israelitas a cultivar as virtudes que dão *força e vigor* ao caráter humano, tais como a tolerância para com as fraquezas do próximo, a renúncia à ganância e à prática da usura, a evitar a prodigalidade que destrói as fazendas familiares e faz a miséria delas; a não cultivar a inveja, o ódio, a maledicência, a exagerada cupidez, a preguiça, a luxúria, a evitar a arrogância e a violência; porque todos esses vícios são intoleráveis aos olhos do Grande Arquiteto do Universo.[65]

E exortou também a todos que praticassem a justiça, a equidade, a caridade, a honestidade no comércio e no exercício das profissões e que se abstivessem da prática das falsas artes que se tem por mágicas, mas que apenas iludem o espírito das pessoas e não revelam nenhuma verdade oculta, seja na vontade do Grande Arquiteto do Universo, seja nas leis da Natureza.

Nessa ocasião foram também instituídos os dias e anos festivos, consagrados ao Grande Arquiteto do Universo, e todos eles tinham uma razão prática de ser, pois o sábado semanal, dia dedicado ao culto, se destinava também a proporcionar aos Irmãos um descanso de suas lidas diárias. E o ano sabático, que se comemorava a cada sete anos, se desti-

---

64. Essa tese também é defendida por Israel Finkelstein e Neil Asher, em sua obra *A Bíblia não Tinha Razão*, na qual esses estudiosos sustentam que o povo de Israel é originário da própria Palestina e a saga bíblica foi uma epopeia criada pelos cronistas do rei Josias no século VII a.C. para dar à história de Israel um caráter de grandiosidade que justificasse a ocupação da Palestina.

65. No ritual do Grau 10 do REAA, encontramos precisamente definidas estas divisas: "Sê bravo contra tuas próprias fraquezas: Sê bravo para defender a verdade". Essas divisas, que constituem o cerne do ensinamento do grau, se referem exatamente ao que se espera do maçom, quando confrontado com situações que exigem dele julgamentos e ações contra seu próprio interesse.

nava a dar um descanso à terra para que ela se recuperasse do desgaste que o cultivo intenso lhe provocava.

O ano jubilar, que se comemorava a cada 50 anos, se destinava a recompor o equilíbrio que os desajustes sociais e econômicos provocavam no seio da Irmandade por força das interações que inevitavelmente teriam de ocorrer ao longo do tempo.

Para os obedientes foram prometidas todas as bênçãos; as chuvas ao seu tempo e colheitas fartas todos os anos; fartura de bens e paz nos relacionamentos familiares e sociais. Vitória sobre os inimigos e prazer e alegria no trato com os Irmãos e amigos.[66]

E para os desobedientes as maldições que afligem todos os que andam fora dos caminhos do Grande Arquiteto do Universo. Indigência, pobreza, doenças e angústias de alma; e também inimizades e fracassos nos empreendimentos pessoais, traições dos amigos e Irmãos e até dos cônjuges. E todo o mal que há na face da terra para aquele que violasse as regras da fraternidade.

Por isso é que ao ser iniciado nas Lojas de Perfeição é dito ao Irmão que a primeira obrigação ali contraída é o sentimento do dever. O dever é necessidade absoluta diante da qual se torna culpável toda e qualquer fraqueza. O que é esse dever? Justamente a observância das regras de convivência social, que são as leis normalmente aprovadas pelo processo legislativo adotado pelo país e o cumprimento das normas éticas e morais que a sociedade consagrou. Além delas, é preciso que se respeitem as regras que fundamentam a existência da Irmandade. Porque nenhuma organização desse tipo consegue subsistir sem que a fé, a esperança, a fidelidade e a obediência aos preceitos definidos como regras de convivência e de ação sejam observados, e principalmente sem a mútua assistência entre os Irmãos.

São esses preceitos que fazem da Maçonaria uma família universal, unida pelos laços da fraternidade e do amor à beleza. É uma família que se reconhece em qualquer lugar do mundo, por meio dos traços da cultura comum desenvolvida pela Ordem (toques, senhas, palavras de passe e de ordem), os ordenamentos conhecidos como *Land Marks* e outros institutos reconhecidos pelos maçons do mundo inteiro.

Uma boa parte dos elementos que a Maçonaria Moderna hoje incorpora em sua cultura veio das tradições cultivadas pelos antigos Irmãos israelitas. Todas elas podem ser encontradas, literalmente, ou na

---

66. A paz, a alegria, o conforto e a estabilidade na vida social e familiar é uma das propostas da Maçonaria, a ser alcançada por todos os que nela ingressam.

forma de metáforas, fábulas e alegorias, na Bíblia e nos escritos rabínicos que a explicam.

Ainda em relação à cultura israelita e sua influência na Arte Real, não podemos esquecer o legado deixado pelas seitas judaicas que se desenvolveram a partir da reorganização do povo de Israel, feita por Zorobabel após a volta dos judeus do cativeiro da Babilônia. Essas seitas, que tiveram grande destaque na história desse povo, atingiram o auge de sua influência entre os dois últimos séculos antes da vinda de Cristo e foram praticamente extintas por volta do primeiro século da Era Cristã. Entre essas seitas destacam principalmente os essênios, os fariseus e os saduceus. Essas influências serão estudadas na segunda parte deste trabalho, quando falarmos da Maçonaria como corporação.

Capítulo VII

Os Mistérios Egípcios

O deus Osíris – A deusa Ísis – Ísis e a astrologia – Ísis e a política – Influência no Cristianismo – Conteúdo iniciático dos Mistérios – Ísis e a Maçonaria.

O deus Osíris

Uma das crenças mais difundidas entre os antigos egípcios era a de que sua civilização lhes tinha sido transmitida diretamente pelo deus Thoth, que viera à terra justamente para essa missão civilizadora. Ele lhes deu os rudimentos da civilização, ensinando-lhes a agricultura, a metalurgia e a organização social. Mais tarde esse deus foi identificado com Osíris, o atlante, primeiro rei a organizar um governo nas terras do Egito. E este o teria propagado entre todos os povos do Nilo, mantendo a harmonia e a paz naquela terra até o dia em que foi assassinado por seu invejoso irmão Seth. Essa é a lenda divulgada até hoje.

Osíris, segundo uma variante dessa lenda, foi um príncipe atlante que sobreviveu ao grande dilúvio. Ele e sua esposa Ísis, que também era sua irmã, tinham origem divina, sendo filhos de Geb e Nut, divindades representativas do Sol e da Lua, respectivamente.

O culto a Osíris foi, seguramente, o que mais longa vida manteve entre os antigos egípcios. E foi o mais significativo também. Sua origem se situa em épocas pré-históricas e ao longo do tempo sofreu tantas modificações e adaptações que se torna muito difícil a qualquer estudioso descrever exatamente o que ele era e o que significava na complexa vida espiritual dos povos do Nilo.

Osíris é, indubitavelmente, o deus mais conhecido do Antigo Egito. Isso é facilmente verificável pelo grande número de templos registrados em seu nome nos anais da história egípcia. Cultuado concomitantemente como um herói, iniciador da civilização e como deidade presidente do mundo do além, a mitologia que se desenvolveu em volta de seu nome constitui o mais rico celeiro literário que a antiga civilização do Nilo legou à humanidade.

Historicamente acredita-se que Osíris era visto por seus primeiros adoradores apenas como a encarnação das forças da Natureza. Mas à medida que seu culto foi se difundindo por todo o país, esse deus foi absorvendo os atributos das divindades que ia substituindo nas cidades que o adotavam, até que, por fim, acabou se confundindo com a própria deidade maior do país, Rá, o deus Sol. Muitos historiadores, entretanto, acreditam que o mito de Osíris está fundado em verdadeiros acontecimentos históricos. Nesse sentido, Osíris é visto como sendo um chefe nômade, que teria sido responsável pela introdução da agricultura na região do Delta. Com isso teria entrado em conflito com Seth, líder das populações do Delta. Em consequência, Osíris teria sido morto por Seth e depois vingado por seu filho Hórus.

Segundo Wallis Budge, ele representava o "olho onisciente de Deus", ou seja, o próprio Sol, que era o símbolo maior da divindade. Como tudo, no Egito, girava em torno do Sol e das águas do Rio Nilo, seu nome, conectado aos dois grandes responsáveis pela vida do país, o Sol e o Rio Nilo, acabou proporcionando o desenvolvimento de uma rica mitologia que ainda hoje fascina os estudiosos do pensamento humano e das tradições que o informam.

O nome Khenti-Amentiu, nome egípcio pelo qual ele era conhecido, é também um título real e já aparece como contemporâneo das primeiras dinastias faraônicas.

A maioria das informações que temos sobre os mitos de Osíris, no entanto, consta de informações contidas nos Textos das Pirâmides, que data da Quinta Dinastia. Há também várias referências a esse deus em outros documentos como a Pedra Shabaka e a Batalha de Hórus e Seth, fontes usadas pelos autores gregos, incluindo Plutarco e Diodoro da Sicília, para compor seus trabalhos.

Osíris era cultuado como sendo o senhor da Tuat, a terra intermediária entre a vida terrena e a vida eterna. Assim, depois de julgado no tribunal dos deuses (o tribunal de Maat), o morto, se julgado digno, era guiado por Osíris por essa "terra de escuridão" até o território luminoso de Rá, o deus Sol.

Assim, como deus ressuscitado, ele também era considerado o Senhor da ressurreição. Daí os egípcios o associarem com os ciclos renovativos da vida na terra. E por consequência, os faraós, que eram tidos como filhos do deus Rá, logo foram associados com Osíris em seu processo de morte e ressurreição. Daí o desenvolvimento dos chamados Mistérios Egípcios, segundo os quais, por magia imitativa, os "iniciados" poderiam também herdar a vida eterna.

Osíris é um dos arquétipos mais importantes na composição da crença na imortalidade da alma, crença essa que existe em todas as religiões do mundo.

A deusa Ísis

Ísis era tida por irmã e esposa de Osíris. Esse costume de casamento entre irmãos consanguíneos era comum no Antigo Egito. Tinha como função preservar o poder da dinastia, mantendo sempre no trono um descendente do mesmo sangue.

A deusa Ísis, Osíris e Mitra são os arquétipos religiosos mais importantes que as antigas religiões solares legaram à humanidade. Cultuada como modelo de mãe e esposa ideal, ela era também vista como protetora da Natureza, símbolo da magia e da ressurreição, deusa da maternidade e da fecundidade e da família. Como esposa de Osíris e mãe de Hórus, Ísis faz parte da trindade egípcia, sobre a qual se assenta o equilíbrio do mundo.

Os primeiros registros do culto a Ísis aparecem em documentos egípcios datados por volta de 2500 a.C., mas acredita-se que esse culto seja bem mais antigo, tendo sido derivado de uma época em que os povos do Nilo formavam clãs governados por princípios centrados mais no poder matriarcal do que no patriarcal. Essa noção vem do fato de que, historicamente, o poder político no Antigo Egito sempre foi composto pela linhagem feminina e não a masculina. O Egito, como revela Wallis Budge e nos confirma Bachofen (*O Matriarcado*, 1861), sempre teve em Ísis o símbolo do poder matriarcal, o que prova a enorme influência da mulher na composição do poder político no país.[67]

Ísis foi a única deidade do Antigo Egito que resistiu à helenização do país após a conquista por Alexandre Magno. Sobreviveu também à posterior cristianização, ocorrida após sua incorporação ao Império

---

67. E.Wallis Budge. *The Gods of Egipcians*, vol. I e II. New York, Dover, 1969.

Romano, e forneceu aos teóricos do Cristianismo o arquétipo modelar para a composição da figura de Maria, mãe de Jesus, a parte feminina do *Logos* cristão.

O culto a Ísis não só resistiu às repetidas tentativas de aculturação do Egito pelas potências que o ocuparam, como também irradiou sua influência por toda a cultura do Oriente Médio e se tornou uma das mais importantes divindades do Império Romano.

Durante os primeiros séculos de implantação do Cristianismo nos territórios governados por Roma, o culto a Ísis se espalhou por todo o mundo romano. Na Itália e na própria Roma, Ísis era uma das principais divindades do panteão latino, e nessa condição permaneceu até a vitória final do Cristianismo, quando muitas de suas estátuas foram revestidas com trajes cristãos e adoradas como se fosse Maria, a mãe de Jesus.

A tradição esotérica ligada ao nome de Ísis é simplesmente fabulosa. Nenhuma outra lenda se desenvolveu com tanta riqueza em interesse espiritual, salvo o Mistério da morte e ressurreição de Cristo. Ao longo de milênios, sacerdotes e sacerdotisas se ocuparam em desenvolver uma rica tradição que envolveu elementos de história, religião, sociologia, astrologia, medicina, política e outras disciplinas, tudo tratado com uma aura de misticismo e mistério que excita o espírito humano até os dias de hoje.

Ísis e a astrologia

A estrela Spica (*Alpha Virginis*) era a mais brilhante da constelação de Virgem. E sendo essa a constelação que segundo os egípcios correspondia ao país no desenho cósmico, Ísis foi relacionada a essa estrela. E como a constelação de Virgem surgia no firmamento acima da linha do horizonte justamente em uma época do ano em que a colheita do trigo e outros grãos era feita em todo o Vale do Nilo, Ísis também foi associada a divindades gestoras da fertilidade e passou a presidir às colheitas. Daí sua associação com Démeter, a deusa grega da agricultura e o consequente paralelo entre os Mistérios de Ísis e Osíris e os Mistérios de Elêusis, como bem observou Plutarco em sua obra clássica.[68]

Ísis também foi associada à estrela Sírius (Sept em egípcio). O surgimento dessa estrela no firmamento simbolizava o advento de um novo ano. Daí Ísis ser também considerada a deusa do renascimento e da reencarnação; e como protetora das almas dos mortos ela presidia o renascimento do tempo e dos astros no céu. Dessa forma, Ísis exercia

---

68. Plutarco, *De Iside et Osiride*, Encyclopædia Britannica Inc., 2012.

um papel primordial nos rituais do *Livro dos Mortos*, no sentido de proteger e guiar as almas dos defuntos pelo mundo subterrâneo (a terra intermediária das sombras, a Tuat). Vários hinos desse estranho e famoso hinário são dedicados a ela.[69]

Ísis e a política

Ísis era vista como a deificação do poder matriarcal no sentido em que representava, na hierarquia da corte egípcia, a esposa do faraó. Sua representação como aquela que devolve a vida ao rei morto conferia à esposa do faraó um papel de extraordinária relevância nos ritos funerários, de tal forma que seu nome é o mais citado nos chamados Textos das Pirâmides, escritos que descrevem os ritos funerários aplicados aos diversos faraós que os mandaram escrever. Daí o grande poder e influência que as rainhas egípcias exerciam na hierarquia política no país. À época do Novo Império, entre os reinados das XVIII, XIX e XX Dinastias (+-1570 a 1070 a.C.), Ísis era considerada mãe e protetora do faraó. Durante esse período, desenhos e estátuas dessa deusa amamentando o faraó foram esculpidas e reverenciadas por todo o Egito.

Tão forte era a associação de Ísis com o poder que ela era considerada a mãe-trono. Essa, aliás, teria sido sua primitiva função, razão pela qual muitos estudiosos acreditam ter sido o primitivo Egito uma sociedade matriarcal, onde Ísis teria sido sua mais importante matriarca. No entanto, uma corrente mais moderna afirma que aspectos desse papel vieram mais tarde, por associação. Em muitas tribos africanas, o trono real ainda é conhecido como "a mãe do rei".

Influência no Cristianismo

Embora a Igreja Católica sempre tenha negado veeementemente que o culto à Virgem Maria seja uma adaptação do culto à deusa Ísis, não parece haver dúvida que existe uma grande influência da tradição egípcia nesse culto. Quando o Cristianismo começou a ganhar popularidade no Império Romano, muitos templos de Ísis foram transformados em santuários cristãos. E para evitar os conflitos que naturalmente adviriam com os adoradores da deusa egípcia, os primitivos cristãos associaram-na com a mãe de Jesus. Foi dessa curiosa transposição que nasceu o culto à Mãe de Deus, a Virgem Maria, que a muitos cristãos puristas pareceu verdadeira heresia, pois estes não podiam admitir que

---

69. Essa tarefa, de guiar a alma dos mortos pela terra intermediária, também era atribuição de Osíris.

seu Deus – por princípio um ser incriado – pudesse ter nascido de uma mulher. Essa ideia era defendida principalmente pelos cristãos gnósticos que negavam a natureza humana de Jesus, vendo-o como um ser angélico que viera à terra por meio de uma manifestação divina e não por concepção carnal. Essa tese viria a ser retomada pelos evangélicos, os quais têm em Maria apenas o canal humano pelo qual Deus manifestou-se em carne, mas não como "mãe de Deus", como a reverenciam os católicos.[70]

Conteúdo iniciático dos Mistérios

Os Mistérios de Ísis e Osíris, base do famoso drama iniciático que leva esse nome, talvez seja a corruptela de um evento político ocorrido em tempos pré-históricos, quando o Egito ainda era uma nação governada pelo princípio do matriarcado. Como bem nos mostra Bachofen em seu magnífico ensaio sobre esse tema, nesses remotos tempos, a rainha era a deusa mãe e encarnava os poderes da terra.[71] Assim foi no Egito com Ísis, entre os povos mesopotâmios com a deusa Ishtar, Lakshmi para os hindus, a Ixchel dos maias, e por aí adiante.[72] Daí a associação que se faz entre os poderes regeneradores dessa deusa e a capacidade da terra em renovar a vida do planeta. É, portanto, um arquétipo que se relaciona com o poder que o elemento feminino representa no processo de geração da vida.

Os Mistérios de Ísis e Osíris, também conhecidos como Mistérios Egípcios, baseiam-se no drama da ressurreição desse deus, morto e esquartejado por Seth, seu invejoso irmão. Como já foi aventado, esse drama pode estar na origem de um fato histórico em que um possível conflito de natureza política tenha originado o assassinato do rei por um irmão que lhe pretendia tomar o trono. Isso era muito comum na Antiguidade, sendo um dos principais motivos das antigas tragédias gregas, cujos enredos geralmente se fundamentam em histórias desse tipo, em que reis são mortos por parentes e seus assassinos se casam com a rainha viúva para legitimar suas conquistas. No caso da lenda de Ísis e Osíris há uma reação da rainha, que com seu filho Hórus reagem ao assassinato do marido e pai e matam o tirano regicida.

A versão mais acreditada dessa lenda, entretanto, é a de que a origem os Mistérios de Ísis e Osíris eram tradições religiosas muito antigas, nas quais se celebrava o poder de regeneração que Ísis, a Mãe

---

70. Chamada de Shekinah, na Cabala.
71. Johann Jakob Bachofen (1815-1887), *Myth, religion, and mother right*, London, 1912.
72. Essa tese também é defendida por James Fraser em seu famoso estudo *O Ramo de Ouro*.

Terra, possuía para dar vida à semente que nela era lançada. A partir daí foram desenvolvidos rituais que visavam reproduzir o processo segundo o qual esse evento mágico se realizava. Então, talvez por um processo simbólico de adaptação, cunhou-se a lenda de que Ísis, a Mãe Sacerdotisa, teria recomposto o corpo morto de seu marido e restituído sua vida, da mesma forma que a terra transforma em planta viva uma semente considerada morta e o útero de uma mulher engendra a vida do novo ser a partir de uma semente nela lançada.

Foi Plutarco, escritor grego do século V a.C., que popularizou no Ocidente esse mito ao escrever um longo trabalho explicando seu verdadeiro significado. Para ele, os Mistérios Egípcios eram semelhantes em conteúdo aos Mistérios Gregos (representados no santuário de Elêusis), nos quais também se cultuavam os poderes regeneradores da terra.[73]

Ísis e a Maçonaria

Na Maçonaria, a deusa Ísis é um arquétipo que representa os poderes da terra, a qual, fecundada pelo Sol, acaba restituindo a vida a uma semente tida como morta. Essa é a bela metáfora contida nessa tradição arcana, que resistiu ao tempo e às mudanças que a espécie humana tem sofrido ao longo de sua história.

Assim, todos os povos têm sua Ísis, que representa os poderes regeneradores da terra. No simbolismo da Arte Real, Ísis passou a ser a própria Maçonaria, enquanto prática regeneradora do psiquismo do iniciado. Tal como ao defunto Osíris, ela proporciona ao Irmão iniciado nos Mistérios da Maçonaria uma ressurreição em outro nível de consciência, ao passar do estado de profano para iniciado. Por isso é que o ícone da lua crescente, representativo dessa deusa, é sempre pintado sobre o dossel da administração da Loja, juntamente com o símbolo do sol e o "olho onisciente". Esses três ícones são representativos da trindade egípcia responsável e sustentadora da criação universal. Essa simbologia significa que, na Loja, o profano que vivia nas trevas encontra finalmente a luz que tanto procura. E sob os influxos dessa luz ele tem seu psiquismo regenerado, renascendo, tal como a semente depositada na terra, para uma nova vida, a vida maçônica. Essa era a proposta iniciática dos Mistérios Egípcios, presidido pela deusa Ísis, cuja ideia sobrevive na moderna Maçonaria como um de seus arquétipos mais representativos. Por isso é que em vários graus do ensinamento maçônico encontraremos alusões a essa deusa, como símbolo da regeneração da

---

73. Sobre a Lenda de Ísis e Osíris, veja-se nossa obra, já citada, *Conhecendo a Arte Real*.

vida. Especialmente no Grau 26 do REAA (O Príncipe das Mercês), a presença de um pedestal oco, com um livro dentro, em cima do qual repousa uma estátua da deusa Minerva (Palas Atena ou Ísis), insinua que ali se cultua a Justiça. A escada de três lances representa os três degraus da iniciação: *simbolismo, perfeição e filosofismo,* ou ainda*, Aprendiz, Companheiro e Mestre.*

Na verdade, a deusa Minerva, Ísis, Eva, a Virgem Maria, a Sofia dos gnósticos, a Palas Atena dos gregos, todas representam o mesmo arquétipo, presente em todas as tradições religiosas dos povos antigos. Ela é a "mãe" da humanidade, a deusa da maternidade, a protetora da Natureza e patrona da Justiça. Sua função é sempre "parir" o princípio sustentador da vida. Na iconografia gnóstica ela aparece sempre segurando junto ao seio um feixe de trigo, que simboliza o renascimento da vida. A esse propósito, recorde-se que a estátua da deusa Minerva foi colocada na escadaria da Biblioteca Nacional do Congresso, em Washington D.C. É mais um símbolo que registra a forte presença dos motivos maçônicos na estrutura cultural dos Estados Unidos da América e demonstra a grande influência que a Maçonaria teve (e ainda tem) na formação espiritual daquele país.[74]

A trindade egípcia: Osíris, Ísis e Hórus – Foto: *Enciclopédia Barsa.*

---

74. A esse respeito veja-se David Ovason, *A Cidade Secreta da Maçonaria*, São Paulo, Planeta, 2007.

Capítulo VIII

Os Mistérios de Elêusis

A lenda de Démeter e Perséfone — Os Mistérios de Elêusis — A função iniciática dos Mistérios — A ritualística dos Mistérios — A influência na Maçonaria.

A lenda de Démeter e Perséfone

Démeter (Δημήτηρ), na Grécia, era o nome da deusa da agricultura. Na rica simbologia da cultura grega, ela representava os poderes regenerativos e reprodutores da terra, poderes esses que eram responsáveis pela geração de seus frutos.

Por isso ela era considerada a deusa da fertilidade, pois a terra cultivada devia a ela sua capacidade de produzir. Daí sua caracterização como deusa da agricultura, que aparece nos mais antigos textos gregos como sendo uma divindade ligada diretamente às colheitas, representada sempre com um feixe de trigo entre os braços.[75]

Segundo a lenda ela era filha dos titãs Crono e Reia, tendo como irmãos os deuses Zeus, Hera, Posêidon e Hades. Da mesma forma que na cultura egípcia, os relacionamentos amorosos entre irmãos, na complexa teogonia grega, eram comuns. Assim Démeter manteve um romance com seu irmão Zeus, do qual nasceu uma linda menina chamada Perséfone (Περσεφόνη).

Hades, seu outro irmão, apaixonou-se pela jovem e bela sobrinha e tentou seduzi-la. Não o conseguindo, raptou-a e levou-a para seu reino subterrâneo. Tendo tomado conhecimento do desaparecimento da filha, Démeter começou a procurá-la por todo o mundo, com um archote aceso em cada mão. Após vários dias de busca encontrou a deusa Hécate, que ouvira os gritos de Perséfone, mas não conseguiu ver quem fora seu

---

75. Também conhecida como Ceres ou Minerva pelos romanos.

raptor. Indicou, porém, a direção onde ela deveria ser procurada. Foi o deus Hélio, o Sol, que revelou a identidade do raptor...

Enfurecida, Deméter pediu a ajuda de seu irmão e amante Zeus. Mas este se recusou a brigar com seu irmão Hades para libertar a filha. Perséfone então resolveu não voltar para o Olimpo. Em vez disso foi para Elêusis, uma cidade santuário próxima a Atenas, na forma de uma velha ama, e assumiu a guarda e a educação do filho do rei daquela cidade.

Durante o tempo em que permaneceu em Elêusis ela ensinou aos homens o segredo do cultivo do trigo.

Mas a ausência de Déméter no Olimpo fez com que a terra se tornasse estéril, forçando Zeus a procurar sua irmã e amante e suplicar que ela voltasse para a montanha sagrada. Ela consentiu em voltar desde que sua filha Perséfone fosse libertada e também voltasse ao Olimpo. Todavia, Perséfone já havia se acostumado ao reino das sombras e tornara-se esposa de seu tio Hades. Reverenciada como rainha dos mortos, ela não queria deixar seu reino para ser apenas mais uma deusa do Olimpo. Foi então que, para resolver o impasse, Zeus e Hades (símbolos do céu e do inferno) fizeram um acordo. Perséfone passaria seis meses no Hades e seis meses no Olimpo.[76]

É com base nesse mito que os gregos desenvolveram seus Mistérios, conhecidos como Mistérios de Elêusis.

Os Mistérios de Elêusis

Os Mistérios de Elêusis eram cerimônias rituais praticadas no santuário que leva esse nome. Era um santuário próximo à cidade de Atenas, dedicado à deusa mãe Déméter, protetora da agricultura.

Os Mistérios de Elêusis tinham como ponto central o psicodrama de Déméter, cuja filha tinha sido raptada pelo deus dos infernos, Hades, e levada para o mundo das sombras, onde se tornou sua esposa. Por conta disso Déméter amaldiçoou a terra, que se tornou estéril e não produziu mais nada. Tal calamidade provocou a ira dos homens, que começaram a amaldiçoar os deuses. Estes, não suportando a situação, pediram a intervenção de Zeus, que então suplicou a Déméter que voltasse para novamente a abençoar a terra, devolvendo a ela o poder de frutificar. Déméter concordou, desde que Hades libertasse sua filha.

---

76. Os seis meses no Olimpo simbolizam a primavera e o verão, época em que a terra germina seus frutos, e os seis meses no Hades simbolizam o outono e o inverno, época em que a terra fica estéril.

Os ritos eleusinos foram desenvolvidos a partir dessa simbologia. Tratava-se de agradar à deusa imitando o processo que ela, como deusa mãe, usava para dar vida à semente depositada no solo, gerando o novo fruto. A semente era como a jovem Perséfone, que passava um tempo no seio da terra e depois brotava para a vida. Dessa forma, repetindo os ciclos da Natureza, o homem poderia obter também sua própria regeneração como semente viva posta na terra pelos deuses.

Com base nesse mito, os gregos desenvolveram as cerimônias iniciáticas de seus Mistérios, nas quais se praticavam rituais destinados a despertar Perséfone, ou seja, a semente que foi enterrada e renascia, dando nova vida à terra. Assim, esses rituais tinham uma dupla finalidade: de um lado, tratava-se de agradar à deusa para que ela abençoasse a terra e proporcionasse boas colheitas; de outro, promovia um renascimento psicológico nas pessoas que eram iniciadas nesses Mistérios.

Esse mito tinha representações variadas entre todos os povos de cultura grega, mas os festivais do santuário de Elêusis se tornaram uma verdadeira tradição iniciática para o povo grego e um legado de sua cultura para os povos que eles influenciaram. Assim é que iremos encontrar rituais semelhantes entre os trácios, os macedônios e principalmente os povos da Itália. Com o tempo, os Mistérios de Elêusis se tornaram uma instituição cultural de tal respeito que todas as pessoas importantes no mundo helênico, e depois no mundo romano, faziam questão de ser iniciadas nesses Mistérios. Era uma rara distinção pela qual se pagavam importantes somas de dinheiro.

Entre os romanos, principalmente, essa tradição se tornou tão comum que as festas dedicadas a Démeter (Ceres na língua latina) eram realizadas no mês de abril e se prolongavam durante uma semana. Nessas ocasiões os romanos de origem nobre e aqueles que se destacavam nas artes e nas ciências eram iniciados.[77]

A função iniciática dos Mistérios

Tanto nos Mistérios Egípcios quanto nos Mistérios Gregos, a complicada ritualística desses festivais se destinava a homenagear a deusa da terra, para que ela promovesse a regeneração da semente plantada, de forma que ela se tornasse cereal. Era, portanto, um culto de origem panteísta, que tinha por único objetivo obter a benevolência da deusa para que ela proporcionasse ao povo boas colheitas. Por um processo

---

77. Em Roma Démeter se chamava Ceres ou Minerva, Perséfone era conhecida como Prosérpina e Hades era o infernal Plutão. Nomes famosos da história romana foram iniciados nos Mistérios Eleusinos, tais como os imperadores Otávio Augusto e Nero.

de imitação, essa manifestação cultural assumiu contornos espiritualistas e começou a ser aplicada também à própria vida humana. Pois se isso podia ocorrer em relação à semente do cereal, também poderia ser aplicado ao ser humano, como semente da vida espiritual cósmica. Dessa forma, por que o mesmo processo não poderia ser utilizado para promover a regeneração psíquica do homem?

Assim o mito evoluiu da tradição para a religião e desta para a metafísica. Daí para a política e a sociologia, tornando-se um dos mais influentes arquétipos da cultura humana. Todos os povos antigos, de alguma forma, praticavam seus Mistérios. Até os cristãos, embora seus líderes condenassem publicamente essas práticas, não foram infensos à influência desses arquétipos. Há quem sustente, por exemplo, que a Paixão e Morte de Jesus Cristo nada mais é que uma encenação escatológica desses Mistérios, nos quais Jesus é comparado à Osíris, ou a Perséfone, como semente que é depositada na terra para simbolizar a vitória da vida sobre a morte. Assim, todo o drama representado por Jesus na cruz e sua ressurreição no terceiro dia não seria um evento real, mas sim uma simbologia que teria sido convenientemente apropriada pelos líderes cristãos para alavancar a nova religião entre os habitantes do Império Romano, que já conheciam e adotavam essas crenças como verdadeiras. Verdadeira ou não essa tese, o fato é que não se pode negar a estreita relação de semelhança que existe entre essas tradições, corroborando nossa crença de que na base delas está assente o mesmo arquétipo.

A ritualística dos Mistérios

Da mesma forma que seu congênere egípcio, os Mistérios de Elêusis eram divididos em duas etapas. Havia os Grandes e os Pequenos Mistérios. O primeiro era representado em março, correspondente ao equinócio de primavera, e o segundo em setembro, correspondente ao equinócio de inverno. Representavam, conjuntamente, os ciclos da terra em seus processos de morte e ressurreição, expressos pelas estações do ano.

Nos Pequenos Mistérios, o iniciando se preparava para receber os Grandes Mistérios. Nessa primeira parte do cerimonial ele era purificado, interrogado, fazia diversas promessas e juramentos, aprendia os sinais e passos do iniciado. Após jurar guardar estrito segredo sobre o que viu e ouviu, ele recebia o título de Mystos, que significava ser ele um "iniciado", porém ainda incapaz de contemplar a Grande Luz da deusa. Somente após o interstício de um ano estaria pronto para penetrar nos Grandes Mistérios.

Os rituais referentes a estes últimos prolongavam-se por nove dias e comportavam ritos que eram desenvolvidos dentro e fora do templo. Na última fase da cerimônia, o iniciado se vestia com uma pele de carneiro, significando que ele seria o sacrificado, a "oferenda" ofertada à deusa, para que sobre ela fosse executado o trabalho de regeneração.

O iniciado então era levado a uma caverna escura onde permanecia por alguns dias em completa escuridão, como se fosse a própria semente depositada na terra. Depois era submetido a uma série de provas na qual sua fidelidade, sua bravura, seu respeito aos deuses era provado. Por fim era submetido aos rituais de purificação, nos quais se integrava aos quatro elementos primários – ar, terra, fogo e água –, composto esse que segundo as crenças da época eram os elementos básicos que compunham todas as coisas existentes na terra.

A influência na Maçonaria

Eis por que tanto os Antigos Mistérios egípcios quanto os Mistérios de Elêusis são constantemente invocados nos ritos maçônicos, pois ambos evocam a necessidade de uma morte ritual e uma regeneração do recipiendário, como condição essencial à sua passagem de um estado de consciência profana para uma consciência superior de iniciado.

A cerimônia de iniciação na Maçonaria tem sido comparada à recepção do neófito nos Pequenos Mistérios e a cerimônia de elevação ao Grau de Mestre na Maçonaria Simbólica é, para muitos autores maçônicos, uma corruptela da iniciação nos Grandes Mistérios. Há inclusive autores que acreditam que a lenda de Hiram tenha sido diretamente adaptada dessa fonte, pois que o arquiteto do Templo de Salomão, assassinado por três companheiros traidores, cumpre idêntico papel ao de Osíris nos Mistérios Egípcios e de Perséfone nos Mistérios Eleusinos.

Essas comparações e analogias são, a nosso ver, um tanto licenciosas. Todavia, a instituição que existia por trás dessas práticas iniciáticas se assemelha bastante ao que hoje praticamos como Maçonaria Moderna. Para começar não era qualquer pessoa que podia ser iniciada nos Mistérios de Elêusis, da mesma forma que hoje se faz na irmandade maçônica. Somente homens de reconhecida idoneidade e excelente reputação eram cooptados para fazer parte do fechado círculo de iniciados.

A escolha e o processo de cooptação de recipiendários eram rigorosos, sendo patrocinada pelo próprio Estado ateniense. A legislação que Sólon redigiu para Atenas continha punições para aqueles que transgredissem as regras de silêncio exigidas em relação aos rituais e ensinamentos comunicados aos iniciados. Plutarco conta que até o grande general Alcebíades, herói ateniense das Guerras Pérsicas, foi punido com a extradição por ter violado tais regras. Fulcanelli diz que a revelação dos segredos dos Mistérios de Elêusis aos profanos era punida com a morte, e mesmo aqueles que os ouviam eram considerados criminosos.[78]

Outra analogia que se pode fazer é que a prática dos Mistérios de Elêusis era o elo que unia as grandes personalidades do povo grego. Alcebíades, o famoso general ateniense, bem como Sólon, o grande legislador, Demóstenes, o magnífico orador e a grande maioria dos filósofos eram iniciados. Sócrates, Pitágoras e Aristóteles confessaram a influência que receberam dessas práticas iniciáticas. Sófocles, o laureado poeta, dizia que "somente aqueles que contemplaram os Mistérios entrarão na posse da verdadeira vida".

Nos Mistérios de Elêusis os iniciados aprendiam o verdadeiro significado dos mitos helênicos. Descobriam, finalmente, que tais mitos não eram apenas explicações fantásticas das origens e dos acontecimentos históricos relativos ao povo grego, mas sim alegorias que continham ensinamentos morais, históricos e psicológicos da mais profunda relevância. Era nesses mitos e lendas que estava hospedada a verdadeira sabedoria iniciática e somente "os eleitos" podiam adquiri-la. Platão, nos diálogos de Fédon, reconhece que "os homens que estabeleceram os Mistérios eram iluminados" e "somente aqueles que fossem iniciados morariam com os deuses".

Não é, portanto, sem razão, a analogia que se faz entre a Maçonaria, como instituição, e os Mistérios de Elêusis e seus congêneres egípcios, persas e hindus. Não só em relação ao domínio do esotérico, presente em todas essas tradições, mas também por seu objetivo disciplinador, por assim dizer, elas podem ser consideradas como "escolas de treinamento espiritual", em que a mente do homem é preparada para o exercício de uma consciência superior, que o torna capaz de exercer na sociedade um papel diferenciado. Graças a esse "treinamento espiritual", mais até do que as preocupações com o físico, os gregos superaram as limitações geográficas de um território tão pobre em recursos naturais como é a Grécia, fundando um império comercial e cultural que inaugurou uma nova era na civilização humana.

Se a Maçonaria, como filosofia e prática de vida, fosse devidamente entendida pelos que nela se iniciam, e realmente levada a sério, certamente se poderia obter um resultado semelhante aos que os gregos

---

78. Fulcanelli, *O Mistério das Catedrais*, Lisboa, Esfinge, 1956.

conseguiram com a prática dos Mistérios de Elêusis, ou seja, a formação de uma plêiade de homens realmente virtuosos.

Note-se que o declínio da cultura grega, bem como da cultura egípcia e dos demais povos antigos, coincide com a popularização dessas cerimônias. Nesse sentido, é bom observar que nem sempre um aumento de quadros significa uma melhoria de qualidade. Aliás, no caso, o resultado é exatamente o contrário. A quantidade geralmente faz declinar a qualidade. Assim, se a Maçonaria quiser sobreviver como verdadeiro "centro de treinamento de conscientização superior", talvez fosse interessante seguir o conselho do iniciado Jâmblico, o filósofo grego que deu características de ciência experimental à alquimia: ele disse que a popularização do conhecimento iniciático, em vez de democratizá-lo, o abastarda. E que só homens verdadeiramente aptos para recebê-los devem ser iniciados. Não nos custa reconhecer que ele tinha razão.

Ruínas do Templo de Minerva, mais conhecido como Partenon – Atenas.
Foto do autor.

Ruínas do Santuário de Elêusis.
Foto do autor.

Capítulo IX

Os Mistérios de Mitra

O deus Mitra – Zoroastro – A doutrina de Zoroastro – O Mitraísmo em Roma – A Teologia do Mitraísmo – O conteúdo iniciático dos Mistérios de Mitra – Os rituais mitraicos – Mitraísmo e Maçonaria.

O deus Mitra

Mitra é um deus cuja origem é controversa, não sendo matéria pacífica se seu culto nasceu na Pérsia ou na Índia. Todavia, tanto na Índia com o deus Varuna quanto na Pérsia com Mitra, todos concordam que ele é o deus da Luz, cuja função na sociedade humana é proteger a verdade e manter as pessoas afastadas da falsidade e do erro.

Mas se na Índia ele foi obscurecido pela própria metafísica que a religião hindu desenvolveu, na Pérsia, desde tempos imemoriais, Mitra figurou como sendo uma deidade de extraordinário poder.

No início Mitra não era identificado com o Sol, mas com sua luz, que tudo ilumina, tudo vê e tudo aquece. Ele era o deus dos pastos, da Natureza, o que fazia chover e levar a terra a produzir seus frutos. E por um processo natural de metonímia, invadiu a consciência do povo persa tornando-se o mediador de seus comportamentos, como fiador dos contratos, vingador das ofensas, paladino da verdade e defensor da justiça.

Sempre ao lado daqueles que agiam corretamente, Mitra conferia prosperidade aos que faziam o bem e castigava os que faziam o mal; junto com a prosperidade, aos merecedores ele conferia a paz, o amor e a virtude. Protegia a criação de Auhra Mazda contra as maquinações dos devas, terríveis demônios cujo objetivo era desencaminhá-la. Na guerra ele lutava ao lado dos fiéis e aniquilava os ímpios. Situado em um nível somente inferior à própria deidade máxima, Ahura Mazda, ou Ormuz, ele era o mediador entre o céu e a terra. Até o nascimento de

Zaratustra, ou Zoroastro, a religião persa era composta por uma corte politeísta, com Ahura Mazda (Ormuz) no topo da hierarquia, Mitra imediatamente abaixo dele e uma plêiade de entidades menores, chamados *ahuras,* abaixo dele.

Essa era a composição das hostes celestes, no exército de Ormuz, o deus do bem. Do outro lado havia as hostes infernais, chefiada por Arihmã, o deus do mal, que capitaneava um imenso exército de seres malignos, chamados *devas.*

Zoroastro

O Mazdeísmo era a doutrina praticada pelo povo persa desde tempos imemoriais. Baseava-se na ideia de que o Universo era resultado de uma eterna luta entre duas deidades, uma que presidia a sombra, chamada Arihmã, outra que presidia a luz, chamada Ahura Mazda ou Ormuz. A primeira era representativa do mal, a segunda do bem.

Essa era a religião dominante na Pérsia, mas a falta de um Estado unificado – que só no século V a.C. viria a ocorrer, com o advento de Ciro, o Grande – a impedia de ser considerada uma doutrina de caráter nacional.

No século VI a.C., em data ainda ignorada pelos estudiosos, nasceu Zaratustra, ou Zoroastro, como o chamavam os gregos. Foi esse lendário sacerdote que organizou os temas da religião persa, antes dispersos e tratados como tradição oral pelos sacerdotes mazdeístas, em uma vasta doutrina que ficou conhecida como Zoroastrismo. Zoroastro não só organizou os temas da religião persa propriamente dita, como também deu uma ordem à hierarquia das deidades que nelas conviviam.

Foi ele quem organizou os diversos arquétipos que informavam o Mazdeísmo, atribuindo a cada deidade uma função no equilíbrio do Universo e na vida dos homens e suas sociedades.

A doutrina do Zoroastrismo foi reunida em um compêndio conhecido como *Zend-Avesta*. Acredita-se que desse compêndio, o conjunto de 17 hinos religiosos chamado de *Gathas* tenha sido composto pelo próprio Zoroastro.

Sobressai, nessa composição, a estreita semelhança de linguagem que ela mantém com os *Vedas* hindus, o que tem levado muitos estudiosos a crer que ele tenha vivido entre os séculos XV e XII a.C., e não no século VI como usualmente é informado, uma vez que os sagrados livros indianos mencionados foram redigidos naquele período.

A importância da figura de Zoroastro na história das doutrinas religiosas vem do fato de ele ter sistematizado para o mundo das ideias uma tradição que já era praticada pelos povos indo-iranianos desde épocas imemoriais. A ideia desses povos, de que a construção do mundo obedecia a uma dialética de forças antagônicas e contrárias, passou a receber, após a sistematização promovida por ele, outras influências que determinavam seu equilíbrio ou desequilíbrio. Os intermediários entre Ahura Mazda e Arihmã começaram a exercer um papel fundamental nessa luta. Os *ahuras* passaram a ser vistos como criaturas do bem, soldados de Ahura Mazda, e o *devas* assumiram sua condição de soldados do mal, criaturas de Arihmã.

Esse conceito, que anteriormente era entendido apenas em sua natureza metafísica, passou a ter contornos de religião mesmo. Nasceria daí a base para a doutrina que mais tarde seria desenvolvida pelos cristãos, que situa o anjo Lúcifer (Satã) como pontífice do mal e Jesus Cristo como pontífice do bem.[79]

A doutrina de Zoroastro, no entanto, ao ganhar influência sobre o povo irianiano, acabou eclipsando por um tempo o deus Mitra. Ele, que era um dos principais deuses do panteão iraniano, se tornou uma deidade secundária, sujeita a uma hierarquia, no topo da qual se encontrava Auhra-Mazda. Mitra recebeu funções específicas para cuidar, como os demais *ahura*s da corte divina. A sua era proteger os guerreiros, distribuir justiça nos tribunais, defender as almas humanas contra os demônios, etc. Mas, com o correr dos tempos, verificou-se que o arquétipo mitraico estava tão profundamente entranhado na psicologia do povo persa que ele logo voltou à sua proeminência de antes.

O Zoroastrismo não trabalha originalmente com Mitra como deidade, mas acabou adotando-o como parte importante de seu panteão. Ocorreu com ele o mesmo processo que os judeus cristãos desenvolveram em relação a Jesus Cristo. Jesus foi incorporado pelos judeus cristãos à teocracia divina de Israel como sendo o Messias, controvertido personagem que a tradição judaica havia criado, ora para purificar sua religião, ora para libertar a nação do jugo estrangeiro. Para os judeus não cristãos, entretanto, Jesus nunca passou de um pretenso profeta, ou arruaceiro – coisa muito comum naqueles dias – que pretendeu assumir um papel sonhado por muitos candidatos a heróis.

E como no caso de Israel, com a figura do Messias, Mitra era também um arquétipo profundamente entranhado no espírito do povo

---

79. Dizemos cristã porque essa doutrina não é oriunda do Velho Testamento hebreu. No Velho Testamento não existe um diabo, no sentido que os cristãos o concebem, mas sim demônios que executam uma função de subversão dos estatutos divinos. Esses demônios são identificados com os anjos rebeldes, que na tradição da Cabala se rebelaram contra Deus.

persa, que mesmo Zoroastro, ao sistematizar os temas do Mazdeísmo, por mais que quisesse, não conseguiu deixar de fora.

E à medida que o tempo passava, Mitra foi recuperando seu antigo prestígio, até que, por volta do século V a.C., ele já aparece no panteão dos deuses persas junto com a própria divindade máxima, Auhra Mazda, este representando o céu e Mitra sua luz. E com os dois, mais Arihmã, o deus do mal, se compôs a trindade persa.

A doutrina de Zoroastro

O Mazdeísmo é essencialmente uma religião dualista, semelhante ao Taoísmo chinês, com a diferença de que o Taoísmo é mais uma filosofia do que uma religião. Entretanto, o que os chineses chamam de *Yin* e *Yang*, forças positiva e negativa, masculina e feminina, que geram e dão equilíbrio ao Universo, o Mazdeísmo chama de Auhra Mazda, o deus do bem, e Arihmã, o deus do mal. Na doutrina chinesa é o conhecimento do Tao – A Lei –, o viver de acordo com seus princípios, que mantém o equilíbrio cósmico e permite a vida do Universo. No Mazdeísmo essa função cabe a Mitra, pois "Ahura Mazda o criou para vigiar o mundo".[80]

O papel de Mitra na religião persa é frequentemente comparado ao de Jesus na complicada hierarquia que a Igreja Católica criou para harmonizar o fato de Jesus ser judeu, jamais ter renegado a religião judaica e ainda assim nunca ter encontrado lugar no panteão das deidades acreditadas pelo sistema judaico. Assim como os cristãos criaram um deus pai para referir-se ao Deus do Velho Testamento e um deus filho para referir-se ao Cristo, também os persas trabalhavam com o conceito de um deus supremo e deidades menores, a ele submissas. Assim tinham em Ahura Mazda uma entidade abstrata, que vivia no firmamento (Deus Pai), acima das estrelas e abaixo dele estava Mitra (Deus Filho), uma divindade concreta, ativa, que verdadeiramente comandava as ações no mundo. Era a Mitra que os reis oravam e foi a ele que os sacerdotes dedicaram seus rituais, desenvolvendo as cerimônias que ficaram conhecidas no mundo inteiro como os Mistérios de Mitra.

Há, pois, que se diferenciar entre o Mazdeísmo, ou Zoroastrismo, como ficou conhecida essa religião, e o Mitraísmo, embora as duas tenham as mesmas raízes e comunguem dos mesmos elementos de convicção. O melhor paralelo que se lhes pode invocar é o do Judaísmo e Cristianismo, embora mitraístas e zoroastristas pareçam ter convivido muito melhor do que cristãos e judeus.

---

80. *Zend Avesta*, c. X.

Como de praxe ocorre com todas as religiões, a espiritualizada religião persa acabou sendo muito contaminada pelas interações promovidas entre o Império Persa e os países conquistados a partir do século V a.C. A religião astrológica dos babilônios e a religião solar dos egípcios acabaram desfigurando-a de tal forma que Ahura Mazda e Mitra terminaram sendo confundidos com deidades solares, perdendo aquela característica metafísica que apresentavam em suas mais antigas concepções.

As conquistas persas, como não podiam deixar de ser, levaram o Mitraísmo para todos os territórios que o poder imperial transformou em satrápias. Mas já não era a doutrina original, e sim uma complicada liturgia enxertada de mitos, crenças e tradições semitas, cuja origem estava mais para a Babilônia do que para a Pérsia. A conquista do Império Persa por Alexandre Magno levou o Mitraísmo para o Ocidente, onde ele foi bem recebido pelo mundo greco-romano, graças principalmente ao seu caráter cosmopolita. Não era uma doutrina exclusivista e intolerante como o Judaísmo ou o próprio Cristianismo no início, mas sim uma religião que tinha traços de universalidade. Era exatamente o que os gregos gostavam, já que, como bem observou o apóstolo Paulo quando tentou falar sobre Cristo no Areópago de Atenas, os gregos eram tão liberais em termos de religião que mantinham em seu panteão um lugar para o "deus desconhecido".[81]

Em várias regiões Mitra se tornou um dos deuses preferidos no mundo greco-romano. Até gerações de reis Mitríades (dinastias que justificavam seu poder como oriundo do próprio deus Mitra) surgiram em diversas localidades, denotando o prestígio que esse deus alcançou entre os reinos que sucederam o esfacelado império de Alexandre.

Pouco a pouco, à medida que a cultura helênica ia avançando, Mitra ia também absorvendo os atributos e qualidades dos deuses locais, o que mostra a versatilidade da concepção em que ele estava envolvido. E aos seus ritos originais foram incorporados os acréscimos que cada povo conseguiu lhe adicionar.

As antigas concepções da religião mitraica eram essencialmente metafísicas, baseadas no embate entre as forças do bem e do mal. Mas com o acréscimo que lhes deram os magos da Babilônia e os sacerdotes egípcios ela se tornou uma religião feita de mitologia com aplicações morais. Com a adesão dos filósofos helenistas, o Mitraísmo voltou a assumir um caráter de doutrina, porém agora com já claros temperos de esoterismo.

---

81. Cf. Atos dos Apóstolos, 17; 22.

Uma das escolas filosóficas gregas que mais se aproximou dos mitraístas foram os discípulos de Zeno, os chamados estoicos. Foram estes que, vendo nas ideias difundidas pelo Mitraísmo resquícios de uma antiga sabedoria perdida, procuraram harmonizá-la com suas concepções panteístas, dando à ideia central – o embate entre a luz e as trevas – uma característica de doutrina, e às lendas acrescidas pelos magos babilônios um caráter simbólico que a reforçava.

Uma das regiões onde o Mitraísmo se enraizou com maior vigor foi a Capadócia, região da Ásia Menor, onde se tornou praticamente a religião oficial. Foi dessa região e da liturgia que ali se desenvolveu que ela se espalhou pelo Império Romano, e durante quase cinco séculos dividiu com os cultos gregos e egípcios primeiro, e depois com o Cristianismo, a preferência dos habitantes do Império.

Zaratustra – Museu Britânico. Foto: *Enciclopédia Barsa*.

O Mitraísmo em Roma

O Mitraísmo, de início não ganhou muitos adeptos entre os povos de influência helênica no Ocidente. Provavelmente isso se deu por razões políticas. Afinal, gregos e persas eram inimigos antes de Alexandre e continuaram a ser depois dele. Apesar do forte trabalho de helenização que promoveu durante suas campanhas, após sua morte praticamente tudo voltou ao que era antes nas províncias do Oriente, onde a influência persa havia se cristalizado nos dois séculos de dominação. Os territórios além da Babilônia jamais absorveram de fato a cultura helênica, e os territórios do Ocidente permaneceram presos à sua tradição greco-romana. No Oriente as religiões reveladas, no Ocidente o Paganismo.

Durante os dois séculos que precedeu a ascensão de Roma como principal potência mundial, Mitra permaneceu como um deus de poucos adeptos no Ocidente. Foi apenas no início do século II da Era Cristã que ele começou a firmar-se na Europa como divindade importante. Plutarco afirma que Mitra teria sido trazido à Roma pelos legionários de Pompeu.[82]

Os motivos da grande influência que Mitra ganhou entre os romanos nos primeiros séculos da Era Cristã são difíceis de identificar. Geralmente se aceita que essa influência tenha ocorrido pelo fato de ser Mitra um deus militar, tido como protetor dos soldados, tanto que o iniciado em seus Mistérios recebia o título de *milites* (soldados). Assim o deus tauróctone, como era conhecido, se tornou a principal divindade da soldadesca do Império. Quando estes eram desmobilizados e voltavam para suas casas, levavam aos seus povos a nova crença. Assim, Mitra ganhou Roma e se tornou um deus de muitos adeptos.

Como Jesus Cristo, no início, Mitra era considerado um deus das classes mais humildes. Escravos, soldados dispensados, mercadores. Mas à medida que Roma ascendia como potência e uma vigorosa classe média ia sendo formada – constituída principalmente por escravos libertos e soldados desmobilizados –, Mitra foi ganhando prestígio entre as classes de maior poder. Por volta da época de Nero, por exemplo, (64-74), o Mitraísmo já era professado pelos próprios membros da corte romana. Nero foi um dos iniciados em seus Mistérios. Marco Cômodo e Diocleciano também. Aureliano (270-275) instituiu o Mitraísmo como religião oficial de Roma.

O Mitraísmo forneceu as bases para que os imperadores romanos passassem a ser cultuados como deuses. A crença persa dizia que os reis recebiam seu poder diretamente de Mitra. Isso foi aproveitado pelos Césares para contestar a supremacia do Senado e colocar nas mãos do imperador o poder absoluto. Nasceria assim a teoria do poder divino dos reis, que sustentou a pretensão dos imperadores romanos, perdurou durante toda a Idade Média e sobreviveu até o início da Idade Moderna para servir de justificativa para o poder absoluto dos reis.

---

82. Plutarco, citado por Franz Cumont, *Os Mistérios de Mitra*, Madras Editora, 2004.

Em Roma Mitra se tornaria o arquétipo do Sol Invictus, estranha mistura de ideias metafísicas com o mito solar, enxertada pelas crenças babilônicas e egípcias e fortalecida com a fama de invencibilidade do exército romano.

A teologia do Mitraísmo

A teologia desenvolvida pelo Mitraísmo, como não poderia deixar de ser, sofreu as influências dos sistemas onde ele se desenvolveu. No Ocidente ele aparece bastante contaminado pelas crenças gregas e latinas, no sentido de que Mitra acaba absorvendo os poderes dos deuses greco-romanos. Assim, em várias representações da estatuária desse período, ele é representado como uma espécie de Cronos, portanto tem junto de si os símbolos dos deuses olímpicos.

Juntando a primitiva ideia do Mazdeísmo, de um Universo gerado a partir da luta entre duas forças contrárias, enxertado com os mitos solares da Babilônia e do Egito, mais as cerebrinas concepções dos filósofos helenistas, principalmente estoicos e neoplatônicos, os mitraístas compuseram uma estranha e singular teologia, a qual, de uma forma bastante acentuada, encantou os filósofos gnósticos que durante os dois primeiros séculos do Cristianismo iriam exercer uma enorme influência no pensamento ocidental.

Diziam os mitraístas que o Princípio Único (Deus, Ahura Mazda, Ormuzd) gerara, no início, um casal original, ou seja, o Céu e a Terra. A Terra, engravidada pelo Céu, teve um filho, o Oceano. Assim, Céu, Terra e Oceano constituíram a trindade divina, de onde veio finalmente a vida. Na tradição grega, esses três arquétipos eram identificados com Zeus (Júpiter), Hera (Juno) e Posêidon (Netuno), correspondentes deidades greco-romanas.

A partir daí, sucessivas gerações de deuses e heróis, semelhantes aos *ahuras* persas, povoavam o panteão de deuses do Mitraísmo, onde se encontrava lugar para todas as divindades, e seu séquito de titãs e heróis dos mitos gregos, todos identificados com símbolos e princípios naturais e morais. Assim, vamos encontrar um Hércules simbolizando a Força; Anankê, o destino; Deméter, a agricultura; Afrodite, o Amor; Marte, a guerra; Vulcano, o fogo, etc., todos eles submissos à hierarquia de Mitra, o Sol Invictus.

Em contraste com essa plêiade de deidades celestes havia outra que habitava o reino das sombras. Essa era comandada por Arhimã, ou Hades (Plutão na variante romana). Essa horda demoníaca, em determinada oportunidade, atacou o Céu e tentou depor o sucessor de Ahura

Mazda, Mitra. Mas esses rebeldes foram derrotados, arrojados e presos ao centro da terra.

Mas alguns deles escaparam de suas prisões no interior da terra e passaram a vagar por ela corrompendo os homens. Assim, a humanidade acossada por esses seres malignos teve de desenvolver ritos e sacrifícios próprios para se proteger dos males por eles provocados.

Nascia também dessa teologia, por força da influência dos filósofos neoplatônicos principalmente, a teoria dos quatro elementos, formadores da matéria universal. Assim, o Mitraísmo divinizou os quatro corpos simples, que segundo a física aristotélica era a composição primitiva do Universo. Daí saiu a ideia de que toda iniciação, para ser perfeita, tinha de simbolizar *uma união do neófito com esses quatro elementos*. Dessa forma encontraremos, como símbolos rituais do Mitraísmo, um leão representando o fogo, uma taça simbolizando a água; uma serpente, a terra e uma águia, o ar.

Eram esses quatro elementos que produziam todas as metamorfoses que ocorriam no mundo. E com base nessas crenças desenvolveu-se um formidável simbolismo que mais tarde viria a ser aproveitado de modo bastante profundo pelos hermetistas e pelos cultores da Gnose.

Parte desses princípios a notável semelhança que se nota entre os temas do hermetismo, especialmente aqueles aplicados à alquimia, e as visões cosmogônicas dos filósofos gnósticos em suas explicações do Universo e das leis que o regem. Nessa noção, tudo tem origem no Sol que dá a vida, na terra que a incuba, na água que a fertiliza, no ar que a anima. Assim, toda a vida que habita no Universo tem de ser tratada por esse processo. Submetida ao calor do fogo, purificada pela água, incubada pela terra, animada pelo ar. E nessa conformação está toda a teoria que informa o desenvolvimento dos Mistérios Mitraicos, não sendo estes nada mais que a encenação ritual desse processo.

Uma rica simbologia, que é artisticamente retratada na estatuária greco-romana, foi desenvolvida para representar essas ideias. Assim encontraremos, ainda hoje, nos museus, várias estátuas de Mitra com seu carro de fogo, puxado por quatro cavalos (os quatro elementos) cruzando o firmamento e desaparecendo no oceano, no qual se regenerava e reaparecia novamente no dia seguinte para expulsar os demônios que durante sua ausência (à noite) se instalavam na terra.

Mas a interpretação desse simbolismo era reservada somente aos iniciados. O conhecimento dos mistérios mais profundos da religião, ou seja, as implicações astrológicas e os poderes que a eles estavam associados, os quais eram capazes de modificar e governar a vida dos homens, constituía privilégio de poucos.

Essa era uma superstição enxertada no Mitraísmo pelas influências dos magos babilônicos e os hierofantes egípcios que os mitraístas não souberam, ou não quiseram expurgar. Mas dessa forma a astrologia passou a exercer um papel muito importante na teologia dessa religião, de tal sorte que podemos dizer que uma boa parte de toda a astrologia que ainda hoje se cultiva no Ocidente teve nessa crença sua divulgadora mais eficaz.

Mitra, sendo intermediário entre a divindade suprema e sua criação, recebia todas as preces e rituais. Ele era o gênio da Luz, que expulsava as trevas do mundo e concedia aos seres humanos todas as graças e benesses. Portador da tocha sagrada, sua chegada era anunciada diariamente pelo cantar do galo.

O conteúdo arquetípico dos Mistérios de Mitra

Mitra nasce de uma rocha situada nas margens de um rio, à sombra de uma árvore sagrada. Alguns pastores presenciam seu nascimento, saindo da rocha com um barrete frígio na cabeça, um archote na mão direita e um punhal na mão esquerda. Os pastores se aproximam dele e lhe oferecem os primeiros frutos de suas produções agrícolas e pastoris. Mitra estava nu; por isso se esconde atrás de uma figueira e com as folhas dessa árvore faz para si uma tanga; depois come os frutos da árvore e adquire forças para enfrentar todas as potências do mal.

Mitra absorve a luz do Sol e fica investido de seus poderes. Simboliza a ação do elemento fogo sobre a alma humana. Depois luta e domina um touro selvagem. Por isso ele é conhecido como Deus tauróctene. Essa alegoria representa a luta do homem contra a Natureza, seu domínio sobre o reino animal. A luta de Mitra contra o touro tem um significado simbólico muito expressivo. É uma luta de gigantes. Mitra, depois de dominar o touro, prende-o em uma caverna. Mas o touro se solta e foge. Mitra tem de persegui-lo. Ajudado por um cão, ele vai atrás do touro e o mata. Do corpo da fera agonizante nascem todas as plantas e ervas que cobrem a terra. De sua espinha dorsal, o trigo e todos os tipos de grão; do sangue, a uva que fornece o vinho. Os espíritos malignos tentam envenenar as primícias que o corpo do touro prodigaliza ao homem. Esses venenos são lançados na forma de insetos e outros tipos de animais considerados nocivos; formigas, serpentes, escorpiões, sapos, etc. Mas a força de Mitra conjuga todos esses fatores maléficos e o mal não consegue prevalecer. Mitra remanesce como o Criador de todas as benesses que a terra produz.

O Mitraísmo, da mesma forma que o Judaísmo e outras religiões orientais, parece ter bebido das mesmas fontes para desenvolver a história da origem da raça humana e o desenvolvimento de sua história. Aqui também encontraremos os anjos rebeldes corrompendo o primeiro casal humano, o dilúvio universal, a reconstituição da espécie por meio de uma família que se salvou em uma arca, a nova espécie humana que se formou a partir dessa família, as guerras e os conflitos que ocorreram durante esse processo, etc.

E, por fim, Mitra realiza uma última ceia com os iniciados e depois sobe em sua quadriga e desaparece no céu, de onde continuará a proteger a criação humana de seus ferozes e terríveis adversários, os demônios *devas*.

Mitra exorta a seus iniciados que defendam a luz contra as trevas. Que pratiquem o bem – pois que o bem é a luz – e lutem conta o mal, que está nas trevas. A vida é uma eterna luta entre esses princípios. Os iniciados devem seguir os mandamentos. Manter-se puros de coração e perfeitos em sua justiça. Por isso, nos rituais de iniciação se dava tanta importância aos banhos de purificação, semelhantes aos que faziam os essênios. Encorajavam mais a ação do que a contemplação. Os iniciados nos Mistérios de Mitra eram *milites* (soldados); por isso deviam ser mais corajosos do que mansos, em clara oposição com o Cristianismo, que encorajava o comportamento oposto.

Os rituais mitraicos

Há, entretanto, um estreito paralelismo entre as crenças mitraicas e cristãs, na forma em que esta última se desenvolveu no Ocidente. Uma grande parte das ideias e rituais incorporadas pelo Catolicismo também é encontrada no Mitraísmo. As crenças de uma sobrevivência consciente após a morte; na punição e na recompensa por nossas ações em um outro mundo; a ressurreição das almas; na luta entre Ahura Mazda e Arihmã pelas almas dos homens; no destino final das almas entre o céu e o inferno, etc.

Da mesma forma, as superstições astrológicas que o Ocidente incorporou às suas crenças e tradições já estão presentes no Mitraísmo. A ideia de que o céu era dividido em sete esferas; que havia uma escada por onde se subia a essas esferas (a Escada de Mitra). Os iniciados aprendiam as fórmulas e os ritos que deviam ser praticados para ascender a cada um desses degraus e adentrar a cada um dos portais a que eles davam ingresso.

Ao passar por cada um desses portais, o iniciado ia se livrando das impurezas adquiridas em sua vida material. À Lua ele entregava sua energia vital e nutritiva; a Mercúrio, seus desejos; ao Sol, suas capacidades intelectuais; a Marte, seu espírito de luta; a Vênus, seus apetites sensuais; a Júpiter, seus anseios de poder; a Saturno, suas inclinações mais baixas. Dessa forma, a alma nua penetrava no oitavo céu, transformado em etérea luz.

Mitra presidia o julgamento após a morte e o guiava em sua entrada no mundo empíreo. O rito dos Mistérios de Mitra previa uma luta final entre os emissários de Arihmã e as hostes de Auhra Mazda, comandadas por Mitra. Mitra voltará à terra, dominará novamente o touro e julgará os vivos e os mortos. Os bons serão separados dos maus e uma nova terra será composta com essa assembleia de "eleitos". Tudo isso era representado no ritual em que o vinho era misturado com a gordura do touro e servido aos iniciados.

Os Mistérios de Mitra eram um teatro ritualístico no qual os iniciados viviam, simbolicamente, por todas as etapas que, segundo a liturgia sagrada que informava o culto, o deus Mitra havia passado em sua missão redentora. Assim, os iniciados passavam por sete etapas de iniciação, simbolizadas pelo Corvo, o Oculto, o Leão, O Soldado, o Persa, o Sol e o Pai. Usavam, em cada grau, máscaras ou vestimentas representativas dessas etapas.

Eram símbolos que tinham seu significado dentro da complicada liturgia dos ritos, que hoje estão, em sua maioria, perdidos. Um pouco desse significado pode ser recuperado na bizarra simbologia dos hermetistas, onde o corvo, por exemplo, é usado como símbolo da decomposição da matéria-prima, que se produz nas trevas, bem como o leão, que na iconografia alquímica era o símbolo do mercúrio filosófico, o "rei dos metais".

De qualquer forma sabe-se, pela interpretação que lhe deram os autores clássicos e eclesiásticos, que todos tinham identificação com temas astrológicos ou conceitos metafísicos ligados à metempsicose.

Sete eram os graus dos Mistérios Mitraicos, cada um simbolizando a passagem do iniciado por uma das sete esferas siderais. Fazia parte do ritual o juramento do segredo, a purificação pelos quatro elementos, as oferendas do mel, a oblação com pão e água e outros elementos ritualísticos reconhecíveis hoje em rituais da Maçonaria Moderna.

O deus Mitra, representado como Sol Invictus. Fonte: *Enciclopédia Barsa*.

Mitraísmo e Maçonaria

As câmaras de iniciação maçônica se assemelham às chamadas criptas de Mitra. Ambas são representações fantasmagóricas do que se presumia encontrar no mundo sepulcral, onde o espírito humano teria de passar para se purgar dos vícios e defeitos adquiridos em sua vida material. Depois disso ele poderia emergir, em um final apoteótico, como um Sol Invictus, semelhante a Mitra.

Tudo ali, como nas câmaras de iniciação maçônicas, era decorado para causar uma profunda impressão no espírito do neófito. Representações da morte, com esqueletos; do tempo, com ampulhetas; do despertar do dia, com o galo; da luz, com os archotes, etc., ornavam as criptas mitraicas.

Segundo Tertuliano, as comunidades mitraicas eram irmandades unidas pelo elo do espírito e das conquistas sociais. Possuíam, como as Lojas maçônicas modernas, personalidades jurídicas e propriedades civis. Além disso, constituíam corpos administrativos diferentes do corpo sacerdotal e funcionavam como verdadeiras associações de classe que defendiam os interesses profanos de seus membros.

Não cabe aqui analisar a veracidade dos pressupostos do Mitraísmo, naquilo que ele contém de doutrina. Até porque, como todas as religiões que sobreviveram até nossos dias, ela está inchada de mitos, superstições e tradições, que, no mais das vezes, desfiguram sua concepção inicial. Jesus Cristo acharia irreconhecível sua doutrina se voltasse hoje à terra e visse no que ela se transformou.

O que sobreleva, para o estudioso, no culto mitraico, é o que ele legou de concreto para o farto celeiro de arquétipos que influenciam o espírito humano. Não se pode deixar de reconhecer que a ideia de uma ética particular e social, que vise elevar as ações positivas acima daquelas que trazem prejuízo ao tecido social, deve ser saudada com simpatia por qualquer pessoa que dela tome conhecimento. Da mesma forma, a convicção de que os homens podem e devem formar um grupo de elite para conservar e desenvolver as conquistas da sociedade humana é outra ideia que merece ser olhada com muito cuidado e consideração.

Ao induzir em seus adeptos a crença em uma existência feliz após a morte, para aqueles que se conduziram de acordo com essa ética, essa doutrina também atua como poderoso estimulador para a prática das virtudes desejáveis para a constituição de uma sociedade saudável.

A identificação desses conceitos, altamente abstratos, com mitos, símbolos, elementos físicos e naturais, fizeram o Mitraísmo se tornar acessível ao povo, tanto para os humildes cidadãos que viviam em um mundo de superstições transformadas em crenças, quanto para os mais preparados que buscavam uma teologia que justificasse suas especulações mais complexas.

Satisfazendo as aspirações do homem culto e do mais simples dos cidadãos, o Mitraísmo entrou na vida do homem antigo e dele não saiu até ser substituído por seu inimigo mais ferrenho, o Cristianismo romano, que dele emprestou a grande maioria de seu arcabouço teológico e ritualístico.

Os ritos maçônicos estão profundamente impregnados de elementos mitraicos. Especialmente nos chamados Graus Filosóficos essa influência se faz notar de maneira muito especial. No Grau 28, principalmente, denominado Cavaleiro do Sol, todos os elementos simbólicos, doutrinários e ritualísticos ali empregados são diretamente inspirados nos Mistérios de Mitra. O próprio título é uma emulação ao deus Mitra, sendo ele, como se viu, o próprio cavaleiro que representa o Sol em sua marcha pelo infinito, presidindo todas as benesses que a Luz prodigaliza aos seres humanos. Ainda que se possa reclamar do parco interesse espiritual que o moderno ritual do grau apresenta, já que ele pouco explicita de seu conteúdo, não se pode negar que a intenção presente na realização daqueles Mistérios foi preservada na atual prática maçônica. Essa intenção é a que visa dar uma sobrevida aos valores éticos e morais que se hospedavam nessas antigas liturgias. E nisso nós acreditamos que eles cumprem sua função. Daí a importância de se estudar o Mitraísmo se quisermos entender de que fontes se abebera a Arte Real em sua mais profunda simbologia iniciática.

Dessa forma, podemos dizer que o Mitraísmo é uma das mais ricas joias do Tesouro Arcano que se encontra na Maçonaria.

Capítulo X

Os Pitagóricos

Pitágoras — As teorias de Pitágoras — A Tetractys — Pitagorismo e Cabala — Pitagorismo e Tarô — Pitagorismo e Maçonaria.

Pitágoras

Pitágoras, cuja vida se situa entre 572-497 a.C., nasceu provavelmente na Ilha de Samos e morreu, segundo algumas fontes, em Metapontum, cidade da chamada Magna Grécia, situada no sudoeste da Itália.

Sua vida está cercada de lendas. De acordo com certas tradições, Pitágoras era filho de um ourives chamado Mnesarco. Teria estudado com Tales de Mileto e Anaximandro, fundadores da escola jônica e pais da teoria evolucionista, que afirma que a origem da vida se deu na água.

Dizem também que viajou pelo Egito e Mesopotâmia, onde teria aprendido as ciências dos hierofantes egípcios e a sabedoria dos magos babilônicos. Essa mesma tradição sustenta que ele conheceu Zaratustra, o codificador da doutrina mazdeísta, e com ele teria aprendido a teoria do Universo gerado a partir do embate entre os dois princípios — luz e trevas — ideias essas que teria aproveitado em seus trabalhos.

No sul da Itália, mais especificamente em Crotona, ele fundou uma comunidade sectária que se propunha a estudar os fenômenos da Natureza. Um de seus discípulos, Nicolau de Crotona, teria divulgado essa doutrina, que deveria ser secreta, e em razão dessa inconfidência de um de seus discípulos, a escola foi fechada e os pitagóricos foram expulsos da cidade.

A doutrina desenvolvida por Pitágoras e seus discípulos sempre foi rotulada de esotérica. Em razão disso ela ficou relegada a um plano secundário pelos filósofos e estudiosos acadêmicos da Antiguidade e da

Idade Média, só ganhando notoriedade e importância a partir da Renascença, movimento intelectual, político e sociológico iniciado em princípios do século XVI. Juntamente com os ideais da época clássica, e a filosofia dos gnósticos dos primeiros séculos do Cristianismo, também o pitagorismo foi recuperado pelos filósofos hermetistas e aplicado às novas ideias divulgadas pelos reformistas, especialmente João Reuchelin, Jacob Bhoeme e Giordano Bruno.

As teorias de Pitágoras

Para os adeptos do pitagorismo, o Cosmos é regido por relações matemáticas muito precisas. Esse pressuposto lhes foi sugerido a partir da observação do movimento dos astros, o que sugere que sua aproximação com as ideias defendidas pelos astrólogos caldeus pode ter algum fundo de verdade, como afirmam a maioria dos estudiosos desse sistema de pensamento.

Dessa observação os pitagóricos tiveram a intuição de que há uma ordem na estrutura do Universo e que ela seria demonstrável em termos matemáticos e geométricos. A alternância entre dia e noite, as estações do ano e o movimento circular e perfeito das estrelas em um plano perfeitamente delineado eram uma clara evidência desse pressuposto. Com isso eles cunharam o termo µ (kósmos), para mostrar que o Universo era regido por essa ordem númerica/geométrica.

Cosmos significa "ordem", "organização", "beleza", "harmonia", ou seja, é a totalidade da estrutura universal, incluindo o macro e o micro (o imenso e o ínfimo). O Cosmos é, portanto, a totalidade de todas as coisas existentes no Universo, ordenado em grandezas, desde os grandes conjuntos estelares (nebulosas, galáxias, sistemas planetários) até as mais ínfimas partículas subatômicas. Na definição do famoso astrônomo Carl Sagan, o Cosmos é "tudo aquilo que já foi, tudo que é e tudo que será". Assim, segundo os pitagóricos, somente a matemática poderia oferecer ferramentas seguras para o estudo das realidades cósmicas e esse foi o grande interesse que aproximou novamente os pitagóricos dos modernos estudiosos dessa matéria.

Uma das conclusões extraídas das especulações pitagóricas foi a de que a matéria universal é granular, e em consequência, sua forma seria esférica. Desse modo, todos os corpos celestes também seriam esféricos. Nessa cosmovisão, os pitagóricos concluíram que a Terra também era esférica e que ela girava ao redor de um centro. Alguns discípulos dessa escola chegaram até a intuir a rotação da Terra em volta de um eixo, mas o caráter esotérico que se atribuía a esse sistema filosófico impediu que suas ideias a respeito da astrologia fossem levadas a sério pelos codificadores da doutrina cristã e assim o pensamento pitagórico foi relegado à vala comum das heresias e tratado como pernicioso para o espírito humano.

Com a abertura proporcionada pelo Renascimento, porém, o pitagorismo, junto com outros sistemas filosóficos censurados pela Igreja, ressurgiu. Os intelectuais renascentistas redescobriram-no e perceberam que nem tudo nele, como afirmavam os teólogos da Igreja, eram heresias ou superstições inspiradas por pensadores influenciados pelo Demônio.

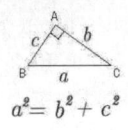

$a^2 = b^2 + c^2$

A maior influência da escola pitagórica aconteceu no domínio da geometria e foi aplicada no estudo da astrologia e da astronomia, sendo também muito útil na arquitetura e nas ciências matemáticas. Uma das mais importantes descobertas dos pitagóricos se refere às relações entre os lados do triângulo retângulo. Essas descobertas, até hoje estudadas na maioria dos currículos escolares, foi enunciada no famoso teorema de Pitágoras.

Pitágoras afirmava que o número representa o princípio fundamental que demonstra a essência do Universo. Ele não distingue forma, lei e substância nos elementos. Considera ser o número o elo que liga todos os elementos do Universo.

Para ele, existiam quatro elementos na Natureza: terra, água, ar e fogo, todos com suas correspondências numéricas. Desses quatro elementos, toda a matéria cósmica era feita e das interações entre eles se formatava o Universo.

O principal símbolo da escola pitagórica era o pentagrama. Essa figura geométrica era um algoritmo importante na geometria porque ele possuía algumas propriedades fundamentais que se projetavam em outras formas.

Um pentagrama é obtido traçando-se as diagonais de um pentágono regular; usando as interseções dos segmentos dessas diagonais é obtido um novo pentágono regular, que é proporcional ao original pela aplicação da chamada razão áurea, que se expressa pela equação a + b = a = √5. Essa equação mostra a relação entre o número e a forma. Assim todas as formas universais, inclusive a do ser humano, podiam ser reduzidas a um número, que representaria sua matriz fundamental, da qual derivariam todas as propriedades e funções do homem. Essa ideia seria amplamente aproveitada pelos filósofos gnósticos e pelos cultores das doutrinas místicas, na elaboração da doutrina do *homem universal*, ou Adão Kadmo (ou Kadmon), protótipo celeste segundo o qual, de acordo com esses estudiosos, o ser humano teria sido formatado.

Já dissemos que, apesar da exatidão com que os pitagóricos trataram a matemática e a geometria, sua filosofia sempre foi classificada como esotérica e tratada com desconfiança pelos estudiosos, o que a relegou ao ostracismo acadêmico durante muitos séculos. Isso provocou também sua rejeição pela Igreja Católica e prejudicou sua aceitação nos círculos científicos. Da mesma forma, a concepção pitagórica de que todas as coisas são números e que o processo de libertação da alma seria resultante de um esforço feito basicamente pelo indivíduo nunca agradou aos teólogos cristãos porque punha a descoberto os verdadeiros valores que se devem cultivar para a obtenção da salvação da alma. Tudo isso contribuiu para que o pitagorismo fosse relegado a um segundo plano no terreno das doutrinas e até considerado, em certos círculos da Igreja, como uma heresia das mais perigosas.

A Tetractys

Os pitagóricos afirmavam que a purificação da alma era resultado de um trabalho intelectual que se dava por meio do estudo da estrutura numérica das coisas. Esse conhecimento faria da alma uma unidade harmônica com os demais padrões energéticos do Universo. Era uma ideia que colocava o processo de salvação nas mãos do próprio homem, excluindo a Igreja como intermediária. Essa foi a principal razão de o pitagorismo acabar sendo colocado no rol das heresias, embora Aristóteles, o filósofo mais respeitado pela Igreja medieval, tivesse incorporado em suas teses muitas influências dessa escola.

Os pitagóricos gostavam de demonstrar as várias propriedades dos números usando figuras geométricas. Um dos números mais importantes na cosmogonia pitagórica era o 10, que eles consideravam como sendo um número triangular. Esse número era chamado por eles de Tetraktys, ou, em português, a tétrada. A Tetractys era uma espécie de pirâmide, ou triângulo onde se inscreviam os primeiros numerais, base de toda numeração ordinal, dando como resultado um número místico, representativo dos quatro elementos-base da Natureza: fogo, água, ar e terra: ou numericamente $10 = 1 + 2 + 3 + 4$, série que servia de representação para a totalidade do Universo.

Assim, a série 1, 2, 3, 4 representaria individualmente a mônada, a dualidade, a trindade e o sólido, que equivalem, de *per si*, às quatro fases de manifestações de Deus no mundo da matéria, como ensina a tradição da Cabala.

O sistema pitagórico, em sua idealização do Universo, encontra uma estreita relação com o simbolismo da Cabala. Essa relação é demonstrada na mais interessante concepção esotérica dos pitagóricos que é sua árvore da vida, conhecida como a pirâmide Tetractys, ou tétrada.

A tétrada, que sempre era desenhada com um alfa em cima, dois alfas abaixo deste, depois três alfas e por fim quatro alfas na base da pirâmide era o principal símbolo do conhecimento, segundo a filosofia pitagórica.

A Tetractys é também uma representação do sistema solar. A partir dela os pitagóricos deduziram conhecimentos astrológicos extremamente exatos, só comprovados pela astronomia moderna, embora em seu tempo apenas sete corpos celestes fossem conhecidos: Saturno, Júpiter, Marte, Sol, Vênus, Mercúrio e Lua.

Para Pitágoras todos os números tinham propriedades e identidades próprias que se relacionavam não só às forças da Natureza, mas principalmente a valores morais. Assim, em uma escala de 1 a 12, que seria a escala própria do Universo, partindo do princípio de que haveria 12 regiões cósmicas (os 12 signos do zodíaco), seus seguidores chegaram a interessantes concepções, muito semelhantes àquelas deduzidas pelos cultores da Cabala numérica.

Uma dessas conclusões era a de que Tetractys simbolizava os quatro elementos – terra, ar, fogo e água. A sequência 1, 2, 3, 4 simbolizava também a harmonia das esferas cósmicas, pois a soma dos números perfaz 10, que é o número perfeito da mais alta ordem. Dez é também o número das séfiras que estruturam a árvore da vida, conforme a doutrina da Cabala.

A Tetractys é igualmente uma representação do espaço cósmico, em que a primeira linha do primeiro ponto é a dimensão zero. Na Cabala essa é a dimensão da chamada existência negativa, ou seja, o plano da divindade ainda não manifestada no mundo das realidades materiais. Numericamente ela é representada pelo número zero. Na Árvore da Vida cabalística é representada por Kether, a coroa.

$$\alpha$$
$$\alpha\alpha$$
$$\alpha\alpha\alpha$$
$$\alpha\alpha\alpha\alpha$$

A segunda linha, com dois pontos, representa a primeira dimensão positiva. Na árvore sefirótica da Cabala ela representa Chokmah, a manifestação positiva da divindade. Numericamente ela é o 1 e geometricamente aparece como dois pontos, ligados por uma linha paralela.

A terceira linha, com três pontos, representa a segunda dimensão positiva, que numericamente é o 2. Na Cabala é a séfira Binah, um plano definido por um triângulo de três pontos, que forma a trindade geradora do Universo material. A quarta linha representa a terceira dimensão. Numericamente ela é o três e geometricamente um tetraedro, ou um cubo.

Para os pitagóricos, a Tetractys era um símbolo divino. Tanto que os iniciados tinham até uma oração que costumavam fazer em frente a ela. Essa oração dizia o seguinte: *"Abençoa-nos, divino número, tu que dás geração aos homens e aos deuses! Ó divina, divina Tectractys, tu que conténs as raízes da vida e manténs a criação fluindo eternamente! Tu começas com a profunda e pura unidade e chegas ao sagrado quaternário. Então tu te tornas a mãe de tudo, o que comporta, que engrandece, o primeiro nascido, o que nunca desaparece, o fundamental e sagrado número dez, que tudo integra".*[83]

Pitagorismo e Cabala

As escolas pitagóricas eram uma espécie de sociedade secreta só aberta a poucos escolhidos e cujos graus eram colados por iniciação. Assim, os iniciados deviam fazer um juramento a Tetractys. Depois disso serviam como aprendizes, em silêncio, durante três anos.

Os pitagóricos sustentavam que existiam dois quaternários de números, sendo o primeiro obtido por adição e o segundo por multiplicação. Esses quaternários integrariam a música, a geometria e a aritmética, disciplinas segundo as quais a harmonia do Universo estava estabelecida. O primeiro quaternário era formado pela sequência 1, 2, 3, 4. No total o Universo comportaria 11 quaternários. E o mundo que deles resultava era geométrica e harmoniosamente estruturado.

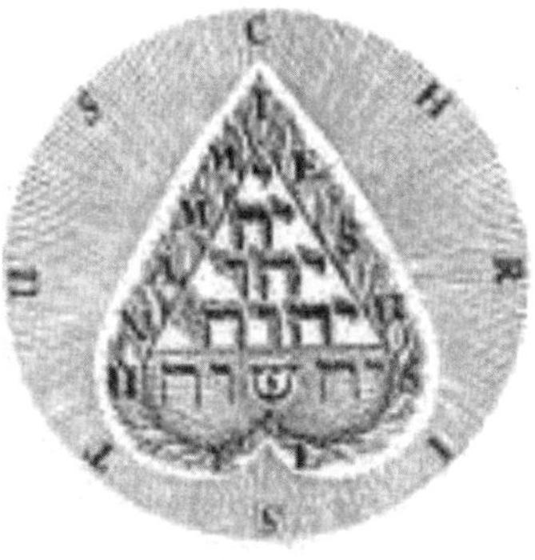

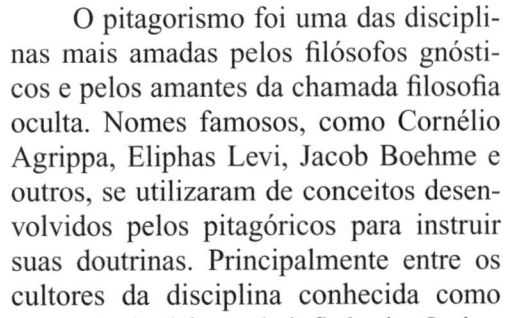

O pitagorismo foi uma das disciplinas mais amadas pelos filósofos gnósticos e pelos amantes da chamada filosofia oculta. Nomes famosos, como Cornélio Agrippa, Eliphas Levi, Jacob Boehme e outros, se utilizaram de conceitos desenvolvidos pelos pitagóricos para instruir suas doutrinas. Principalmente entre os cultores da disciplina conhecida como aritmosofia, o pitagorismo era sua principal fonte de influência. O símbolo acima foi criado por Jacob Boehme. Ele representa a Tetractys

---
83. Veja-se, a esse respeito, o diagrama do chamado Homem Vitruviano, desenho elaborado por Leonardo da Vinci, a partir das ideias do arquiteto italiano Cláudio Vitrúvio.

com as iniciais do Tetragramaton, as quatro letras do nome de Deus. É uma perfeita interação simbólica entre o pitagorismo e a Cabala.[84]

Há muita influência do pitagorismo na tradição da Cabala. A árvore sefirótica da Cabala, embora não tenha forma triangular como na representação da Tetractys, não obstante, é semelhante à criação pitagórica em sua conformação filosófica. Da mesma forma que as dez séfiras da árvore da vida da Cabala, os dez números da Tetractys também se referem às fases de emanação da essência divina no mundo real, e cada fase do quaternário corresponde a cada um dos mundos de emanação da Cabala. As correspondências são as mesmas e as interpretações são semelhantes. Daí a certeza dos estudiosos de que ambas as manifestações culturais sejam oriundas de uma única fonte arquetípica, ou seja, as mesmas ideias que inspiraram os pitagóricos serviram de base para os cabalistas desenvolverem as suas.

Pitagorismo e Tarô

A tradição adivinhatória do Tarô sofreu muita influência da Cabala e das ideias desenvolvidas pelos pitagóricos. Na leitura do Tarô, as várias combinações feitas com as cartas correspondem às diversas combinações dos números da Tectractys, as quais são representações de futuros eventos, relacionados com a pessoa que as consulta. Essas correspondências também podem ser obtidas pela leitura da árvore da vida cabalística.

A primeira posição, marcada por um ponto, representa a capacidade de leitura das cartas, que dão a habilidade ao leitor para entendê-las. A segunda posição, marcada por dois pontos, representa o Cosmos e o indivíduo, com suas inter-relações. A terceira fila, marcada por três pontos, representa três tipos de decisão que um indivíduo deve tomar. A quarta fila, marcada por quatro pontos, representa os quatro elementos. Eles estão conectados às forças dinâmicas da criação e suas combinações estão relacionadas aos pensamentos, objetivos, emoções, oportunidades e todas as realidades físicas e psicológicas do indivíduo que as consulta. Essas relações também podem ser deduzidas nos movimentos dos astros, o que liga essa cultura à tradição da Astrologia. Tudo faz parte de um caldo cultural cozinhado ao longo do tempo pelo pensamento mágico e alimentado pelo misticismo sempre presente no espírito humano.

---

84. Jean Francois Mattei, *Pitágoras e Pitagorismo*, Paulus, 2009.

Pitagorismo e Maçonaria

A Maçonaria incorporou em seus ensinamentos uma boa dose dos ensinamentos pitagóricos. A noção de que o Universo se explica por uma relação numérica existente entre símbolos geométricos, números e manifestações de espiritualidade, a qual é representada por mitos, alegorias, lendas e princípios presentes na Natureza por meio de leis naturais é uma inspiração tipicamente pitagórica. As proporções geométricas do templo maçônico, embora se diga que ele é inspirado na planta do Templo de Jerusalém, guarda, não obstante, muitas relações derivadas das teorias de Pitágoras.

Grande parte da simbologia ligada à geometria trabalhada nos rituais maçônicos também tem essa fonte de origem. Ela está ligada não só à visão cosmológica da Maçonaria acerca das propriedades do Universo, como também em relação às consequências morais que estão embutidas nessas relações geométricas e matemáticas, já que essas relações são, ao mesmo tempo, materiais e espirituais. Dessa forma, estudar o pitagorismo também nos ajuda a penetrar no âmago dos Mistérios da Arte Real. Não é sem razão que a Maçonaria é considerada a própria ciência da Geometria aplicada às relações espirituais que o homem estabelece com o Universo e suas leis. Daí ela ser representada pela letra G como símbolo arcano da manifestação divina no Cosmos.

De fato, a planta do templo maçônico é um espaço tridimensional (em largura, altura e profundidade) delimitado pela corda dos 81 nós e representado por um plano geométrico oblongo que tem a forma de retângulo. Esse plano é desenhado nessa conformação justamente para servir ao propósito específico de todo templo, ou seja, o de funcionar como catalisador da energia cósmica por meio das egrégoras que neles se formam pela comunhão dos pensamentos em perfeita consonância. Essa ideia não é nova nem deriva exclusivamente de interpretações místicas feitas por pensadores esotéricos, que em tudo viam manifestações da realidade sutil. Elas são oriundas principalmente dos conhecimentos técnicos desenvolvidos pelos maçons operativos, aplicados nas grandes construções da Antiguidade, em que o domínio da geometria e da matemática era fundamental para o exercício do ofício. Esse conhecimento, ainda hoje necessário para quem se ocupa das profissões ligadas à arte de construir, mostra a importância de se estudar mais a fundo a grande arte desse genial filósofo. E para quem se interessa pelas relações mais profundas que o espírito humano tem com as energias que moldam a matéria universal, o pitagorismo é uma disciplina essencial.

Segunda Parte
A Maçonaria Corporativa

Capítulo XI

Os Fariseus

Um pouco de história — A origem dos fariseus — Os donos do Templo — A Grande Assembleia — As doutrinas dos fariseus — Cristãos versus fariseus — Analogia com a Maçonaria.

Um pouco de história

O que chamamos de Maçonaria Corporativa são os grupos que, ao longo da história, se organizaram em sociedades com o objetivo de preservar suas conquistas econômicas, sociais e espirituais. Não se refere, especificamente, a sociedades secretas ou grupos pararreligiosos, como as antigas associações dos pedreiros medievais. Nem se reporta a seitas religiosas da Antiguidade ou de períodos mais recentes como a Idade Média e as épocas modernas ou contemporâneas, ou ainda às fraternidades religiosas nascidas no seio da Igreja Católica, como os franciscanos, os beneditinos, os jesuítas e as diversas irmandades fundadas pela Igreja com objetivos específicos de praticar a filantropia, promover a educação ou mesmo trabalhar uma face política que a Igreja tenha interesse em desenvolver, mas sim a todas elas.[85]

Entendemos que todos esses grupos comportam um elemento de Maçonaria, no sentido de que são sociedades cujos membros são ligados por um compromisso, nem sempre secreto, mas geralmente corporativo, no qual o vínculo que os une assume característica pararreligiosa. E, grosso modo, todos esses grupos praticam uma tradição, que em menor ou maior grau integram elementos de caráter iniciático.

Essas corporações, ao que parece, têm origem nas antigas civilizações do Oriente, onde elas se desenvolveram, principalmente para

---

85. Como a Opus Dei, por exemplo.

preservar as conquistas do grupo e elementos culturais relacionados com a religião, mas historicamente, os modelos mais elaborados dessas organizações parecem ter sido as seitas que se desenvolveram no período helenístico da história de Israel, como reação à própria aculturação do país pelo Ocidente. Essas seitas são aquelas conhecidas pelos nomes de fariseus, saduceus e essênios. Dada a importância cultural delas para a história do corporativismo e a influência que legaram à Maçonaria, cada uma será tratada em capítulo próprio.

A origem dos fariseus

A seita dos fariseus foi uma sociedade corporativa formada por judeus de nascimento, cujos membros costumavam ser recrutados nas famílias mais abastadas da sociedade judaica. Ignora-se a época de sua origem e os detalhes de seu surgimento, mas é praticamente certo que apareceram na metade do século II a.C. como grupo de reação política e religiosa à helenização que os reis asmoneus procuraram impor aos judeus após a libertação conquistada pela família dos macabeus.[86]

Os judeus haviam perdido sua independência em 586 a.C., quando Jerusalém foi conquistada pelos caldeus. Levados cativos para a Babilônia, eles lá permaneceram durante 40 anos até ser libertados pelo rei Ciro da Pérsia, que permitiu sua volta para a Judeia e a reconstrução do Templo de Jerusalém.[87] Quando o Império Persa passou para as mãos dos gregos, a Judeia tornou-se uma província do reino da Síria, uma das quatro partes em que foi dividido o império conquistado por Alexandre Magno. Desde então a Judeia, governada por reis da dinastia selêucida (descendentes de Seleuco, um dos generais de Alexandre), foi submetida a uma intensa colonização cultural, que deformou completamente sua cultura.

Essa situação não agradava aos judeus, reconhecidamente um povo tradicional e muito aferrado às suas crenças. Daí o nascimento de vários grupos de reação à crescente helenização que estava sendo imposta ao país. A liberdade conseguida na guerra dos macabeus, que acabou por libertar a Judeia do domínio sírio, não reconduziu, como era esperado, o país às antigas tradições.

Embora os líderes macabeus fossem todos oriundos de uma família de sacerdotes oficiantes da religião judaica, eles eram de origem mestiça.

---

86. Velho Testamento, Livro dos Macabeus I e II.
87. A reconstrução de Jerusalém é a alegoria fundamental que informa o catecismo maçônico dos graus filosóficos. Sobre esse assunto, ver nossas obras *Conhecendo a Arte Real*, Madras Editora, 2007 e *Mestres do Universo*, publicada pela Biblioteca24x7, 2010.

Mesmo tendo restituído a religião mosaica ao país, eles simpatizavam com a cultura helênica e durante todo o reinado da dinastia dos hasmoneus (descendentes dos macabeus), os judeus viveram expostos a um grande conflito espiritual. De um lado a religião monoteísta de Israel, com suas rígidas regras de conduta e a exigência de estrita observância das leis deixadas por Moisés; de outro um ambiente liberal e politeísta, que contrastava violentamente com as tradições legadas por seus ancestrais.[88]

O surgimento dos essênios, dos fariseus e dos saduceus provavelmente se deve ao fato de a maioria dos judeus não aceitar a helenização de seu país. De uma maneira ou de outra, todos esses grupos não concordavam com o abandono de suas tradições religiosas e advogavam uma volta à origem. Os fariseus foram o grupo que mais se destacou nessa reação, e nesse sentido Israel deve a eles a sobrevivência de sua cultura religiosa.

Os donos dos Templo

Os fariseus defendiam a aplicação da lei mosaica acima de toda e qualquer imposição que lhes viesse de fora, mesmo estando o país sob domínio estrangeiro. Acreditando sempre que os judeus eram o povo escolhido de Deus, e que Ele comandava sua história, eles defendiam com unhas e dentes sua tradição, sem nunca duvidar de que Deus cuidaria deles acontecesse o que acontecesse.

Afirmavam que quem não se desviasse desse caminho, por mais que sofresse, ou mesmo morresse no cumprimento dos estatutos conferidos por Deus ao povo escolhido, seria ressuscitado no último dia e comporia a nova nação dos eleitos que seria formada após o triunfo final de Israel sobre os inimigos, triunfo esse que seria comandado pelo Messias. Essa era, pelos menos, a doutrina que professavam e faziam questão de ensinar ao povo. Com isso criaram, eles mesmos, um vasto conjunto de ritos e obrigações, que impunham ao povo como comportamentos obrigatórios, o que tornava a vida do cidadão comum muito complicada, e por vezes bastante onerosa.

O apóstolo Paulo foi membro desse grupo antes de se tornar cristão. Flávio Josefo, historiador que viveu cerca de uma ou duas gerações após a morte de Jesus, também afirma ter feito parte dessa seita que ele chama de Escola de Pensamento. Os fariseus eram reputados pela

---

88. Macabeu (do hebraico מכבים ou מקבים, *makabim* ou *maqabim*) significa "martelo"; em grego: Μακκαβαιοι. Começando com o sumo sacerdote Matatias, a família dos macabeus liderou a revolta que libertou a Judeia do domínio sírio. Depois da vitória eles fundaram a dinastia dos reis hasmoneus, que governou o país entre 163 e 63 a.C.

interpretação rigorosa que faziam da lei mosaica e pela defesa das tradições outorgadas por seus antepassados. Eram os professores da lei e suas posições na administração do Templo de Jerusalém e nas sinagogas nos leva a pensar que entre suas funções estivesse também a de julgar as transgressões que o povo fizesse contra os estatutos postos por Moisés e as tradições legadas pelos antepassados.

Na época de Jesus havia na Judeia uma disputa religiosa muito forte que opunha o Templo de Jerusalém e os demais locais de adoração dos judeus. O Templo era considerado a casa dos fariseus e saduceus, onde a lei mosaica costumava ser adulterada em benefício da própria classe sacerdotal. Quem dizia isso eram principalmente os essênios, que se julgavam puros e verdadeiros aplicadores da lei. Por isso a maioria deles se retirou para o deserto, e os essênios que viviam nas cidades se mantinham apartados dos outros, evitando se misturar com aqueles a quem julgavam ímpios. Não é improvável que a sinagoga de Nazaré, onde Jesus estudou até sua juventude, tenha sido dirigida por essênios, pois, segundo os documentos recuperados no Mar Morto, eles dirigiam muitas sinagogas no país. Daí a linha francamente essênia da doutrina ensinada por Jesus e principalmente por João Batista.

Os fariseus, entretanto, eram o que podemos chamar de tradicionalistas. Eles reconheciam que seus preceitos não podiam ser encontrados literalmente na Torá, mas justificavam-nos pelo apelo à tradição, ou seja, diziam que tudo aquilo que ensinavam vinha de tradições já consagradas em Israel há milênios, portanto seriam tão verdadeiras como se fizessem parte da lei escrita. Eram, por assim dizer, partidários de um direito consuetudinário, enquanto os essênios só aceitavam o que estivesse rigorosamente escrito na lei e nos profetas.

Os fariseus eram, na maioria, professores nas sinagogas e escribas que trabalhavam para o Templo. Por isso se preocupavam em ensinar ao povo sua doutrina. Jesus os criticava por defraudar as casas das viúvas com suas longas orações e sacramentos, que, ao que parece, eram cobrados, como são cobrados os serviços religiosos feitos pela Igreja. Por isso, tanto Jesus quanto os essênios criticavam os fariseus dizendo que eles haviam se apropriado do Templo, fazendo-se donos deles.

A Grande Assembleia

Apesar do pouco respeito que Jesus mostrava ter por eles, os fariseus parecem ter gozado de muito prestígio nos sucessivos governos da Judeia, desde a restauração do trono, feita na época dos macabeus, até a conquista romana, em 70 a.C. Flávio Josefo fala da influência desse grupo nos reinados de Hircano, Aristóbulo I e Salomé Alexandra, e o evangelista Lucas (Atos, 22,3) se refere ao prestígio que o fariseu Gamaliel, professor do apóstolo Paulo, gozava em seu tempo.

Ao que parece, a grande maioria dos fariseus se concentrava em Jerusalém, no serviço do Templo. Não há registros no Novo Testamento desses adversários de Jesus em outros locais da Judeia ou Galileia por onde ele tenha passado, a não ser em algumas sinagogas onde ele pregou e sofreu algumas contestações por parte dos presentes, como em sua própria cidade, Nazaré, mas o cronista evangélico não esclarece se os contestantes se tratavam de fariseus, saduceus, essênios ou simplesmente gente do povo com algum conhecimento das Escrituras.

Os fariseus diziam que a lei dada por Deus a Moisés no Monte Sinai fora transmitida de duas formas: a escrita, constante da Torá, e a oral, que era uma tradição passada de geração em geração a uma corrente de sábios, que faziam a interpretação da lei e a ensinavam ao povo. A ideia era a de que Moisés havia recebido a Torá não escrita diretamente das mãos de Deus, depois a passara a Josué; Josué a transmitira aos anciãos das tribos, estes aos profetas e os profetas aos membros da Grande Assembleia.

A "Grande Assembleia" é uma mítica organização referida nos textos rabínicos. Teria sido formada provavelmente no reinado do rei Josias (século VII a.C.), para interpretar, preservar e transmitir, por tradição oral, a parte secreta da doutrina mosaica, ou seja, a Torá não escrita. Essa Grande Assembleia era composta pelos rabinos mais sábios de cada época. Figuram entre eles os famosos Simeão, o Justo, Iossé Bem Joezer, Simeão Bem Shatah, Hilel e Shamai, e Gamaliel, o conhecido professor do apóstolo Paulo. Desse grupo teria feito parte também o famoso codificador da Cabala, Simão Ben Hiohai. A Mishná registra os nomes dos mestres dessa escola desde Moisés até Gamaliel (época de Jesus), mas depois dele silencia, como se essa corrente de tradição oral tivesse sido interrompida depois da Diáspora e nunca mais retomada. Essa tradição é que comporia o corpo doutrinário constante do Talmude e da Mishná.[89]

As doutrinas dos fariseus

Entre as tradições observadas pelos fariseus e por eles tidas como leis, embora não constantes da Torá escrita, estavam as regras de higiene concernentes aos alimentos e limpeza das mãos, os preceitos que impunham proibição de contato com cadáveres e a entrada em túmulos,

---

89. A Mishná é o conjunto de escritos rabínicos que interpreta as leis e as tradições do povo de Israel. O Talmude é uma coletânea de textos rabínicos que veicula as interpretações da Bíblia, feitas por esses famosos rabinos.

as regras de pureza com relação aos objetos de culto no Templo e a forma correta de oferecer sacrifícios, bem como as leis quanto ao recolhimento de dízimos e contribuições devidas aos sacerdotes e a correta observância dos sábados e dias santos, regras observáveis para as relações conjugais, casamentos, divórcio, etc.

Flávio Josefo, que afirma ter sido fariseu em sua juventude, assim como o apóstolo Paulo, diz que os fariseus se assemelhavam aos estoicos gregos em termos de doutrina. Que eles acreditavam na imortalidade da alma e na ressurreição dos mortos no último dia. Diz ainda o polêmico historiador judeu que os fariseus atribuíam todas as coisas a Deus e ao destino, mas acreditavam que as boas obras e o correto agir podiam influir muito no destino das pessoas, pois "Deus dera ao homem um livre-arbítrio", e mediante suas próprias escolhas ele poderia interferir em seu destino.[90]

Em princípio, essas informações parecem conter teses conflitantes, pois se o destino dos homens está nas mãos de Deus, não poderiam eles, por meio de sua força de vontade e de sua capacidade de escolher entre o bem e o mal, influir nesse processo. Mas essa é a linha de pensamento defendida pelos sábios de Israel desde os primórdios de sua existência e transparece claramente não só nos escritos rabínicos como também na própria Bíblia, nos ensinamentos dos profetas e dos eclesiásticos. Em toda a história do povo de Israel o que se vê é Deus conduzindo a vida do povo israelita para um fim escatológico anunciado. Mas, em meio a esse processo fatalista, já anteriormente desenhado, sobra espaço para ações pessoais que ensejam punições e recompensas pessoais e coletivas.

Dessa forma, Deus castiga a nação de Israel quando ela desobedece a seus comandos e premia quando faz sua vontade. Nesse esquema está implícito o livre-arbítrio de Israel em escolher a obediência ou a desobediência e o consequente prêmio ou castigo. Sobressai, nesse processo aparentemente contraditório, o espírito fatalista dos povos orientais e o natural anelo pela liberdade que sempre impregnou a mente do povo israelita. De um lado a crença em um destino controlado pela divindade e de outro o desejo de ser livre. Esse conflito filosófico parece estar refletido na doutrina dos fariseus, e talvez aí esteja o motivo das ácidas críticas que Jesus fazia a esse grupo.[91]

---

90. Antiguidade dos Judeus, Livro III.
91. Jesus acusava os fariseus de ser hipócritas, isto é, de dizer uma coisa e fazer outra. Ou seja, mandavam o povo seguir estritamente as leis de Moisés, mas pessoalmente eram os primeiros a violá-las.

Com o tempo os fariseus se tornaram um partido político de grande poder e importância na Judeia. Na época de Jesus eles aparecem mesmo como um dos componentes do poder político judeu. O Sinédrio, ou Sanedrin, espécie de Senado judeu, em sua maioria era composto por saduceus e fariseus, a se acreditar nas informações do evangelista Lucas.

Após a guerra de 66-70, em que os romanos destruíram o Templo de Jerusalém e espalharam os judeus pelo mundo no episódio conhecido como Diáspora, os fariseus se organizaram fora de Jerusalém e criaram o movimento rabínico. Esse movimento foi responsável pela conservação da cultura judaica e preservou a identidade do povo de Israel como uma nação. Essa talvez seja a razão de os judeus não terem se extinguido totalmente como os antigos povos, deles contemporâneos.

Cristãos *versus* fariseus

Jesus, em suas pregações, mostra não ter muito respeito pelos fariseus. *"Os escribas e os fariseus"*, dizia ele, *"sentam-se na cadeira de Moisés. Observai, pois, e fazei tudo que eles vos disserem. Mas não imiteis suas ações pois dizem e não fazem (...) Atam sobre os ombros dos homens cargas pesadas e insuportáveis, e as põem sobre os ombros dos outros, mas nem com um dedo as querem mover (...)."*[92]

Uma boa parte do conhecimento que hoje temos dos fariseus vem das informações que sobre eles nos dão os evangelistas. É nítido o conflito que houve entre eles e Jesus sobre diversos aspectos da lei mosaica e com respeito a diversos comportamentos que, segundo os ensinamentos dos fariseus, o povo de Israel devia adotar. É certo que Jesus criticava veementemente a doutrina dos fariseus, particularmente o excesso ritualístico e as exigências comportamentais que eles pregavam como necessárias para que alguém pudesse entrar no Reino dos Céus.

Jesus os tinha como um bando de hipócritas, pois dizia que eles exigiam um tal rigor do povo, mas eles mesmos não cumpriam tais exigências. Ele era um positivista que via na lei escrita e nos ensinamentos dos profetas a única verdade doutrinária, por isso as exegeses feitas pelos fariseus eram motivo para suas ácidas críticas. É claro que nas informações bíblicas se deve separar o que é claramente literário, escrito com claras intenções doutrinárias, daquilo que é realmente histórico. O conflito entre Jesus e os fariseus, conforme aparece no Novo Testamento, é normal. Afinal se tratava de dois grupos doutrinários dispu-

---

92. Mateus, 23, 1a 5.

tando a atenção do povo judeu, cada qual com visível interesse de fazer valer suas teses. Assim, do ponto de vista cristão, é lógico que os Evangelhos ataquem os fariseus e os faça aparecer aos nossos olhos sobre um prisma tão detestável, de tal modo que a palavra fariseu até adquiriu a conotação de indivíduo falso e hipócrita.[93]

Analogia com a Maçonaria

Historicamente, porém, não há registros que justifiquem a visão tão desfavorável que os cronistas cristãos divulgaram acerca dos fariseus. Na verdade, como grupo político e seita religiosa, eles não divergem de qualquer outra associação formada para a defesa de interesses particulares ou difusos em tempos de crise cultural, social ou política. Ao estudar sobre sua organização, embora muito pouca informação sobre esse aspecto em particular tenha sobrevivido, nós não podemos deixar de ver nela uma ligeira semelhança com a Maçonaria, em seus aspectos organizacionais. Pois esse grupo era defensor de uma ética particular, que entendia ser desejável para a sociedade judaica, como necessária para sua manutenção e sobrevivência. Eles também, como os maçons advogariam mais tarde, se organizavam como um grupo de "eleitos" dentro do povo eleito (circunstância que também foi criticada por Jesus), cuja missão seria preservar o núcleo fundamental da tradição judaica.

E em sua organização, a se comparar as chamadas "casas rabínicas", especialmente a de Hilel e Chamai, definidas como as duas principais "escolas" de Judaísmo nos séculos I e II, há uma clara analogia com a Loja Maçônica, no sentido que lhe é dado, como escola de pensamento. É de se lembrar também que nenhum outro povo levou tão longe a noção de irmandade quanto o povo de Israel. E podemos dizer que foi mesmo essa noção que os manteve vivos como povo, ao longo de séculos de perseguição e tentativas de extermínio por eles sofridas.

Por fim, há ainda o fato de que os fariseus não eram somente um grupo religioso com interesses políticos. Constituíam uma organização que atendia a finalidades que iam além da política e da religião. Sabe-se que mantinham uma espécie de seguro, que todos os membros pagavam, para servir a todos que dele necessitassem. Era um tipo de *mútua*, semelhante à que hoje existe na Maçonaria.

Conquanto tivessem como missão precípua o ensino da religião e a observância dos costumes legados pelos antepassados, exercendo inclusive sobre o povo funções judicantes, os fariseus tinham os segredos

---

93. Para um estudo dos fariseus, do ponto de vista doutrinário, recomendamos a leitura do trabalho de John P. Meier, *Um Judeu Marginal*, vol. 2, Livro III, Imago, 2004.

que somente entre eles eram divulgados. Essa rica tradição oral deu origem ao famoso mito da Assembleia Sagrada, de onde saiu, inclusive, a grande tradição da Cabala. Todas essas características, em nossa visão, aproximam a seita dos fariseus da Maçonaria e não pode ser esquecida em qualquer estudo que se faça sobre a Arte Real.

Capítulo XII

Os Saduceus

A questão histórica — Quem foram os saduceus — As doutrinas dos saduceus — Os saduceus e a Maçonaria — Conclusão

A questão histórica

Por uma série de motivos, qualquer comentário que se faça sobre a seita judaica dos saduceus será sempre problemático. Primeiro porque não se descobriu, até agora, um único documento produzido por algum membro desse grupo, como no caso dos fariseus e dos essênios, sobre os quais existem fartas referências nos escritos dos cronistas cristãos, nos trabalhos de Flávio Josefo e nos escritos rabínicos. O pouco que sabe sobre esse grupo é o que consta de algumas referências a eles feitas no Novo Testamento (não muito elogiosas, aliás), e a informação de Flávio Josefo de que ele próprio teria convivido com os saduceus em sua juventude.

Nos escritos rabínicos que instruem a Mishná encontraremos muitas referências aos fariseus. Da mesma forma o material que hoje pode ser coletado nos pergaminhos do Mar Morto dá uma boa ideia de quem foram os essênios e como viviam esses fanáticos sectários que são hoje considerados os possíveis inspiradores de Jesus e João Batista.

Porém as referências que se encontram nos escritos rabínicos acerca dos saduceus são bastante problemáticas do ponto de vista histórico, porque se tratam de informações muito parciais, uma vez que esses escritos, por ter sido produzidos principalmente por fariseus, ou simpatizantes desse grupo, sempre se referem aos saduceus como seus adversários políticos e doutrinários.

Ao que parece, nenhum membro dessa seita jamais escreveu, ou por outra forma transmitiu ou guardou para a posteridade qualquer informação que pudesse fornecer uma ideia exata da identidade desse grupo, que doutrinas professavam e qual foi a contribuição deixada para a rica cultura judaica.

Apesar do conflito já apontado entre Jesus e os fariseus, que deu a eles uma aura completamente desfavorável, a literatura rabínica de um modo geral os tem apresentado sob uma ótica bastante simpática, concedendo-lhes o privilégio de aparecer como depositários da tradição oral da sabedoria de Israel. Já os saduceus não gozam do mesmo destaque e os parcos registros rabínicos que se referem a eles são praticamente silentes em relação a qualquer atividade que se refira a esse grupo. Dessa forma, a identidade histórica desse grupo é difícil de reconstituir.

Destarte, com o que temos hoje à mão é possível fazer o seguinte resumo sobre esse interessante grupo de sectários judeus que, ao que parece, até mais que os fariseus, cultivavam interessantes paralelos com a Maçonaria Moderna.

Quem foram os saduceus

Todos os registros constantes da literatura rabínica posterior ao Novo Testamento referem-se aos saduceus como sendo oponentes doutrinários dos fariseus e simpatizantes do helenismo. No Talmude babilônico, por exemplo, os saduceus chegam a ser considerados hereges. Assim, o pouco que se registrou deles é que se tratava de um grupo muito elitista, que detevê certo poder político em determinada época da história de Israel, inclusive durante a vida de Jesus. Deduz-se, portanto, que se tratava de uma seita de caráter político-religioso, que disputava doutrinariamente com os fariseus e dividia com estes o poder político e os cargos administrativos na Judeia.

Flávio Josefo informa que os saduceus, da mesma forma que os fariseus, já existiam nos tempos do monarca asmoneu Jônatas (160-143 a.C.) e diz que outro monarca dessa dinastia, João Hircano (134-104 a.C.), os favoreceu em seu governo.

Segundo ainda esse autor, os saduceus teriam exercido forte influência sobre os reis asmoneus durante todo o período de governo dessa dinastia. Tanto quanto se sabe, Herodes, o Grande, que governou a Palestina durante os 40 anos anteriores ao nascimento de Jesus e cerca de seis anos depois, não gostava muito dos saduceus, preferindo escolher seus sumo sacerdotes entre os membros da seita dos fariseus.

Os saduceus voltaram ao poder quando Roma assumiu o governo direto da Judeia. Os prefeitos, e mais tarde os procuradores que Roma colocava para governar os judeus, frequentemente se apoiavam no poder dos sacerdotes para manter o controle sobre o belicoso e rebelde povo judeu. E como os saduceus já de longa data tinham fama de colaboracionistas, simpatizantes da filosofia grega, foi nessa seita que eles foram buscar seus colaboradores. Anás e Caifaz, responsáveis pela prisão e condenação de Jesus, o primeiro como principal membro do Sanedrin e o segundo como sumo sacerdote, eram saduceus.

Os saduceus, diferentemente dos fariseus, ao que parece, não sobreviveram à destruição de Jerusalém, efetuada pelos romanos em 70 d.C. A literatura rabínica não os menciona depois dessa data. Para Flávio Josefo, que ao que parece tinha menos simpatia por eles do que pelos fariseus, a seita dos saduceus era minoritária e não tinha muitos adeptos. Também não se prestava ao trabalho de divulgar suas doutrinas para o povo, como faziam os fariseus. Era, portanto, uma seita essencialmente elitista que congregava somente pessoas de alguma fortuna ou poder. Pode-se dizer que esse grupo representava o ideal da aristocracia da Judeia.

O nome saduceu sugere que essa seita tem suas origens conectadas às famílias sacerdotais da Antiguidade. Sadoc era o nome do sacerdote que serviu Davi e Salomão, conforme informa a Bíblia. Com base nisso, os saduceus costumavam reivindicar a primazia da hierarquia sacerdotal, dizendo-se os únicos legítimos herdeiros dessa titulação. Chamavam a si mesmos de filhos de Sadoc e nessa condição sempre procuravam estar perto do poder, influenciando-o ou mesmo exercendo-o diretamente. Os saduceus, portanto, podem ser considerados como sendo um grupo político-religioso, formado por aristocratas judeus, centrado em Jerusalém e controlando a administração do Templo.

As doutrinas dos saduceus

Há poucas referências aos saduceus no Novo Testamento. Eles aparecem uma única vez discutindo com Jesus a questão da reencarnação, que, segundo os evangelistas, e também Flávio Josefo quando se refere a essa seita, eles refutavam. Isso mostra o quanto os saduceus se mantinham afastados da vida popular, preferindo concentrar suas atenções na política. Nos Atos dos Apóstolos eles reaparecem mais uma vez no julgamento de Pedro perante o Sinédrio.

Os saduceus rejeitavam as teses dos fariseus, segundo a qual a tradição também fazia lei. Eles diziam que somente a Torá escrita era lei e devia ser cumprida. Talvez esse caráter conservador dos saduceus seja o motivo pelo qual Jesus teve menos conflitos doutrinários com eles do que com os fariseus, pois Jesus também era um conservador, que acreditava que a Lei de Moisés era a única que devia ser respeitada.

Na Mishná, os saduceus sempre aparecem em clara oposição aos fariseus em relação a questões de culto, comportamento e até liturgia. Discordam sobre as duras regras de pureza que os fariseus diziam ser obrigatórias e também parece que tinham ideias diferentes sobre responsabilidade civil, à questão da servidão e sobre algumas tradições religiosas como o respeito ao sábado, as regras de higiene, etc.[94]

A questão sobre a inexistência da ressurreição dos mortos parece ser a principal divergência doutrinária entre os saduceus e os fariseus e deles com Jesus. De fato, como a Torá não fala em ressurreição, os saduceus se recusavam a admiti-la. Pelo menos essa divergência é a que mais transparece no Novo Testamento e nas referências que Flávio Josefo faz a respeito dos saduceus.

Mas na verdade, em se admitindo que os saduceus rejeitassem essa crença, isso nos leva a deduzir que eles rejeitavam também toda a doutrina escatológica dos judeus que sustentava uma consumação final do tempo, com um apocalipse e um consequente julgamento de vivos e mortos, bem como a recompensa final para os crentes e castigo para os descrentes, como se acreditava na época de Jesus e como ele mesmo pregava. E, por inferência, é duvidoso que os saduceus acreditassem até mesmo na vinda de um Messias redentor para livrar os judeus do jugo estrangeiro e fundar um novo reino, fosse lá o que fosse esse reino do Messias. Isso explica o rigor com que eles julgaram Jesus e a indiferença com que eles o entregaram aos romanos para que o crucificassem.

Isso não significa, entretanto, que os saduceus não tivessem qualquer tipo de esperança em uma renovação do Estado judaico e em uma nova era de liberdade e prosperidade para o povo judeu. Certamente acreditavam nisso, mas não por meio de uma revolução messiânica, como esperavam os fariseus e principalmente os essênios. Os saduceus eram políticos e atuavam politicamente, sustentando no direito positivo as suas atitudes. E sendo Anás e Caifaz, e o Sinedrin judeu composto por boa parcela de saduceus, é possível colocar a razão da prisão e condenação sumária de Jesus sob a ótica de uma lógica previsível, pois sua pregação era, sem dúvida, perigosa para a ordem pública então vigente, da qual eles eram os principais fiadores.

Os saduceus, conforme denuncia o evangelista Lucas e Flávio Josefo também confirma, não acreditavam na existência de anjos e espíritos e negavam a existência de um destino a determinar a vida dos homens. Ao contrário, eram ardorosos defensores do livre-arbítrio, sustentando que

---

94. John P. Meier, *Um Judeu Marginal*, op. cit., vol. II, Livro III.

tudo estava nas mãos das pessoas. Essas eram ideias francamente gregas, por isso se diz que eles eram simpatizantes do helenismo.

Os saduceus e a Maçonaria

Talvez até mais que os fariseus e os essênios, a seita dos saduceus pode ser invocada para fornecer uma interessante analogia com a Maçonaria Moderna. Em primeiro lugar temos a noção elitista que informa a cooptação dos membros da Ordem. Essa noção é a mesma que sugere que o maçom há de ser uma pessoa de certa proeminência em seu ambiente social para que ele, ao integrar o seleto grupo para o qual foi convidado, possa acrescer, com seus privilégios de fortuna e qualidades pessoais, ao poder potencial do grupo.

Conquanto muitos maçons possam não concordar com nossa tese, a Maçonaria é, essencialmente, um grupo de poder. Tal como os iniciados dos Antigos Mistérios, o que se busca na Ordem Maçônica é uma seleção natural de pessoas com potencial material e espiritual para compor uma "central de energia", para a qual se possam canalizar as esperanças da sociedade nos momentos em que ela precisar. Nesse sentido é que nós vemos a Maçonaria como uma reserva cultural da sociedade e justificamos inclusive sua aparência extremamente elitista e conservadora. Suas ligações com a política, sua interferência nas

Retrato de Fávio Josefo (38-100 a.C.) – Fariseu e historiador judeu. Fonte: *Kleger Publications*. Nova York, 1981.

questões sociais, a discussão dos grandes temas que se referem à vida da sociedade estão, dessa forma, inseridos na própria missão a que ela se propõe cumprir. Daí muitas vezes, como os fariseus e principalmente os saduceus na história política e religiosa dos judeus, os maçons serem vistos com desconfiança por pessoas e instituições que nada sabem sobre os Obreiros da Arte Real, mas os temem como se eles fossem depositários de algum segredo perigoso para os destinos da humanidade, ou então partidários de alguma conspiração, cujo objetivo é a tomada do poder temporal ou espiritual.

No mais, a seita dos saduceus parece ter adotado a mesma estrutura organizacional dos fariseus, com ritos iniciáticos e formas de cooptação muito semelhantes. Também eram extremamente corporativos, a se julgar pelos comentários que deles faz a literatura rabínica.

Capítulo XIII

Os Essênios

A comunidade essênia — Síntese histórica — Como viviam os essênios — O Messianismo — Os essênios e o Cristianismo — Os essênios e a Maçonaria.

A comunidade essênia

Dentre as seitas que se formaram na Judeia como reação à helenização de sua cultura, os essênios foram os mais radicais. Recusando-se mesmo a conviver com as pessoas que toleravam a invasão estrangeira, eles acabaram por constituir uma comunidade místico-religiosa que se afastou do convívio social e se retirou para o deserto para praticar suas doutrinas, evitando assim sua contaminação com elementos estrangeiros.

Preservando literalmente os preceitos da lei mosaica, eles se tornaram essencialmente fundamentalistas, desprezando todas as demais doutrinas. Formando uma verdadeira fraternidade, eles desenvolveram uma espécie muito particular de confraria, que na verdade tinha um objetivo bem definido: preparar uma nova comunidade de eleitos de Deus, que seria a herdeira da *Nova Aliança*, quando o *Messias* viesse ao mundo.

As pesquisas mais recentes sobre os documentos encontrados em Qumrân, localidade próxima ao Mar Morto, em 1948, revelaram que suas doutrinas tinham grande semelhança com aquelas pregadas por Jesus, o que levou muito autores a considerá-los como antecessessores dos cristãos. Ali se revela uma comunidade de verdadeiros ascetas, preparando-se para o fim dos tempos.

A ideia que se fazia dos essênios, a partir de informações extraídas de escritores antigos, como Apion, Filo de Alexandria e principalmente Flávio Josefo, que confessou ter vivido em uma de suas comunidades, era a de que eles constituíam uma comunidade de magos, que conheciam os segredos da Natureza, sendo detentores de uma sabedoria muitas vezes milenária, oriunda talvez de uma civilização desaparecida. Em consequência, os essênios sempre eram vistos por um prisma de misticismo e mistério. Porém, com a descoberta dos pergaminhos do Mar Morto, uma nova luz foi lançada sobre essa interessante comunidade, que sobreviveu por mais de dois séculos em condições políticas muito adversas, praticando uma espécie de irmandade muito semelhante às seitas ascéticas da Idade Média.

Síntese histórica

Tudo indica que a seita dos essênios foi fundada no início do século II a.C. por um personagem misterioso, referido em sua literatura ora como *Mestre Perfeito*, ora como *Mestre Verdadeiro*. Não se sabe quem foi realmente esse personagem singular, mas é certo que se trata de um sacerdote da tribo de Levi, que, revoltado com a adesão do clero israelita à crescente helenização da cultura do país, retirou-se para a clandestinidade, arrastando com ele um vasto contingente de seguidores, formado por pessoas insatisfeitas com os rumos que a religião vinha tomando em Israel.

No século II a.C., a Judeia era uma província da Síria. Havia sido conquistada pelos caldeus em 586 a.C., e depois, quando estes foram derrotados por Ciro, o Grande, tornara-se uma província persa, vivendo em uma relativa liberdade como uma satrápia daquele império, cujos reis permitiram que os judeus reconstruíssem o Templo de Jerusalém e mantivessem todas as suas tradições religiosas. Mas entre 326 e 323 a.C. o Império Persa foi conquistado por Alexandre Magno e todas as antigas províncias persas passaram a fazer parte do gigantesco império que ele fundou.

Após a morte de Alexandre, seu império foi dividido entre quatro de seus mais importantes generais. A parte correspondente à Síria e Palestina ficou com Antíoco, que estabeleceu a sede de seu governo na Síria. Por volta do início do século II a.C. reinava na Síria um de seus descendentes, chamado Antíoco Epifanes.

Desde os dias de Alexandre, uma das principais preocupações dos gregos vitoriosos fora a de levar a cultura helênica para todos os territórios conquistados. A maioria dos povos do Oriente Médio absorveu sem muito constrangimento a helenização de suas culturas, mas os judeus, povo profundamente arraigado em suas tradições, resistiu.

O povo judeu sempre foi muito cioso a respeito de sua religião. Toda a sua história é uma saga na qual a luta pela sobrevivência em uma terra hostil e cercada por povos inimigos se confunde com a luta pela preservação de suas crenças, sendo estas até mais importante que suas próprias vidas.

Os judeus preferiam morrer a prestar culto a ídolos, violando os preceitos da Torá. Em consequência, jamais admitiriam que o país adotasse costumes e leis estrangeiras. Mas seus líderes, cujo poder dependia da política dominante, estavam sempre dispostos à acomodação, aos acordos, aos conchavos. Assim, enquanto o povo se aferrava às leis e tradições que lhes tinham sido dadas por Moisés, seus líderes políticos, pertencentes às seitas dos fariseus e saduceus, principalmente, pareciam aceitar de bom grado a influência estrangeira e se mostravam muito lenientes com a perda de suas raízes culturais. Essa situação, que existiu durante todo o tempo da dominação helênica e se prolongou por todo o período da ocupação romana, não raramente ensejava motivos para a eclosão de sangrentas revoltas.

Os Evangelhos mostram que, durante a época de Jesus, essa era a situação reinante. Havia uma casta sacerdotal que controlava o Templo de Jerusalém, base do poder político e religioso do país e que ditava todas as leis e comportamentos exigidos do povo judeu. Jesus fazia ferrenha oposição à classe sacerdotal de sua época, conforme se lê nos Evangelhos. Essa classe, composta pelos saduceus e fariseus, como ele dizia, interpretava a lei em seu próprio benefício e lançava sobre os ombros do povo "cargas insuportáveis, que nem com um dedo queriam levantar".

Na verdade, os fariseus e saduceus detinham o poder político e administrativo na Judeia e ocupavam praticamente todos os cargos da administração pública, exercendo-os em nome do Deus de Israel e por delegação das autoridades ocupantes do país, fossem eles persas, sírios ou romanos. Coletavam impostos, julgavam as contendas, promoviam a educação nas sinagogas, executavam os atos oficiais e oficiavam os sacramentos exigidos pela lei mosaica, que eram tantos que a maioria do povo mal conseguia pagar suas custas. Essa era a maior queixa de Jesus contra o sistema de governo de sua época e deve ter sido, sem dúvida, a principal razão de sua condenação à morte.

Mas Jesus não estava só em suas críticas. Já há mais de dois séculos antes dele um grupo de judeus lutava contra essa situação. Uma dessas lutas fora travada pela família dos macabeus. No início do século II a.C., oficiava como sumo sacerdote do Templo de Jerusalém um homem chamado Matatias, conhecido por suas posições intransigentes em relação à obediência à lei mosaica. O rei sírio Antíoco Epifanes resolveu implantar definitivamente o helenismo na Judeia, sempre resistente à influência estrangeira. Com essa intenção ordenou que se praticasse no

Templo de Jerusalém o culto a Zeus Olímpico, deidade adorada pelos povos de cultura grega. Para quebrar a resistência dos judeus, invadiu o santuário do Templo de Salomão em Jerusalém e mandou colocar no altar do Santo dos Santos uma estátua daquele deus. Os israelitas não suportaram a violação do mais sagrado de seus locais e comandados por Judas, o filho mais velho do sacerdote Matatias, iniciaram a rebelião que ficou conhecida como a Guerra dos macabeus.

Os macabeus derrotaram os sírios e conseguiram a liberdade da Judeia. Deram início à chamada dinastia dos reis hasmoneus, que reinou na Judeia entre 110 e 63 a.C. Mas nada fizeram para deter a influência helenística que invadira o país, que continuou a ocorrer durante o período de seu governo. Daí encontrarmos essa mesma situação quase cem anos depois, já na época de Jesus.

Os essênios já existiam como seita no início do século II a.C. e sua luta sempre foi pela preservação da pureza da religião de Israel. Dessa forma, devem ter apoiado a luta dos macabeus pela independência do país e certamente ficaram decepcionados quando viram que a liberdade política não trouxe de volta as antigas crenças e tradições que eles gostariam de ver reconstituídas.

Foi então que um grupo de judeus ortodoxos abandonou o convívio social e se instalou na chamada "Terra de Damasco", assim chamada a região de Qumrân, no deserto da Judeia, nas proximidades do Mar Morto. Liderados por um sacerdote conhecido como *Mestre Verdadeiro,* a intenção desse grupo era praticar a verdadeira religião de Israel, em sua pureza primitiva.

Os pergaminhos do Mar Morto, principal fonte de conhecimento da vida dos essênios, mostram que eles pregavam uma resistência ora política, ora espiritual contra o domínio estrangeiro. Essa resistência estava sempre conexa com a vinda de um herói, conhecido como *Messias*, que libertaria Israel do domínio estrangeiro e renovaria a aliança daquele povo com Deus, restabelecendo a religião de Moisés e as antigas tradições. Esse Messias era aquele anunciado pelos profetas desde os tempos da destruição do reino de Israel pelos assírios.

Como viviam os essênios

Chamando-se a si mesmos de "convertidos, penitentes, pobres, justos, santos, eleitos, etc", os essênios consideravam que seu grupo constituía a verdadeira Israel, aquela nação que o próprio Deus teria arquitetado para servir de modelo para todas as nações da terra. Nesse sentido eles procuraram, tanto quanto possível, reconstituir a Israel modelar, segundo pensavam ter sido a comunidade israelita nos tempos de Moisés e Aarão, que vivera no deserto, na estrita observância das leis ditadas por Deus, e vivendo como uma verdadeira fraternidade. Com isso desenvolveram uma complexa estrutura de confraria, com regras e rituais paralelos às sociedades secretas do Egito e da Grécia, praticantes dos chamados Mistérios, o que fez da seita dos essênios um interessante motivo de estudo para aqueles que se interessam pelas sociedades iniciáticas.

Para se tornar membro da seita dos essênios era preciso que o neófito fosse portador de três atributos básicos: ser judeu, inteligente e disciplinado. Estes dois últimos quesitos eram julgados pelo zelo com que o candidato observava a lei mosaica. Uma vida profana limpa, uma conduta social e familiar sem mácula, enfim, que fosse um indivíduo "puro e de bons costumes" era requisito essencial para ser iniciado na seita essênia.

Em sua admissão exigia-se que prestasse um juramento de fidelidade para com a irmandade e para consigo mesmo, no qual ele se comprometia a submeter-se à disciplina da Ordem e a perseguir os objetivos pelos quais se tornara membro dela.

Um voto de silêncio absoluto sobre os rituais e costumes praticados pelo grupo também eram exigidos. Em princípio, o iniciado deveria viver na comunidade durante um ano antes de tornar-se membro efetivo. Após esse período, ele se tornava um "numeroso ou sectário pleno", ocasião em que deveria juntar seus bens aos da comunidade.

Uma vez admitido na confraria, o iniciado era submetido a uma disciplina curricular semelhante à que era exigida de um monge medieval. Durante a infância e até os 20 anos, ele vivia em uma espécie de Comunidade de Jovens sendo instruído no *Livro da Meditação* e nos *Preceitos da Aliança*; daí em diante passava a viver na *Comunidade dos Irmãos* e podia até se casar. Era permitido ao Irmão, se quisesse, deixar a comunidade e viver na sociedade, como professor em sinagogas ou como *rofés* (médicos práticos) ou outras profissões similares, que tivessem a ver com a prestação de assistência religiosa ou assistencial ao povo. Aliás, uma das profissões mais associadas com os essênios foi a prática médica, na qual eles se destacavam como verdadeiros milagreiros.

A partir dos 25 anos o Irmão poderia ocupar cargo na comunidade; com 30, ser juiz e liderar grupos de estudos e de administração. Todo esse processo era realizado mediante uma análise de mérito, em que se avaliava a "inteligência e perfeição de conduta" do iniciado, pois, como previam as regras, todos os homens estavam sendo treinados para formar a elite que governaria o reino que seria instalado com a vinda do *Messias*.

Em função desse objetivo, os essênios desenvolveram uma organização com uma face eclesiástica, uma face militar e uma ramificação judiciária. Os juízes seriam em número de dez, eleitos periodicamente entre os irmãos com idade entre 25 e 60 anos; após os 60 deixariam a função e poderiam fazer parte do Conselho Superior da Comunidade; um sacerdote com idade mínima de 30 anos e máxima de 60, "detentor de todos os segredos dos homens e conhecedor de todas as línguas faladas na terra", seria o juiz supremo da congregação judiciária.

Quanto à ordem militar, entre 25 e 30 anos, o Irmão poderia ocupar funções de intendente; entre 30 e 45 podia-se ser cavaleiro, entre 45 e 50 oficial de campo, e entre 50 e 60, comandante de campo.[95]

Havia também um *Conselho Superior da Comunidade*, do qual participavam "os homens de renome". Esses homens eram escolhidos por suas virtudes, seu desempenho nas funções administrativas ou militares, ou dotes sacerdotais. Esse conselho era uma espécie de Parlamento, que por sua vez era controlado por um colégio composto de 12 irmãos e três sacerdotes, *"perfeitos em tudo o que é revelado em toda a lei, para praticar a justiça, a verdade, o direito, a caridade afetuosa e a modéstia de conduta, uns em relação aos outros, guardarem a fé sobre a terra, com uma disposição firme e um espírito constrito, para expiar a iniquidade entre aqueles que praticam o direito e sofrem a angústia da provação e para se conduzir com todos na medida da verdade e da norma no tempo".*[96]

O Messianismo

Destarte, o objetivo da comunidade essênia não era só preservar a pureza dos fundamentos da religião israelita, mas principalmente preparar o povo de Israel para o reino que seria implantado com a vinda do *Messias*. Esse era o líder prometido pelos profetas, que iria libertar o povo de Israel da influência estrangeira e reconstruir depois o reino de Deus sobre a terra, ou seja, a antiga Israel bíblica, tal como fora nos tempos de Moisés e Aarão. Toda a organização comunal e o conjunto de sua doutrina eram dirigidos para esse objetivo.

---

95. Veja-se nossa obra *Conhecendo a Arte Real*, publicada pela Madras Editora, na qual esse assunto é desenvolvido com mais pormenores.
96. Regras XXII, E.M. Laperoussaz, *Os Pergaminhos do Mar Morto*.

Assim, o objetivo da organização essênia era o de preparar as pessoas que iriam ajudá-lo, pois quando seu reino fosse instalado, ele iria necessitar de "quadros" para governar. Destarte, toda a rígida disciplina da fraternidade era orientada também para a produção de "juízes, guerreiros e administradores", enfim, todo o *staff* necessário para a administração e manutenção da nova sociedade que seria fundada com sua vinda.

É comum atribuir aos essênios a aura de antecessores do Cristianismo. É fácil de ver por quê. Na verdade, a doutrina pregada por Jesus, suas previsões sobre a consumação dos séculos, a restauração da Israel bíblica, o estabelecimento de uma nova aliança entre Deus e o povo de Israel, a vinda do Messias e o apocalipse final, bem como outros temas que faziam parte da pauta doutrinária cristã eram claramente inspirações essênias.

Ainda que não se possa afirmar, com certeza, que Jesus era essênio, ou que tenha vivido ou estudado com algum professor dessa seita, é fato comprovado que ele dominava a maioria dos conceitos essênios sobre os mais diversos temas da religião e da tradição de Israel e os divulgou em seu magistério. A doutrina da consumação dos séculos, do apocalipse, da destruição de Jerusalém e a construção de uma nova, o estabelecimento de uma nova aliança, o julgamento dos vivos e dos mortos, enfim, todo o complexo escatológico da doutrina cristã estava presente nos ensinamentos essênios. Um dos indicativos de que Jesus era "iniciado" na seita essênia é o fato de ele ter comemorado a Páscoa na tarde da quinta-feira ao invés de na sexta, como faziam os judeus tradicionais. Esse era um costume essênio.[97]

Os essênios eram ascetas que desprezavam os prazeres dos sentidos e a acumulação de bens. O tesouro comum só devia ser utilizado para prover as necessidades mais estritas. Um essênio, ao entrar para a comunidade, devia votar *"ódio eterno aos homens da fossa por seu espírito de entesouramento. Ele deixará para eles seus bens e a renda do trabalho de suas mãos, tal como um escravo em relação ao seu amo, e tal como um pobre diante do que lhe tem domínio. Mas ele será um homem pleno de zelo para com o preceito e cujo tempo é destinado ao dia da vingança".*[98]

Flávio Josefo diz que os essênios desprezavam as riquezas, e que a comunidade de bens que observavam era realmente admirável. *"Os*

---
97. A esse respeito veja John P. Meier, *Um Judeu Marginal*, vol. III. Veja-se também Hugh J. Schonfield, *A Bíblia Estava Certa*, Ibrasa, 1980.
98. Idem, Regra XXIV.

essênios", escreve aquele autor, *"mantêm entre eles uma lei, segundo a qual todos os novos membros admitidos à seita fazem, por si mesmos, confisco de seus haveres em favor da Ordem; resultando daí que em parte alguma se verá ali seja a miséria abjeta, seja a desordenada abastança. As posses do indivíduo se juntam ao existente cabedal comum e eles todos, como verdadeiros irmãos, se beneficiam, por igual, do patrimônio coletivo"*.[99]

Dessa forma, todo membro, ao ingressar na confraria, tinha de entregar a ela todos os seus bens. Esse regime de comunhão foi observado também pelos primeiros cristãos, como consta dos Atos dos Apóstolos e dos Evangelhos, pois ali se percebe claramente que a irmandade liderada por Jesus vivia de forma ascética, em verdadeiro espírito de comunidade. E o desprezo pelos bens materiais constituía um dos pontos mais altos da doutrina ensinada por Jesus.

Acima de tudo, porém, os membros da seita dos essênios deviam observar e estudar a lei mosaica. A lei devia ser seu maior objeto de culto, pois a comunidade era, mais que tudo, "a casa da lei". Isso explica também o fato de Jesus, não obstante ser considerado pelos judeus como um reformador da lei mosaica, sempre concitou seus discípulos a segui-la. E, no conceito de observação da lei, estava o respeito aos rituais e celebrações estabelecidas pela religião, bem como os cuidados com a higiene corporal.

Assim, a comunidade dos essênios tem sido invocada como sendo o núcleo antecessor dos cristãos e a eles fornecido sua base de influência. Cabe aqui dizer, no entanto, que nem nos Evangelhos canônicos, ou mesmo nos apócrifos, há qualquer referência ao fato de Jesus ter sido essênio ou mesmo ter vivido de acordo com os preceitos daquela seita. Ao contrário, Jesus parece ter sido bem mais liberal do que eles, pois criticava e transgredia muitas das exigências rituais que os essênios consideravam fundamentais. O mesmo não acontece com João Batista, no entanto, cujo ascetismo e rígida disciplina de vida, bem como a doutrina que pregava, nos leva a crer que ele foi realmente um essênio.

Aliás, não foram poucas as pessoas da época que acreditavam ser João Batista, e não Jesus, o Messias esperado pelos judeus. Embora todos os Evangelhos falem de João Batista como um precursor de Jesus, um profeta que veio para preparar seu caminho, e um dos evangelistas tenha informado até que João Batista era seu primo, a verdade é que não parece que os discípulos de João e Jesus tenham sempre convivido em

---

99. Flávio Josefo, *Antiguidade dos Judeus*, Kleguer Publications, New York.

paz. De qualquer forma, a identidade do Messias nunca foi uma questão muito pacífica entre os judeus.[100]

Os essênios e a Maçonaria

Afora o fato de os essênios terem organizado sua seita de forma corporativa e iniciática, há alguns simbolismos paralelos entre essa seita dos "filhos da Luz" e as Lojas dos maçons especulativos, o que de certa forma aproxima as duas instituições no terreno cultural.

Duas tradições cultivadas pelos essênios e aproveitadas no simbolismo maçônico são as ideias do *homem universal* e o mistério ligado ao verdadeiro significado *do nome de Deus*. Essas noções tiveram ampla repercussão entre os essênios, que a repassaram aos cultores da Cabala e estes a inseriram nas tradições da Maçonaria, que as utiliza para desenvolver alguns ensinamentos das *Lojas de Perfeição e Capitulares*, e certos temas tratados nos graus filosóficos das *Lojas do Kadosh*.[101]

Outra tradição que os aproxima da Maçonaria é o caráter corporativo e iniciático da seita. Os essênios, tal como os maçons, exigiam de seus adeptos juramentos solenes de obrigações fraternas e um estrito silêncio sobre suas práticas, crenças e tradições, ao mesmo tempo que inculcavam na cabeça deles uma filosofia de vida que lhes exigia extrema retidão de caráter e um comportamento "justo e perfeito", consentâneo com uma pessoa digna de viver no novo reino que seria implantado com a vitória do Messias.

Além disso, possuíam um alfabeto próprio e usavam expressões linguísticas metafóricas, só compreendidas por eles. O cultivo dessas tradições fazia da seita essênia uma espécie de sociedade secreta e corporativa, que se considerava um grupo de "eleitos" dentro da comunidade judaica.

É evidente que qualquer comparação só pode ser feita por analogia, a partir de aproximações feitas entre as práticas realizadas pelas duas sociedades, abstraindo-se a época e a cultura em que ambos existiram. Os essênios constituíram uma comunidade religiosa e seus institutos nem de longe se comparam com aqueles que informam a prática da Maçonaria. Todavia podemos observar que há entre esses antigos Irmãos da Luz e os modernos Obreiros da Arte Real uma aproximação de objetivos. Essa aproximação se dá no terreno das realidades sutis que conformam o espírito humano e o leva a sonhar e lutar por um sonho, que no fundo é semelhante. Pois tanto a comunidade essênia tinha, no

---

100. Veja-se também John Doninic Crosann, *O Jesus Histórico*, Imago, 1994.
101. Veja-se o capítulo XX desta obra.

passado, quanto a Maçonaria tem, no presente, um sonho que é a construção da sociedade perfeita.

O que vem a ser essa utopia do espírito humano pode ser objeto de múltiplas avaliações, mas a essência do objetivo não se perde na multiplicidade de visões que a mente humana constrói para representar suas imagens de felicidade, justiça e virtude. Para os essênios a sociedade perfeita era representada pela Israel bíblica, anterior à sua própria conformação como nação. Para os maçons, será outra coisa, algo como uma nação de pessoas livres de todo preconceito, toda intolerância, toda ignorância e todo autoritarismo moral, político ou intelectual que vise conformar o espírito humano a um modelo artificialmente preparado para servir aos interesses de um determinado grupo. Mas, como vimos, as duas visões são rebentos de um mesmo tronco. E é nesse sentido que podemos pensar que foi o mesmo arquétipo que ontem alimentou os essênios em suas práticas e hoje inspira os maçons em sua *Arte*.

Ruínas de Qumran-Israel – Comunidade Essênia – *Enciclopédia Barsa*.

Capítulo XIV

Os *Collegia Fabrorum*

Origem dos Collegia — Os collegia romanos — A estrutura dos collegia — A Teoria Comacine — Os Collegia Fabrorum e a Maçonaria

Origem dos *Collegia*

Nas civilizações antigas nasceu um tipo muito peculiar de organização, do qual viria a sair, em certo momento histórico, os chamados *Collegia Fabrorum* romanos e, mais tarde, as associações obreiras conhecidas como corporações de ofício, ou guildas, que reuniam os grupos econômicos e profissionais na Idade Média.

Isso ocorreu como resultado de um longo processo de adaptação à realidade histórica, cuja descrição não cabe nos limites estreitos deste trabalho. Mas é importante ressaltar que a história da sociedade humana e das ações que se promovem para edificá-la não estaria completa sem uma alusão, ainda que de passagem, por esse importante tipo de organização que o mundo antigo produziu.

Essas duas antecessoras da Maçonaria Operativa tiveram, portanto, uma origem comum, e não é estranha a similitude de objetivos e a identificação cultural que muitos historiadores enxergam entre as duas instituições. Praticamente, a maioria das instituições desse tipo era organizada em torno do culto de um deus ou de um herói local. A religião era assunto do Estado e assumia sempre a forma política da cidade-estado que a professava. E esta refletia a política da classe dominante, ou seja, tinha como núcleo o interesse das *frátrias* que estavam na base dessas sociedades.

Por consequência, os cultos eram organizados em torno de seus deuses favoritos e heróis pessoais, os quais, de algum modo, estavam conectados com a origem dessas famílias. Assim se justifica a moldura lendária que geralmente é colocada nessas práticas culturais, molduras essas que sobrevivem até os dias de hoje.

Um desses exemplos é o sempre citado Mistérios Órficos, nos quais se cultuava o deus Bacco. Registros da realização desses rituais em várias cidades gregas já são encontrados em obras do século II a.C., mostrando a antiguidade dessas manifestações culturais.

Política e religião eram atividades estreitamente ligadas na vida das antigas cidades. E dada a forma colegiada em que os cultos eram praticados, entende-se porque também o exercício da política acabou se aproveitando dessa formulação.

Mas não só a política e a religião. As pessoas formavam colegiados para defender interesses comuns, para partilhar ideias e crenças, para defesa própria e quaisquer outros assuntos que demandassem organização e participação coletiva. Nessa conformação podemos identificar igualmente a origem dos partidos políticos e grupos de pressão que caracterizam o exercício da política na sociedade moderna.

Há registros da existência desses colegiados em Atenas já na época de Péricles, e, segundo se infere desses mesmos registros, eles não mantinham uma convivência pacífica com o famoso líder ateniense. Isso é tão verdadeiro que ele emitiu decreto regulamentando a forma e o número dessas *frátrias*, disciplinando a legislação que já lhes deixara Sólon. Plutarco relata que em 404 a.C., após a vitória de Esparta sobre Atenas na Guerra do Peloponeso, um grupo formado por essas *frátrias* derrubou o regime democrático de Atenas e governou a cidade durante um ano. Esse episódio ficou conhecido como o governo dos Trinta Tiranos.

Também no Egito existiram colegiados com essa característica. Eles se tornaram comuns, especialmente entre os adoradores de Ísis. Apuleio de Madaura, historiador do primeiro século antes de Cristo, menciona a existência dessas organizações em datas anteriores ao ano 79 a.C., dando a entender que elas já existiam havia vários séculos. Esse historiador refere-se também a organizações semelhantes, formadas por trabalhadores da construção civil e os metalúrgicos, sendo encontrados registros da existência dessas instituições em vários territórios de colonização helênica, especialmente na Ásia Menor. Tomando a forma ora de grupos religiosos, ora de partidos políticos, clubes funerários, grupos culturais, associações profissionais e afins, essas organizações dominaram um vasto aspecto da vida cultural das antigas sociedades.

Os *collegia* romanos

Mas foi durante o Império Romano que essas organizações assumiram sua maior importância. Na história de Roma encontram-se registros da existência de entidades semelhantes desde o tempo da monarquia. A tradição sustenta que foi um dos primeiros reis de Roma, o lendário Numa Pompílio, o fundador da primeira organização com o nome de *Collegia Fabrorum*. Dizia-se que nas famosas Doze Tábuas, primeira legislação escrita que Roma teve, já havia menção a essas organizações.

Mas mesmo em Roma parece que a vida dessas associações, especialmente as que se dedicavam ao culto religioso, não se desenvolveu de forma muito pacífica. Vários registros históricos dão conta de sucessivos conflitos entre esses grupos e as autoridades, resultando, em diversas oportunidades, em leis restritivas, ora proibindo, ora regulando suas atividades.

Exemplo desses conflitos foi a Lei Cláudia (58 a.C.) que restabeleceu a permissão para a atividade desses grupos, que havia sido proibida em 64. Júlio César, ao tornar-se imperador, os proibiu novamente com a justificativa de que eles estavam muito envolvidos em política. Otávio Augusto os liberou e lhes deu inclusive um estatuto próprio que os transformou em organizações seculares. O período de maior poder dessas organizações ocorreu no governo de Marco Aurélio, quando ele praticamente as tomou sob sua proteção.

Na época de Nero, por exemplo, eram tantas as organizações desse tipo que ele foi obrigado a emitir uma série de regulamentos para controlar a atividade delas nas várias cidades do Império. Nessa época elas já haviam assumido o formato e nome pelo qual ficaram conhecidas, o de *Collegia Fabrorum*.

Os imperadores romanos usavam a legislação reguladora de atividades religiosas, sociais, profissionais e outras para controle do Estado. Assim, a legislação que regia a vida de um *collegium* era bastante severa. Seus membros só podiam ser admitidos por hereditariedade. Um rígido controle de mudança de um colegiado para outro era mantido.

Licenças de trabalho eram controladas pelo Estado por meio dessas organizações. Dessa forma o governo exercia o monopólio de toda a atividade econômica no Império por meio desses colegiados. Como essas atividades envolviam principalmente o comércio, a indústria, a prestação de serviços, as forças armadas e a política, os grandes pilares do Estado Romano, podemos dizer que Roma era uma verdadeira ditadura, rigidamente controlada por uma enorme máquina burocrática da qual nenhum cidadão lograva escapar.

Mas mesmo sob a rígida disciplina imposta pelas autoridades é certo que organizações clandestinas, formadas para vários propósitos proibidos pela lei, existiam em todos os territórios do Império. A maioria delas era composta por seitas religiosas secretas e proibidas, que causavam muita dificuldade para as autoridades. Atas de tribunais que resistiram ao tempo registram vários julgamentos e sentenças de membros desses colegiados ilegais, os quais eram punidos com pesadas multas e muitas vezes pagavam com vários anos na masmorra por sua ousadia.

Um recenseamento feito durante o governo de Marco Aurélio revelou a existência de mais de 250 organizações desse tipo, licenciadas em 75 cidades do Império. Só na cidade de Roma cerca de 80 tipos de profissão tinham seus estatutos e regulamentos registrados e reconhecidos por lei. Acredita-se, porém, que existiam muito mais, mas como se tratavam de organizações consideradas plebeias, a maioria dos escritores – patrícios por tradição – pouco se ocupou delas, o que nos deixa com pouca informação a respeito.

Isso era normal entre os escritores da Antiguidade e também da Idade Média. Poucos se aventuraram a escrever sobre assuntos populares. A vida social do homem comum era de somenos interesse para eles, de maneira que a literatura desses tempos, e até a Idade Moderna, sempre versou mais sobre a vida da nobreza, com seus lordes, cavaleiros, reis e príncipes, descrevendo suas venturas e desventuras, como se só interessasse a vida dessa classe da sociedade. Essa é a razão de encontrarmos tão poucas referências às classes trabalhadoras e suas organizações nos compêndios de história antiga.

A estrutura dos *collegia*

Em princípio esses colegiados eram espécies de *frátrias* organizadas com o propósito de garantir sepultura digna para os ancestrais. Daí o fato de o direito de propriedade, em Roma, evoluir a partir da luta do clã pelo direito de manter a posse de seus lugares sagrados, ou seja, o local de sepultura dos antepassados. Essas associações eram conhecidas pelo nome popular de *teuinorum collegia*, ou grupos funerários. Cada um desenvolvia suas próprias preces e rituais, praticados nos templos familiares, onde se realizavam as exéquias dos mortos e se construía para ele uma rica história de vida, que não raramente se transformava em lenda e objeto de culto do grupo.

Com o tempo, muitos desses grupos construíam um *columbarium*, que era uma espécie de galeria de antepassados famosos, ou mausoléu, no qual se prestava o culto a eles como deuses lares, os famosos *manes*.

Diferentemente dos egípcios, que acreditavam na morte como forma de ascender de posição na hierarquia cósmica, desde que conquistassem o beneplácito dos deuses e conseguissem vencer a terrível jornada pela terra inóspita da Tuat, para os romanos a morte era um evento terrivelmente constrangedor, principalmente se o indivíduo fosse pobre e não pudesse ter uma sepultura digna. A religião romana ensinava que uma pessoa sem sepultura digna se tornava uma alma errante, sem paz nem descanso. Isso porque a ventura da alma dependia estreitamente do culto que seus descendentes viessem a lhe prestar. Assim nasceu entre os romanos a tradição de construir monumentos funerários suntuosos, próprios para a adoração do indivíduo depois de morto. Quem não era rico e não podia arcar com os custos de sepulturas suntuosas juntava-se a um colegiado funerário, pelo menos para garantir para si mesmo um túmulo decente.[102]

É difícil para um homem de mentalidade moderna aquilatar a importância dessas tradições para os povos da Antiguidade. Mas elas estavam no cerne da própria estrutura dos Estados antigos, regulamentadas em leis, sustentadas pelo aparato de segurança. Mas não deve soar estranho ao maçom que conhece bem a liturgia dos ritos da Ordem, pois essa vinculação com os cultos mortuários é uma intercorrência muito comum na prática maçônica.

É fato histórico bastante conhecido que os primeiros agrupamentos cristãos não tinham a simpatia das autoridades romanas e que suas reuniões e os locais onde se agrupavam para praticar seu credo muitas vezes eram varejados pelas autoridades policiais, e seus praticantes presos e até condenados à morte.

Assim, é bem possível que muitos grupos cristãos tenham sido organizados como sociedades funerárias para fugir à repressão oficial. Destarte, muitas igrejas cristãs tiveram origem nessas *frátrias* funerárias, pois de outra forma o que elas faziam as tornariam alvos das autoridades.

Mas nem todos os *Collegia Fabrorum*, em princípio, se ocupavam de assuntos religiosos. A grande maioria era organizada para tratar de assuntos profanos. Arte, profissões, interesses comerciais, políticos, sociais, tudo era motivo para a fundação de um *collegium*. Analogicamente, era o que podemos chamar hoje de sindicatos, com seus estatutos próprios e suas regras de participação. Cada tipo de profissão tinha a sua. Os pescadores, os advogados, os padeiros, os cozinheiros, etc.

No que respeita à Maçonaria, é importante registrar que os pedreiros e arquitetos tinham também seus *collegia* e gozavam de especiais favores e privilégios, pois se tratava de profissão que muito interessava ao Estado. O grande orador Cícero, em um de seus discursos, se refere à honorabilidade da arte da arquitetura e à nobreza dos seus praticantes.

---

102. Dessa prática evoluiu o costume romano de deificar seus heróis e mais tarde divinizar seus imperadores.

Os *Collegia Fabrorum* eram entidades com estruturas administrativas bem definidas e organizadas. Praticamente todas as organizações desse tipo tinham a sua cúria. Nela havia um magistrado, ou curador (*praesidis*), o qual era eleito entre os membros do colegiado conforme os critérios definidos por seus estatutos. Geralmente, dois oficiais também eram eleitos na mesma ocasião para servirem como secretário e tesoureiro (questores e decuriões). As leis que regiam o colegiado eram votadas pelos membros de cada sociedade, mas tinham de se conformar à legislação imperial específica que regia esse tipo de sociedade. Semelhantes ao que rege hoje o Código Civil, com respeito à constituição e administração de uma ONG, assim também eram os estatutos imperiais que regulavam a vida dessas sociedades.

Os membros desses colegiados pagavam uma "luva" que servia para a constituição de um fundo comum. Esse fundo servia para pagar as taxas exigidas pelo Estado, as despesas da sociedade com reuniões, banquetes e eventuais obras sociais que a organização viesse a atender. Havia também o atendimento das necessidades pessoais dos membros do grupo, quando dela necessitavam, em face de um acidente, uma demanda jurídica ou outro problema qualquer que exigisse a ajuda dos membros da organização.[103]

Uma fonte de financiamento dos *Collegia Fabrorum* era o mecenato. Raro era o *collegium* que não tinha um patrono. Geralmente era uma pessoa de altas posses, homem ou mulher, que ofertava generosas somas de dinheiro em troca do poder de decisão sobre as atividades do grupo. Isso lhes granjeava poder político e não era raro encontrar um político à testa de um *collegium*. Vários tribunos da plebe, como eram chamados os senadores eleitos pelo povo em Roma, conseguiam seus postos graças aos votos desses colegiados.

Em sua estrutura organizacional, os *Collegia Fabrorum* copiavam, tanto quanto possível, a organização hierárquica existente na própria sociedade romana. Havia muitos graus de subordinação na escala hierárquica dos *Collegia*, que admitia tanto pessoas livres como escravas, desde que seus senhores dessem seu consentimento para que participassem da organização.[104]

---

103. O termo "luvas" que ainda hoje é usado para garantir a execução de um contrato tem como origem a tradição cultivada pelos antigos pedreiros, que cobravam dos novos membros da confraria uma contribuição para a compra das luvas que deveriam usar no exercício da profissão.
104. A maior parte dos serviços profissionais em Roma era prestada por escravos, os quais aprendiam seus ofícios e mantinham seus negócios com o patrocínio de seus senhores.

Não raro esses *collegia* desenvolviam seus próprios rituais de iniciação, transmissão de ensinamentos e elevação de posição hierárquica dentro do grupo. Esses rituais envolviam sempre elementos religiosos e apelos à tradição das famílias que faziam parte da organização. Assim, podemos dizer que eles tinham características de sociedade iniciática.

A teoria Comacine

Nenhuma história da Maçonaria seria completa sem elencar os *Collegia Fabrorum* entre suas fontes de influência. É evidente que existem consideráveis diferenças entre aquelas associações e as Lojas Maçônicas tais como as conhecemos hoje e mesmo como possivelmente funcionavam na Idade Média e início da Idade Moderna. A similitude aqui é em nível de aproximação entre objetivos, funcionamento e estrutura, já que tais colegiados incorporavam muitas práticas análogas ao que temos hoje na Maçonaria.

Alguns historiadores têm reivindicado uma ligação direta entre os *Collegia Fabrorum* e a Maçonaria Especulativa citando a organização conhecida no mundo romano como Colégio dos Artífices de Dionísio. Essa organização, supostamente, teria sido uma herdeira dos antigos construtores, que desde a construção do Templo de Salomão continuavam preservando os segredos arcanos da arte de construir.

Essa hipótese busca confirmação na já bem conhecida *Teoria Comacine*, segundo a qual alguns egressos desse grupo de arquitetos, fugindo das invasões bárbaras, se asilaram em um mosteiro próximo ao Lago Como na Itália, e ali sobreviveram vivendo como monges, preservando esses segredos por vários séculos, até que os povos da Europa começaram novamente a reconstruir suas cidades. Então esses arquitetos comacinos serviram de mestres para esses novos maçons, que viriam a ser os antecessores de nossos Irmãos operativos medievais. Segundo essa teoria, os comacinos, agindo como missionários cristãos, fundaram escolas em vários países europeus, principalmente nas Ilhas Britânicas, na França e Alemanha, onde seus ensinamentos prosperaram com maior vigor.

Por fim cabe citar aqui a teoria proposta por Robert F. Gould em sua *História da Maçonaria* (Londres, 1727). Segundo esse autor, os *Collegia Fabrorum* entraram nas Ilhas Britânicas por meio dos exércitos romanos, que deles necessitavam para construir e reconstruir as cidades que eram destruídas nas guerras de conquista. Quando os romanos foram enfim expulsos da ilha, essa instituição tipicamente romana foi recepcionada por seus sucessores anglo-saxões na forma de guildas formadas pelos profissionais dos mais variados serviços, entre eles, o mais importante, os pedreiros profissionais. Essa teoria tem vários seguidores e apresenta uma certa lógica, confirmada pela história da civilização nas Ilhas Britânicas. Todavia, há bem pouca documentação que a confirme.[105]

Há também quem acredite que os *Collegia Fabrorum* tenham, de algum modo, sobrevivido no Império Romano do Oriente, por intermédio das guildas dos construtores bizantinos. Sua influência se fez sentir na Europa, servindo de núcleo para a fundação das congêneres europeias. Teriam exercido, segundo essa crença, considerável influência na chamada Renascença, principalmente por suas ligações com um famoso grupo de arquitetos florentinos. Foi a partir desse último grupo, aliás, que teria surgido a chamada Maçonaria Especulativa. Essa linha de pensamento nos leva até Leonardo da Vinci, Paulo Toscanelli e o navegador Américo Vespúcio, que no início do século XVI fundaram a Academia de Arquitetura em Milão, sob os auspícios da família Sforza. Reunindo em torno de si uma formidável plêiade de artistas e intelectuais da época, essa Academia foi um grande foco irradiador do movimento cultural conhecido como Renascença. As ideias geradas por esse grupo influenciaram a Europa inteira e penetraram com mais vigor nas universidades e academias, que a essa altura já se disseminavam por todo o continente europeu. Essa influência se espalhou também por outras organizações, inclusive as Corporações de Ofício.[106]

Os *Collegia Fabrorum* e a Maçonaria

Evidentemente, a existência dos *Collegia Fabrorum* não explica, por si só, a origem da Maçonaria, como também os Antigos Mistérios, nem as guildas dos antigos construtores medievais. Todas essas organizações e manifestações culturais constituem ligações que podem ser estabelecidas com maior ou menor grau de aproximação, porém nenhuma delas pode ser efetivamente eleita como a legítima antecessora da Maçonaria. A verdade é que a Maçonaria, como todo arquétipo que habita no inconsciente coletivo da humanidade, não tem, como os demais institutos que o espírito humano hospeda, uma fonte única de referência.

---

105. Um desses raros documentos é a Constituição do lendário rei Athelstan, da Inglaterra, que no século X outorgou aos profissionais de construção do país um estatuto regulando sua profissão.
106. Hipótese defendida pelo Irmão da Costa, *History of the Dionysian Artificers*, Ensaio-Loja The Montana Mason, novembro 1921.

Da mesma forma que os Mistérios, as guildas medievais, as sociedades religiosas dos judeus, as seitas gnósticas e os diversos clubes e agrupamentos de defesa de interesses mútuos que já se formaram no mundo em todos os tempos, os *Collegia Fabrorum* ocupam um lugar proeminente nessa eterna luta em que o espírito humano se empenha com o objetivo de organizar suas sociedades. A ideia de agrupar-se, de procurar juntar-se aos seus iguais é uma necessidade que o homem tem procurado suprir desde a aurora de sua existência. Ninguém consegue vencer sozinho os desafios que o mundo nos coloca. Por isso é que as pessoas se reúnem em grupo. Essa é a forma que os homens encontraram de pôr ordem no caos (*Ordo ab Chao*), missão que o Grande Arquiteto do Universo nos confiou.

Por isso a história da Maçonaria é também a história da *vida cooperativa*. E, por analogia, a história da irmandade. Seja ela ligada por laços de uma mística ideia de que um dia essa união já existiu em seu estado mais perfeito, e que se pode recuperá-la pelo espírito da *egrégora*, ou simplesmente pela cultura pura e simples das virtudes que tornam a vida social mais feliz.

Artífices do *Collegia Fabrorum* trabalhando – "Entre Deus e Vitrúvio – gravura.
Fonte: José Manuel Prieto Gonzales

Capítulo XV

Os Maçons Operativos

O ofício sacralizado — O ideal ascético — O legado dos operativos — As guildas dos pedreiros livres — O segredo dos maçons.

O ofício sacralizado

O ofício de construtor sempre teve um caráter sacro, uma mística própria, uma aura de espiritualidade que o tem acompanhado ao longo dos séculos. Começa já pelo fato de que as primeiras construções humanas de vulto estavam voltadas para um objetivo francamente espiritual, já que elas se destinavam a prover moradas para os deuses e para o espírito desencarnado do homem. Assim, os homens da Antiguidade construíam casas toscas para abrigar a si e as suas famílias, mas erguiam suntuosos templos para seus deuses e magníficas tumbas para seus cadáveres, denotando com esse costume o caráter religioso que desde logo a arquitetura assumiu entre os antigos.

Nesse passo, a sacralização do ofício do construtor foi uma decorrência normal. Vamos encontrar já no Egito dos faraós e entre as antigas civilizações da Mesopotâmia, Índia e China um intenso apelo místico nas técnicas de construção usadas pelos arquitetos desses povos. Ruínas desses antigos monumentos que resistiram à ação dos séculos nos mostram o quanto essas construções e a arte daqueles que as construíram estava impregnada do espírito religioso que a inspirou, tanto na técnica utilizada em sua construção quanto no objetivo para o qual foram construídas.

Nem se precisa invocar a mística do Templo de Jerusalém, principal arquétipo da arquitetura antiga, para justificar o quanto o espírito dos antigos construtores estava ligado à ideia de que a morada dos deuses na terra devia imitar, tanto quanto possível, a morada deles no céu, ou onde quer que os deuses habitassem. Daí as recomendações tão misteriosas quanto bizarras que Deus dá a Moisés para a construção do Tabernáculo, tenda que proveria o modelo segundo o qual o Templo de Jerusalém seria construído mais tarde. Recomendações que seriam depois repassadas a Salomão, quando este assumiu a tarefa de construir o famoso Templo que se tornou o principal ícone da Maçonaria.

Não é à toa, portanto, que os maçons tenham buscado na mística dos pedreiros (antigos e medievais) a inspiração para o conteúdo espiritualista de sua prática. Afinal, para uma instituição cuja filosofia está assentada sobre o simbolismo da construção de uma sociedade justa, igualitária e livre, a mística dos antigos pedreiros, de representar todos os quadrantes do Universo, com todas as formas e leis que o regulam, cabe bem nesse contexto.

René Guenón dizia que boa parte do simbolismo maçônico deriva dos pitagóricos, passando pelos conhecimentos utilizados pelos membros dos *Collegia Fabrorum*. Esses conhecimentos teriam sido transferidos para os pedreiros medievais que construíram as igrejas góticas. Por isso a antiga Maçonaria, dita Operativa, era chamada de Arte Real, a arte com ciência, pois era uma manufatura feita com espírito religioso. Pois ali, ao construir a morada de Deus na terra, o arquiteto (Mestre) e o pedreiro (o Companheiro) estavam também construindo a si mesmos, em seus espíritos, mediante a ascese que seu ofício lhe proporcionava.[107]

Havia, portanto, entre o pedreiro livre (o Companheiro), assim chamado, o artesão do maço e cinzel – o verdadeiro maçom operativo – e o pedreiro comum, aquele que desbastava a pedra bruta, ou a assentava, uma grande diferença em termos não só técnicos, mas também sociológico e cultural. Pois enquanto os primeiros eram os *freestone masons* (pedreiros livres), os segundos eram os *rough masons* (simplesmente pedreiros, ou pedreiros rústicos).

Os primeiros eram iniciados, os segundos não. Assim, só os *freestone* detinham um "segredo", que era comunicado por iniciação aos aprendizes por eles escolhidos. Esse segredo era a ciência contida na arte de desenhar e construir os edifícios, arte essa que envolvia não só o conhecimento da geometria, principalmente, mas também a técnica da construção, o conhecimento da ductibilidade e resistência dos materiais, sua combinação, etc. Esse conhecimento está claramente expresso no desenho e na construção das igrejas góticas, em que as ogivas são geometricamente calculadas e construídas em forma de meio círculo,

---

107. *A Grande Tríade*, op. cit.

de maneira que suas cordas formem um triângulo equilateral. Aí estão, envolvidas, a mística e a técnica, unidas para formar um todo harmonioso, que se destina a honrar o Supremo Arquiteto do Universo por meio do espírito laborioso de seus "pedreiros".[108]

A Maçonaria Moderna perdeu a maior parte dos segredos que a antiga Arte Real hospedava. O que hoje remanesce nos ritos e na simbologia evocada nos diversos graus (especialmente do Rito Escocês) são apenas reminiscências de conhecimentos científicos e matemáticos que caíram em desuso com a descoberta de novas técnicas e com o uso da tecnologia moderna de construção. E principalmente pelo abandono do espírito religioso que informava a prática dessa profissão no passado.

Nas antigas corporações de ofício dos companheiros pedreiros, só alcançavam o grau de Mestre aqueles que detivessem algum preparo técnico, expresso principalmente no conhecimento da geometria. Um exemplo nos vem da Loja dos pedreiros de Nuremberg, onde um Companheiro, para atingir a mestria, devia ser capaz de elaborar o plano de uma igreja, segundo o princípio inscrito em um octógono. Deviam assim conhecer as propriedades das figuras geométricas e suas relações fundamentais com o espaço, os planos terrestres e o ambiente, conhecimentos estes necessários a uma construção perfeita. Essa era sua prova, a passagem garantida para sua iniciação entre os Irmãos da Arte Real.[109]

Ideal ascético

Embora o costume de *sacralizar* seu ofício já existisse entre os artesãos da construção na Antiguidade, parece-nos que foi somente na Idade Média que essa tradição evoluiu para uma verdadeira forma de ascese espiritual. Na mística própria dos construtores medievais, a habilidade operativa aliou-se a um ideal especulativo, dando como resultado uma atividade espiritual. Assim, esses profissionais, mais religiosos que técnicos, mais místicos que filósofos, acabaram percebendo que o ofício de construtor, por suas características de integralização de formas, manipulação de símbolos e conhecimentos de geometria e matemática, era uma ocupação que se prestava não só à manutenção de suas necessidades materiais, mas também a uma realização espiritual. Na perfeição da obra, que se alcançava pelo trabalho das mãos, acontecia, concomitantemente, o aperfeiçoamento do espírito, obtido pelo respeito à ética da profissão, o cultivo do simbolismo nela inserido e no exercício das virtudes pessoais que a própria ordenança da corporação à que pertencia dele exigia.

---
108. Jean Palou, *Maçonaria Simbólica e Iniciática*, op. cit.
109. Idem, p. 53.

Especialmente a construção de igrejas, pela mística que nelas se imprimia, era o tipo de construção mais apropriado para produzir nos antigos maçons uma sensação de mágica transcendência. Era uma ação operativa pela qual fluía a própria inteligência divina. Na construção daqueles edifícios monumentais, os "obreiros do Bom Deus" pensavam repetir o trabalho da própria divindade a quem reverenciavam, na construção do Universo físico. Pois ali estavam as formas geométricas e as leis físicas com as quais o Supremo Arquiteto do Universo construía o edifício universal. Em construir a morada de Deus na terra, os "mestres pedreiros" estavam apenas imitando seu Mestre Supremo na construção do Universo.

Destarte, a catedral medieval não era apenas o local onde os homens podiam sentir-se em comunhão com Deus. Ela representava um simulacro do Universo divino, onde todas as manifestações da existência humana podiam encontrar o devido encaminhamento. A mística poesia do alquimista Fulcanelli pode ser invocada para mostrar como funcionava essa síntese do espírito do homem medieval: "*Santuário da Tradição, da Ciência e da Arte, a catedral gótica não deve ser olhada como uma obra unicamente dedicada ao Cristianismo, mas antes como uma vasta coordenação de ideias, de tendências, de fé populares, um todo perfeito ao qual nos podemos referir sem receio desde que se trate de penetrar o pensamento dos ancestrais, seja qual for o domínio: religioso, laico, filosófico ou social*", escreve esse misterioso autor, denotando a densidade espiritual que se condensava nesse edifício, onde todas as manifestações da vida medieval encontravam livre curso. "*Se há quem entre no edifício para assistir aos ofícios divinos*", prossegue, "*se há quem penetre nele acompanhando cortejos fúnebres ou os alegres cortejos das festas anunciadas pelo repicar dos sinos, também há quem se reúna dentro delas em outras circunstâncias. Realizam-se assembleias políticas sob a presidência do bispo; discute-se o preço do trigo ou do gado; os mercadores de pano discutem aí a cotação de seus produtos; acorre-se a esse lugar para pedir reconforto, solicitar conselho, implorar perdão. E não há corporação que não faça benzer lá a obra-prima de seu novo companheiro e que não se reúna uma vez por ano sob a proteção do santo padroeiro.*"[110]

Na catedral medieval, portanto, o maçom operativo esperava realizar sua ascese espiritual na operacionalização de seu ofício. Era a prática alimentando a teoria e no processo normal que alimenta toda aprendizagem humana, a especulação, em um processo de *feedback*, informando

---
110. *O Mistério das Catedrais*, Lisboa, Esfinge, 1968.

a prática. Foi essa vertente espiritualista que serviu à Maçonaria Moderna, quando, por força da própria evolução histórica a que todas as conquistas do espírito estão sujeitas, a mística ciência de nossos Irmãos especulativos foi substituída pelas técnicas modernas de construção, laicizadas e transformadas em conhecimento profano.

Nave central da catedral de Tours – França. Foto: Enciclopédia Barsa.

O legado dos operativos

Parece-nos evidente que a Maçonaria Moderna emprestou dos antigos pedreiros medievais muito mais que o espírito. Emprestou também os ritos, as ordenanças, alguns costumes e até algumas tradições na forma de se vestir e, principalmente, muitos elementos de linguagem. A par disso, a característica de corporativismo que as antigas sociedades de Companheiros e Mestres construtores mantinham também sobreviveu na Maçonaria Moderna. Esse corporativismo está principalmente no caráter de mutualidade que se observa em muitas Lojas, principalmente do interior, onde a noção de irmandade é levada a sério. E das antigas *crafts* é também a benevolência e o espírito de participação comunitária que ainda informa a conduta de muitos Irmãos que se empenham, ainda hoje, em melhorar a vida da comunidade onde vivem.

Que a Maçonaria, dita Especulativa, não é uma continuação pura e simples das antigas Lojas de Companheiros isso nos parece certo. Não há, nem nos antigos manuscritos da Ordem – conhecidos como Old Charges –, qualquer menção que indique que os intelectuais "clubes de cavalheiros" que usurparam o título de maçons a partir do fim do século XVI e início do século XVII tivessem alguma relação com os artesãos que antes deles ostentaram esse título.

Por certo que a cultura maçônica encontrada nas Lojas Modernas tomou por "empréstimo" uma série de práticas dos Irmãos operativos. Nessas práticas estão a questão da iniciação, os símbolos, os rituais, o sistema de graus e até o modo de se vestir, tendo no avental uma clara reminiscência simbólica dessa origem profissional da Maçonaria.

Outra coisa que nos parece certa também é que a Maçonaria Moderna não tem nada a ver com a Igreja Católica, como a antiga certamente tinha. Aceitos pela Igreja, apesar de suas práticas ditas "secretas" serem constantemente condenadas pelo clero, as Lojas medievais poucas vezes foram incomodadas, o que não aconteceu com os Irmãos especulativos, que desde logo atraíram a desconfiança e intolerância da Igreja. O motivo parece estar no fato de que a Maçonaria Moderna tem sido elencada entre os "reformistas" religiosos, ou seja, uma organização simpática aos grupos protestantes, enquanto a Maçonaria Operativa, apesar de seus rituais ditos "secretos" nem sempre merecerem a simpatia do clero católico, essas práticas eram tidas mais como corporativas do que como religiosas. De qualquer modo, à vista dos antigos documentos, parece-nos patente que os Irmãos operativos não tinham qualquer conflito mais sério com a Igreja Católica, e que esta hospedava fórmulas mais ou menos similares às irmandades de companheiros para realizar ações na área da educação e da filantropia. Como exemplo, podemos citar a Irmandade de São José do Carmo, em Ouro Preto, onde o Aleijadinho foi juiz, cargo comparável ao de Venerável Mestre em uma Loja Maçônica. Essa irmandade se dedicava ao ensino das artes e ofícios, especialmente as que se ocupavam da construção civil. Assim, pode-se dizer que o Aleijadinho não era maçom iniciado em uma Loja regular, mas certamente maçom operativo ele foi.[111]

A razão de os maçons modernos adotarem a estrutura e a organização das antigas guildas dos companheiros pedreiros é uma questão que dificilmente será esclarecida a contento um dia. Mas pode-se especular que isso tenha ocorrido em decorrência do momento histórico que se

---

111. Rodrigo José Ferreira Bretas, *Traços Biográficos do (...) Aleijadinho*. Patrimônio Histórico e Artístico Nacional, nº 15, Rio de Janeiro, 1951.

estava vivendo na época em que a Maçonaria Especulativa começou a ser organizada. A Reforma Protestante estava em pleno curso e a Igreja Católica atacava com a Contrarreforma. Os conflitos armados varriam a Europa toda, e no campo da espiritualidade essa disputa também era intensa. A Igreja contra-atacava com a fundação de organizações como a Companhia de Jesus, por exemplo, enquanto os protestantes ampliavam seu campo de atuação com diversas denominações.[112]

Nesse espectro surgem os grupos de ação intelectual e operacional – protestantes ou católicos – que tinham em mira a defesa de seus ideais, ou meramente seus interesses profanos. Exemplos desses grupos foram a Royal Society de Londres, as Hansas dos comerciantes alemães e flamengos, e o Colégio de Arquitetos de Florença, que alguns autores têm como verdadeiro antecessor da Maçonaria Moderna.

É possível também que as regras e normas que regiam a vida dos antigos Companheiros pedreiros membros de uma *craft* fossem as mais adequadas às necessidades e objetivos dos novos maçons. Por isso a estrutura dessas sociedades foi escolhida. Ali estava uma organização que possuía uma linguagem própria, uma cultura que se transmitia por iniciação, uma mística que se pretendia "espiritual" e a característica própria de toda sociedade corporativista.

E havia a questão do segredo, que é própria de todos os grupos que desenvolvem algum conhecimento corporativo. Ainda hoje se fala no segredo dos relojoeiros suíços, nos segredos da fabricação dos cristais da Boêmia, nos segredos da fabricação dos tapetes persas, na fórmula secreta da fabricação da Coca-Cola, por não falar nos segredos da física atômica, da engenharia genética e outros nichos da ciência mais avançada, que só são compartilhados por grupos "especiais" de técnicos, que se assemelham aos antigos Irmãos Companheiros da guildas dos pedreiros. Tudo isso deve ter atraído os novos maçons, cuja prática hospedava todas essas características e necessitava utilizar esses elementos de mimetismo social para sua proteção.

O que vemos na prática maçônica moderna é uma pálida imitação dessa tradição. Aqui, novamente, um recurso à analogia nos permite dizer que o "segredo" da Maçonaria Moderna nasceu da necessidade de os Irmãos manterem restritos aos membros da Ordem os assuntos que eram tratados nas Lojas, pois se vivia em um ambiente de intolerância e repressão, onde a mais simples indiscrição podia custar a prisão e a tortura nas masmorras da Inquisição e até mesmo a morte.

---

112. Batistas, pentecostais, luteranos, presbiterianos, etc. são algumas dessas denominações.

As guildas dos pedreiros livres

As antigas guildas conseguiram desenvolver *status* de verdadeiros Estados dentro dos reinos medievais, que não tinham, é verdade, a estrutura dos Estados modernos. Com seus próprios estatutos, organização, ritos e costumes, essas organizações, não raras vezes, entravam em choque com o poder secular. Basta ler um antigo documento maçom, como o Régius, por exemplo, ou o Manuscrito de York, para ter uma ideia de como a ordenação corporativa dessas sociedades regulava a vida de seus membros, acima até das esparsas leis emanadas pelos aparelhos estatais. Aliás, muito mais que as autoridades seculares e os tribunais civis, era a Igreja que regulava a vida medieval com muito maior autoridade. Assim, era natural que as guildas medievais estivessem sob a constante vigilância das autoridades e da Igreja. Esta, principalmente, nunca se conformou com o fato de que certas agremiações (como os *free-masons*) tivessem tanta liberdade para compor "segredos" particulares e criar suas próprias ordenações e ritos, coisas que, segundo se acreditava, somente a Igreja poderia fazer. Exemplo dessa intolerância foram as diversas bulas papais emitidas contra as guildas dos pedreiros livres, condenando especialmente o caráter "secreto" de suas reuniões e o caráter iniciático que se dava aos seus ritos e normas.

Por outro lado, fazer parte de uma guilda era essencial para um profissional na Idade Média. Sem essa condição era difícil para qualquer pessoa aprender um ofício, e ainda que o fizesse por outros meios que não as corporações de ofício, o profissional não conseguiria exercê-lo livremente.

Pertencer a uma guilda, portanto, era símbolo de *status*, porque ser *craft* ou *fellow* significava, ao mesmo tempo, ser livre. Essa era outra tradição que deve ter seduzido os maçons especulativos quando eles começaram a fundar suas próprias Lojas, pois o que caracterizava esses grupos era a presença de homens livres, cujo pensamento, formado na filosofia liberal do Iluminismo, ansiava pelo estabelecimento de uma nova ordem mundial onde a liberdade, a igualdade e a fraternidade imperassem.

Os segredos dos maçons

A antiga Loja dos companheiros era uma casa, ou um lugar fechado onde os trabalhadores da obra se reuniam para discutir questões concernentes ao seu ofício e outros problemas de interesse da corporação. Tudo que dizia respeito aos assuntos corporativos da guilda eram "secretos", por isso os locais de reunião se apresentavam fechados, sempre "cobertos" por membros armados da associação, para evitar a presença de intrusos.

Não se nega aqui a existência, entre os Irmãos operativos, de "segredos" que poderíamos chamar de arcanos, como certas concepções místicas, oriundas principalmente da filosofia gnóstica, que algumas seitas medievais, como os cátaros e os templários, cultivaram. Mas, no geral, o "segredo" dos Irmãos companheiros estava principalmente no conhecimento da ciência do seu ofício e nas regras de comportamento que deviam ser adotadas pelos membros da corporação e nos costumes e na linguagem que usavam para se comunicar e se identificar entre si.

Assim, em princípio, a Loja era a reunião dos membros de uma *craft*, em um local fechado, que podia ser uma casa, uma cabana, uma sala, onde seus assuntos pudessem ser discutidos ao abrigo dos olhos profanos. A transcendência que o termo ganhou na fase especulativa da Maçonaria fica por conta da sutileza de pensamento de alguns autores, como René Guenón, por exemplo, que via na Loja dos maçons operativos um "símbolo do Cosmos", iluminado pela manifestação do pensamento dos Irmãos reunidos em egrégora.[113]

Como bem mostra Pierre du Colombier, a moderna Loja Maçônica adotou a grande maioria dos ritos e costumes dos maçons operativos, transpondo-os para seus rituais. Abertura com uma oração, extraída de um livro sagrado (no Ocidente a Bíblia), a linguagem de palavras, sinais e toques, a rígida ritualística que deve ser obedecida nas seções, a forma protocolar de encaminhar os assuntos, o vestuário, enfim, todos esses elementos que hoje encontramos nas Lojas Maçônicas são inspirados na liturgia praticada por esses antigos Irmãos. E todos eram derivados de regras práticas que deviam ser observadas por eles, como mostra o Regulamento da Loja de York, datado de 1370, onde se dispõe que *"nenhum pedreiro será recebido para o trabalho na referida igreja antes de ser examinado por uma semana ou mais sobre seu trabalho, em termos de qualidade e suficiência, de ser recebido por comum assentimento do Mestre e dos supervisores da obra e do mestre pedreiro, e jurar sobre a Bíblia que pretende ativa e sinceramente, dentro de suas possibilidades, sem embuste ou dissimulações, manter e observar todos os pontos dessa lei"*.[114]

Assim, o que se faz hoje nas Lojas Simbólicas, nos ritos de iniciação e passagem dos graus, nada mais são que emulações dessas an-

---

113. Imagem que evoca a manifestação divina que deu origem ao Universo.
114. Jean Palou, *Maçonaria Simbólica e Iniciática*, op cit., p. 73.

tigas práticas operativas dos Irmãos pedreiros. O mesmo documento da Loja de York, acima citado, faz menção aos instrumentos e indumentárias que os novos membros recebiam por ocasião de seu ingresso na corporação. Fala também das "luvas" que deveriam ser pagas aos Irmãos pelo iniciado e do banquete que ele deveria fornecer para o grupo no dia de sua iniciação. Os Irmãos certamente reconhecerão na Maçonaria Moderna hoje praticada os ecos dessa tradição longínqua, repetidos de forma simbólica muitas vezes, mas com conteúdos não menos significativos.

Capítulo XVI

A Transição

*O pensamento gnóstico — O Cristo gnóstico — O Cristianismo místico —
As fraternidades gnósticas — Um casamento por amor — Do operativo para
o especulativo*

O pensamento gnóstico

Quando os teólogos da Igreja Romana transformaram o Cristianismo em uma ideologia de massa e vincularam-na à política do Império Romano como religião oficial, a maravilhosa doutrina do Mestre de Nazaré deixou de ser uma verdadeira ponte entre o sagrado e profano para se transformar em mais um instrumento ideológico. E assim também aconteceu com o Islamismo, o Judaísmo, o Bramanismo e todas as demais religiões que foram apropriadas pelos governantes e utilizadas como instrumento político de educação e controle das massas.

Nesse sentido, Jesus também deixou de ser o Cristo, aquele que religaria as almas humanas com o Céu, para se tornar apenas mais um difusor de ideologias. O Jesus do Cristianismo oficial transformou-se em mais um filósofo, contestável e doutrinariamente insatisfatório para os espíritos que buscavam uma realidade divina, original e descontaminada das impurezas das ideologias políticas e raciais, que estão no cerne de todas as religiões.

Assim pensavam os gnósticos e por isso floresceram as teses defendidas por essa escola, como tentativas de recuperar aquele Cristianismo messiânico e mágico que as primeiras comunidades cristãs professaram e que fez a força do novo credo. Surgiram então as diversas teses que procuravam explicar o Universo por meio das mais estranhas e bizarras concepções. Foi assim que nasceu o conjunto de doutrinas místicas que se convencionou chamar de gnose.

A ideia era a de que os filósofos podem ser contestados, os deuses não. A Igreja transformara a mensagem divina, trazida por Jesus, em uma filosofia de vida acomodatícia e materialista, fundamentada em uma doutrina vazia de conteúdo espiritual, cujo único propósito era garantir o poder temporal para os governos que a adotassem e o poder espiritual para os membros de seu clero. Os cristãos, nos primeiros séculos do Cristianismo e principalmente depois que se tornou a religião oficial do Império Romano, eram duplamente escravos, pensavam os gnósticos, pois na vida profana eram subjugados pelo Estado romano e na vida espiritual serviam a um clero corrupto, arrogante e ganancioso.

Foi contra a massificação da mensagem de Jesus, sua politização e transformação em instrumento do poder secular que as correntes gnósticas de pensamento se insurgiram. Os gnósticos cristãos do primeiro século queriam preservar a pureza do *conhecimento iniciático* contido na mensagem cristã. Não acreditavam em nenhuma verdade revelada por um Deus particular e preconceituoso, como lhes parecia ser o Deus do Velho Testamento. A verdade, segundo a sensibilidade que os dominava, estava na própria criação que o *verdadeiro* Deus espalhara sobre o Universo e não na mensagem de uma Igreja, ou de um grupo em particular.

Destarte, se o Deus do Velho Testamento era assim tão contestável, aquele que essa Igreja anunciava como sendo filho dele não o seria menos, diziam algumas seitas gnósticas. Por isso era preciso desvincular a doutrina de Jesus do Judaísmo tradicional e apresentá-lo sob uma ótica nova.

Dessa forma, o Cristo judeu fundiu-se com as divindades solares das antigas religiões, especialmente egípcia e persa, e daí nasceu um novo Deus, palatável para gregos e romanos que relutavam em abandonar suas antigas deidades para adorar o filho de um carpinteiro que eles mesmos haviam crucificado. Foi assim que o Cristianismo venceu em Roma e se tornou o credo oficial.

O Cristo gnóstico

Embora a Igreja de Roma jamais tenha reconhecido esse fato, é preciso dizer que o Gnosticismo contribuiu bastante para essa vitória. Não foram os ensinamentos dos apóstolos originais de Jesus que deram sedimentação ao credo que se instalou em Roma, mas sim a doutrina de Paulo de Tarso, enxertada pelas teses gnósticas, o verdadeiro alicerce da nova crença adotada pelos romanos. O Cristo de Paulo não é mesmo dos apóstolos que conviveram com Jesus. Estes acreditavam que Jesus era o Messias judeu e tinha vindo para cumprir as profecias antigas, de restabelecimento do reino de Israel. Paulo transformou Jesus no Cristhos universal, salvador da humanidade e não apenas de Israel.

Esse conflito doutrinário transparece claramente nas crônicas dos Atos dos Apóstolos e nas Cartas Paulinas. O Cristo dos apóstolos não é um "deus", no sentido que lhe deu Paulo e os gnósticos, mas sim um profeta maior, no mesmo nível de Moisés ou Elias, ou o Maomé dos muçulmanos, *filhos de homens* que foram escolhidos por Deus para realizar uma missão na terra. E ainda que acreditassem que ele era, de fato, o emblemático Messias, uma espécie de semideus ansiosamente aguardado pelo povo de Israel para redimir sua nação, jamais se cogitou, entre eles, de atribuir ao seu líder o *status* de uma verdadeira divindade, no mesmo nível de Jeová, o Deus único e universal.

Aliás, para os judeus, a ideia de que Jeová tivesse um filho, de posição hierárquica igual à dele no panteão divino, era uma verdadeira blasfêmia, uma heresia que só podia mesmo ser punida com a morte. Foi essa a principal razão que levou Jesus à cruz, aliada à questão política, que pesou muito na balança, quando se aventou a possibilidade de que Jesus pudesse ser, realmente, o propalado Messias das profecias.

Assim, não passava pela cabeça dos discípulos de Jesus fazer dele um Deus, com estatura paritária ao próprio Jeová, pois este era o Deus universal e único. Uma ideia dessas jamais seria aceitável no Universo judeu, e a simples menção dessa possibilidade já constituía blasfêmia das grossas, crime capital, punível com a pena de morte.

Mas essa hierarquia existia no Mitraísmo, pois, como vimos, os discípulos de Mitra fizeram dele uma divindade com posição semelhante à da divindade suprema, Ahura Mazda.

A condição divina de Cristo, encarnado em Jesus, começa a aparecer na obra de Paulo de Tarso e encontra seu maior defensor no gnóstico João, autor do Quarto Evangelho. E a partir daí essa ideia extrapolou para fronteiras que até Paulo e João jamais imaginariam.

O Cristo Gnóstico – Arte Medieval Bizantina – *O Mundo da Arte* – vol. 4

O Cristianismo místico

Na verdade, o Cristo judeu só foi aceito pelas elites do Império Romano porque ele se identificava com Mitra, a divindade de maior prestígio entre os romanos na época em que Constantino elegeu o Cristianismo como religião oficial do Império. Essa foi uma jogada de mestre do imperador, que adiou por mais de cem anos a queda do Império Romano no Ocidente e forneceu as bases sobre as quais o Império Romano do Oriente sobreviveria por mais um milênio. A religião mitraica, como vimos, era profundamente mística e agasalhava muitas teses semelhantes àquelas que os gnósticos professavam.[115]

Da mesma forma que os sacerdotes egípcios e os mestres das religiões orientais, os gnósticos pensavam que o conhecimento do mundo divino só podia ser atingido por meio de uma adequada iniciação, na qual a prática ritualística pudesse ser combinada com fórmulas apropriadas de meditação e invocação da divindade.

Acreditando que a popularização de um conhecimento que só podia ser obtido pela prática iniciática acabava por abastardá-lo, os gnósticos formavam pequenos grupos sectários, e no mais das vezes transmitiam sua doutrina por via oral e quase sempre por meio de símbolos e alegorias. Nisso imitavam as antigas sociedades iniciáticas do Oriente e essa

---

115. Mitra era o deus preferido das legiões romanas. A esse respeito ver o capítulo X desta obra.

tradição foi transmitida para os hermetistas, que depois deles fundaram várias seitas iniciáticas para sua conservação e transmissão.[116]

Os gnósticos não devem ser confundidos com mágicos ou divulgadores de heresias religiosas, embora em suas práticas apelassem constantemente para o pensamento mágico. Seus temas são naturalmente religiosos e não poderiam deixar de ser, dada a própria cultura na qual estavam inseridos. Constituíam, na verdade, grupos de livres-pensadores que recusavam qualquer dogma e deduziam seus conhecimentos das grandes leis da Natureza. Cultuavam o saber pelo saber, sem temores escatológicos. Pretendiam criar uma ciência do divino, uma *teologia mística,* cujo objetivo era a descoberta dos caminhos para a salvação do homem pelo conhecimento, em oposição ao caminho da Igreja, que era o da fé, absoluta e incontestável, nas interpretações de seus doutores.

A base da filosofia gnóstica era uma visão unificada do Universo, onde tudo estava contido em tudo, o que estava em cima era igual ao que estava embaixo, o que estava dentro igual ao que estava fora. Essa era, segundo acreditavam, a primitiva composição do Universo e a ela a sociedade dos homens, como um todo, e o espírito humano, como indivíduo, deviam aspirar.

A função do iniciado – o verdadeiro religioso – passava a ser a descoberta dessas realidades para unificá-las em seu espírito, atingindo assim a definitiva iluminação que constituía, na verdade, a única salvação que o homem poderia almejar. Essa noção teve nos chamados filósofos neoplatônicos seus mais ferrenhos defensores, mas também encantou os pitagóricos, que nela incorporaram a sutileza de suas concepções matemáticas e geométricas a respeito da estrutura do Universo e da atuação das forças divinas em sua formação. É claro que vários doutrinadores eclesiásticos aproveitaram essas ideias para justificarem suas concepções acerca da natureza de Cristo e da proposta escatológica do Cristianismo para a humanidade. Daí encontrarmos várias seitas dentro da própria Igreja Católica desenvolvendo doutrinas que agasalhavam as mais estranhas concepções religiosas. Eram tantas e tão bizarras que a Igreja de Roma as censurou, colocando a maioria delas na conta das heresias.[117]

---

116. As chamadas seitas gnósticas, que na sua grande maioria tinham o caráter de verdadeiras fraternidades.
117. Ver Sarane Alexandrian, *História da Filosofia Oculta*, citado.

As fraternidades gnósticas

Os gnósticos dos primeiros séculos formavam comunidades calcadas na interação mestre-aprendiz, acreditando que tal prática gerava a energia necessária para alimentar a chama sagrada do conhecimento do divino (*gnosis*). O conhecimento só podia ser transmitido por iniciação e não por um processo de memorização e dedução. A sabedoria se obtinha por iluminação e não pelo aprendizado acadêmico.

Em função disso, os gnósticos desprezavam o clero secular, que pensava preservar e desenvolver o conhecimento copiando e imitando as obras antigas. Considerando como "ovelhas perdidas" os membros do clero regular, que para eles eram meros padres, enquanto eles se consideravam "monges", os gnósticos formaram comunidades iniciáticas que se resguardavam do apelo popular e realizavam interação somente entre os membros iniciados. Nisso integravam a tradição dos Antigos Mistérios, profundamente hostil à popularização dos assuntos sagrados, com o momento em que viviam, em que a mensagem trazida por Jesus ganhava as ruas e se transformava em ideologia de massas.

Essa mesma fórmula viria a ser utilizada mais tarde pelos Cavaleiros Templários, o que, de certa forma, contribuiu para o afastamento deles da Igreja Romana. É possível que a transformação dessa ordem em sociedade iniciática tenha sido um dos principais motivos de sua condenação. Afinal, a maioria das acusações feitas a eles envolvia teses gnósticas que a Igreja havia repelido e condenado antes como heresias. Abstraindo os motivos políticos e econômicos, que pesaram bastante na balança quando da extinção da Ordem do Templo e da prisão de seus membros, pode-se dizer que os Templários foram condenados e tiveram sua organização extinta justamente por agasalhar entre suas práticas algumas ideias consideradas heréticas. Situam-se entre essas práticas o culto à deusa Ísis (a lua crescente), o culto ao ídolo Baphomet, à serpente Ouroboros, seus rituais de iniciação e de elevação, que eram claras reminiscências de antigos rituais de fertilidade. Embora o processo movido pela Igreja contra a Ordem dos Templários tenha sido publicado e nele se revele a face francamente herética (na visão católica) dessa irmandade, o fato é que o verdadeiro caráter de seus rituais e a natureza de sua filosofia nunca foi de fato revelada, permanecendo, até hoje, um verdadeiro mistério. Mas o que parece indiscutível é que os Cavaleiros do Templo podem ser classificados como verdadeiros gnósticos, tal como seriam seus suscedâneos mais próximos, os cátaros.[118]

---

118. Sobre os Cavaleiros Templários e sua relação com a Maçonaria veja-se nossa obra

De qualquer forma, em tudo que se refere à Maçonaria, essas informações são de extrema importância quando se trata de conhecer sua origem e entender sua filosofia. Ela contém raízes muito profundas na gnose cristã. E embora a gnose, como sistema de pensamento, tenha sobrevivido à atividade predadora que contra ela a Igreja tem praticado ao longo dos séculos, foi por meio da prática maçônica que ela ganhou corpo entre a elite intelectual que se formou após o período cultural conhecido como Renascença. Por intermédio da Maçonaria a humanidade conservou também a tradição iniciática da *frátria* e a noção altamente espiritualizada da utopia e da egrégora. Assim, o pensamento mágico dos gnósticos e a noção corporativista dos antigos clãs se uniram para dar sedimento à estrutura filosófica da Arte Real.

É, pois, nesses arquétipos – a noção de um mundo mágico e harmônico que já existiu um dia (a utopia), e na crença de que o pensamento humano pode alcançá-lo por meio do estudo e da prática virtuosa (o pensamento mágico) – que a Maçonaria, como disciplina espiritualista, se alicerça. E é para esse fim que ela congrega seus membros em egrégora (A Loja), buscando na realização desse simbolismo o mesmo resultado que as antigas corporações iniciáticas obtinham em suas práticas rituais.

Um casamento por amor

Nossa convicção é de que a interação da Maçonaria com a tradição hermética e os ideais da cavalaria é uma herança que já vem do tempo das cruzadas. Na Terra Santa foram ensaiadas as primeiras tentativas de se criar um rito simbólico que pudesse integrar as tradições dessas três grandes vertentes da cultura medieval. Afinal, cavaleiros, mestres construtores e filósofos adeptos do pensamento gnóstico e da alquimia conviviam na Terra Santa e em diversos territórios da Europa e do Oriente Médio. E de alguma forma, o fundamento de suas filosofias, o cerne de suas esperanças e o objetivo de suas práticas eram os mesmos.

Com o que sonhavam, por exemplo, os Cavaleiros Templários, senão com a instituição de um reino universal cristão, onde os homens fossem governados pelas virtudes exigidas de um cavaleiro? Não teria sido, certamente, com esse objetivo, que a Ordem do Templo tenha se desenvolvido e se tornado uma potência econômica, política e militar tão poderosa que, em certo momento, tenha preocupado os potentados da época e seu próprio patrono, o papa?

Mestres do Universo já citada. Sobre os cátaros e a influência da Gnose na doutrina agasalhada pela tradição maçônica, veja-se nosso trabalho *Conhecendo a Arte Real*, publicado pela Madras Editora, São Paulo, 2007.

E qual era o sonho hermético? Não era simplesmente, como se supõe, o de descobrir, pela manipulação química dos minerais, o segredo da fabricação de metais preciosos. O objetivo dos alquimistas, na verdade, era o mesmo dos filósofos gnósticos, ou seja, o de obter um conhecimento, uma *gnosis*, por meio do estudo da Natureza e de seus processos de transmutação dos minerais.

Dessa forma, acreditavam os hermetistas (tanto alquimistas como filósofos gnósticos), que o próprio iniciado poderia realizar uma transmutação espiritual capaz de dotá-lo de uma consciência superior. E isso se realizaria pela *Gnose* (iluminação pelo conhecimento) e não pela fé, como sustentava a crença da Igreja oficial.

Por outro lado, sabe-se que determinados ofícios, como o de construtor, eram sacralizados. Por meio da profissão o praticante pensava poder aperfeiçoar seu espírito, quer dizer, à medida que sua obra evoluísse, à medida que ela se tornasse perfeita, ele também se aperfeiçoava interiormente, porque a obra material nada mais era que o reflexo de seu espírito.

Por isso é que os segredos de sua arte eram transmitidos, não de forma acadêmica ou simplesmente empírica, como nas disciplinas e práticas profissionais laicas, mas sim de forma iniciática. Os maçons medievais (pedreiros livres), desde épocas imemoriais, sempre guardaram ciosamente os segredos da profissão, só os transmitindo por iniciação. Dessa forma, os Irmãos operativos, que guardavam os segredos da profissão e somente os transmitiam aos seus aprendizes, e os alquimistas, solitários pesquisadores dos segredos da Natureza, que viviam reclusos em seus laboratórios, e os amantes da filosofia oculta eram praticamente sócios da mesma esperança cultural. Daí que o casamento entre essas três vertentes da cultural medieval – Maçonaria, Gnose e Hermetismo – foi uma união natural e necessária. Foi um casamento por amor e por interesse mútuo.

Do operativo para o especulativo

Partidários de um mesmo segredo e de um método semelhante para a transmissão dos conhecimentos obtidos em suas práticas, não é estranho que em certo momento histórico pedreiros e arquitetos profissionais e intelectuais amantes do pensamento mágico acabassem se fundindo e se tornando uma única cultura.

Evidentemente tudo isso era visto com muita desconfiança pela Igreja medieval. Em 1314, a Ordem dos Templários tinha sido extinta pelo papa Clemente IV após um processo no qual seus membros foram acusados, julgados e condenados pela prática de heresia, homossexualismo, magia negra e outros crimes. Quanto aos alquimistas e os cultores da gnose, estes nunca foram vistos com bons olhos pela Igreja. Um bom número de praticantes dessa *Arte*, bem como cultores dessa filosofia, foi parar nas masmorras, e não poucos pagaram com suas vidas por ousarem praticar crenças diferentes daquelas que a Igreja medieval patrocinava.

Mas as corporações de obreiros da construção eram toleradas e até protegidas pela Igreja e pelas autoridades seculares. Os mestres construtores gozavam de alta reputação na sociedade medieval e não sem razão; afinal, eram eles que erguiam as grandes catedrais, os castelos fortificados, os suntuosos edifícios públicos e os palácios reais. Era do maior interesse, portanto, tolerar os profissionais da construção e os artesãos que as ornamentavam, mesmo com suas ideias esotéricas e suas práticas corporativas.

Junto aos canteiros de obras se formavam as Lojas dos maçons operativos, onde, a par dos assuntos profanos referentes aos interesses da classe, também se faziam as iniciações, as elevações de grau, a comunicação, sempre *iniciática,* dos segredos da profissão aos iniciantes aprendizes e a elevação dos novos Mestres.

Com a interação entre pedreiros livres, cavaleiros e cultores da tradição hermética, começaram a surgir junto às Lojas Operativas grupos de estudo que se ocupavam não somente dos segredos da profissão de construtor, mas também de discutir outros pontos da cultura da época. Desde as ideias gnósticas sobre religião, até as teses sobre políticas de desenvolvimento econômico e social e campanhas militares, esses grupos começaram a atrair a atenção dos "espíritos de classe", no dizer de Pawels e Bergier, dando nascimento a novos centros de cultura e saber.

Esses grupos formaram os núcleos iniciais da chamada Maçonaria Especulativa. Sua função era a especulação pura e simples, mas dessa prática sempre se extraíam ações que repercutiam no mundo exterior.[119]

Sabe-se que as bases da chamada Renascença e da Reforma religiosa foram lançadas bem antes do século XVI, quando esses movimentos efetivamente explodiram. Já nos séculos XIII, XIV e XV, em regiões como o Languedoc francês, em Flandres, nos Países Baixos, em alguns reinos alemães e principalmente no norte da Itália, uma antecipação da época moderna já vinha ocorrendo, com a consolidação das monarquias nacionais e o fim da Guerra dos Cem Anos.

---

119. *O Despertar dos Mágicos*, op. cit., p. 123. Entre esses "círculos do saber" situa-se a famosa Royal Society inglesa, clube de intelectuais e cientistas fundado em Londres em 1660. Entre os fundadores encontram-se vários nomes ligados à ciência e ao esoterismo, entre eles Robert Boyle e *sir* Isaac Newton. Christopher Wren, o famoso arquiteto, também faz parte dessa lista.

Os efeitos da Guerra dos Cem Anos foram diversos, como reconhece a maioria dos historiadores. Um desses efeitos foi a noção de unidade nacional desenvolvida principalmente pelos ingleses e franceses, que os ajudou a consolidar a ideia de Estado nacional em oposição ao regime feudal, atomizado e dividido politicamente. Após o término da Guerra dos Cem Anos, o feudalismo foi praticamente extinto na Inglaterra em consequência da Guerra das Duas Rosas, da qual emergiu a dinastia dos Tudor. Na Alemanha e na Itália o regime feudal se extinguiu no século XV, mas em consequência da estrutura política desses países, divididos entre Estados governados por príncipes e repúblicas fortemente armadas, e também muitos Estados pontifícios, sob a influência direta do papa, não se conseguiu, como na França, Inglaterra, Espanha e Portugal, organizar de pronto as monarquias nacionais. Em consequência, a Alemanha e a Itália só viriam a conhecer uma definitiva unificação política no século XIX.[120]

O comércio e a indústria floresceram em função das cruzadas. O contato com a civilização árabe e bizantina trouxe para a Europa novas ideias e uma cultura até então desconhecida começou a ser implantada nos territórios onde a influência da Igreja não era monolítica. Poderosas corporações de ofício foram fundadas pelos profissionais de cada profissão nas cidades mais populosas. Essas corporações, como as hansas dos mercadores de Flandes, Alemanha e França, acabaram se tornando núcleos de grandes nações. A Suíça e a Holanda são exemplos de países formados por associações de comerciantes.

As corporações de ofício não se pareciam, como comumente se pensa, com os modernos sindicatos. Na verdade, seus objetivos eram mais amplos. Constituíam verdadeiras fraternidades que cuidavam não só da vida econômica de seus membros, mas também de sua vida social e religiosa. Desempenhavam papéis equivalentes aos das associações religiosas e faziam também o papel de sociedades beneficentes, companhias de seguros, clubes sociais, partidos políticos, etc.

Dominavam um largo espectro da vida econômica medieval e seu poder e influência eram levados em muita conta pelas autoridades religiosas e seculares. Cada corporação tinha seus próprios estatutos e regras, bem como seu santo padroeiro. As famosas Old Charges (Os Velhos Deveres), que comumente se invoca como sendo um estatuto da Maçonaria Operativa, nada mais são que regras prescritas para os membros das corporações de ofício dos construtores ingleses e escoceses. São regras que exigem desses profissionais determinado tipo de com-

---
120. Mac Nail Burns, *História da Civilização Ocidental*, Rio de Janeiro, Globo, 1971.

portamento social, bem como estabelecem certos "deveres", relativos à atitude deles como membros da corporação. Dessa forma, em Estados ainda não organizados, com legislação esparsa e atomizada, muitas vezes de caráter apenas consuetudinário, as regras corporativas acabavam sendo muito mais impositivas de comportamento do que aquelas emanadas das autoridades.

    Desse caldo de cultura sairia, em breve, o pensamento reformador que daria início ao movimento que conhecemos pelo nome de Renascimento.

Capítulo XVII

A Maçonaria Especulativa

*A Renascença — Martinho Lutero e os rosa-cruzes — Os maçons aceitos —
A Constituição de Anderson*

A Renascença

No início do século XVI começa então a abertura cultural denominada Renascença. Assiste-se a uma revalorização do homem a partir dos antigos modelos grego-romano de beleza e competência pessoal. O culto ao humano, eclipsado durante a Idade Média pela valorização do ideal ascético, começa a ganhar os principais centros intelectuais da Europa. A ciência se renova pelo apelo à razão mais do que à fé. Teorias racionais de explicação do Universo contrastam com as velhas ideias admitidas pela Igreja. Explode a Reforma Protestante desencadeada pela rebeldia do frade alemão Martinho Lutero.

No meio disso tudo acontece uma revalorização do pensamento hermético e das teses gnósticas. Filósofos como Giordano Bruno, Thomas Morus, Marcilio Ficcino, Pico de la Mirandola e outros ressuscitam as ideias de utopias políticas e religiões solares, em contraste com a ideia dominante do Catolicismo universal, centrada na filosofia de Aristóteles e no heliocentrismo de Ptolomeu. Outros filósofos e artistas, como Leonardo da Vinci, Erasmo de Roterdã e Nicolau Maquiavel, lançam as bases de uma nova ética e uma nova moral, enquanto cientistas como Galileu Galilei e Copérnico descortinam novos horizontes para a ciência.

Toda essa efervescência cultural logo se faria sentir no território mais sutil dos sentimentos humanos, que é a religião. A corrupção do clero católico e principalmente as motivações políticas e econômicas desencadearam a revolução protestante conhecida como Reforma, mas foi, sem dúvida, a onda de liberdade de pensamento que se espalhou pela Europa durante os anos da Renascença que destruiu o monopólio da Igreja Católica sobre o espírito da sociedade ocidental. Desse caldo de cultura viria a surgir o frade Martinho Lutero para incendiar de vez o pensamento ocidental com as bases de sua Reforma religiosa.

Martinho Lutero e os rosa-cruzes

Martinho Lutero (1483-1546) foi o desencadeador do movimento conhecido como Protestantismo. Não há qualquer informação que ligue a figura do inspirador da Reforma religiosa à Maçonaria, nem qualquer referência que possa sugerir uma interação dele com os maçons operativos. Mas, na altura em que ele dava início ao maior e mais importante cisma que o Cristianismo viria a sofrer em sua história, estes já constituíam um importante fenômeno cultural, difundido por toda a Europa, principalmente na Alemanha, onde ele começou sua pregação.

Em razão da liberdade de consciência e da condição de pedreiros livres que ostentavam, podendo mover-se livremente pelo território europeu sem os incômodos burocráticos a que estavam sujeitos os demais cidadãos, esses profissionais e os intelectuais que eles haviam admitido em suas corporações, devem ter constituído um importante canal para as ideias do frade alemão. Assim, face às ligações já apontadas, que Martinho Lutero mantinha com os círculos místicos da Alemanha, não seria imprudente apontá-lo como simpatizante das ideias daquele grupo precursor que viria dar origem ao movimento Rosa-Cruz, fundado pelo alquimista Joahnnes Valentin Andreas no início do século XVII, cuja influência na Maçonaria foi fundamental para o direcionamento que ela tomou como fenômeno cultural.

No início do século XVII aparecem os Manifestos Rosa-Cruzes. Em outras obras de nossa autoria já tratamos desse curioso fato cultural com mais pormenores.[121] Por enquanto é suficiente dizer que graças às pesquisas de Serge Huttin e Francês Yates sabe-se hoje que a Rosa-Cruz, como instituição, naquela época, jamais existiu. Tratou-se, na verdade, de um grupo de pensadores místicos, predominantemente alemães, que diziam estar de posse de grandes segredos capazes de mudar a face da história da humanidade.[122]

Tais assertivas excitaram, como é óbvio, a imaginação popular e não poucos intelectuais se sentiram atraídos pela "Fraternidade da Rosa-Cruz". Esses pensadores, na verdade, nada mais faziam do que divulgar teses e

---

121. *Conhecendo a Arte Real*, citada.
122. Serge Hutin, *História da Alquimia*, São Paulo, Cultrix, 1987.
Frances Yates, *O Iluminismo Rosa-Cruz*, São Paulo, Cultrix, 1967.

tradições herméticas desenvolvidas por alquimistas e filósofos gnósticos. Seus segredos eram aqueles que os alquimistas diziam ter descoberto em seus "magistérios". Grupos desses "rosacrucianos" faziam parte ativa das Lojas Especulativas alemãs, francesas e inglesas e tinham introduzido nos rituais dessas Lojas símbolos, alegorias, evocações e ensinamentos extraídos da tradição hermética e gnóstica. O termo "rosacruciano" tornou-se sinônimo de livre-pensador. Todo intelectual que não se conformava com a "saia justa" que as autoridades religiosas queriam impor ao pensamento se dizia ou se julgava um "rosacruciano". Voltaire, Isaac Newton, Leonardo da Vinci, Michelangelo, entre outros, eram tidos como "rosacrucianos".

Durante todo o século XVII as Lojas Especulativas da Europa conviveriam com essa verdadeira Babel intelectual que se tornara a prática maçônica. Maçons alquimistas, maçons gnósticos, maçons cavaleiros, cada qual, conforme escreveu H.P. Marcy, *"interpretando à sua vontade as Velhas Constituições (as Old Charges), criando uma profusão de maneiras de fazer uma iniciação, de conduzir uma reunião, de interpretar os símbolos e os ensinamentos maçônicos"*.[123]

Essa diversidade, prossegue o autor, poderia *"destruir a unidade moral que permanecia como único vínculo entre os maçons aceitos. A confusão aumenta todos os dias e a velha instituição ameaça falir sem esperança de recuperação"*.[124]

Em tese, podemos dizer que os Manifestos Rosa-Cruzes foram os correspondentes herméticos da doutrina professada na Maçonaria Especulativa e anteciparam em mais de um século os estatutos da Ordem, porquanto agasalharam em suas propostas a ideia de irmandade que a ordem maçônica mundial iria perseguir em seus objetivos.[125]

Os maçons aceitos

Um sistema de pensamento que fosse tolerante o suficiente para agasalhar todas as vertentes do pensamento religioso e secular não podia se filiar a nenhum credo, nem podia propagar suas ideias pela forma acadêmica regular. Em algum momento, provavelmente no início do século XVII, a tradição hermética entrou nos ritos praticados pelos ma-

---

123. Jean Palou, op. cit., p. 35.
124. Idem, op. cit., p. 48.
125. São vários os trabalhos alquímicos que tratam da filosofia rosa-cruz. Os dois manifestos mais famosos, entretanto, são o "Fama e Fraternitatis" e o "Confessio Fraternitatis", ambos publicados pela primeira vez em 1614 e 1615 respectivamente. Os Manifestos Rosa-Cruzes falam da criação de uma "fraternidade mundial de sábios", congregada para a prática do bem e o desenvolvimento das ciências, objetivo que também faz parte dos postulados da Maçonaria.

ções das Lojas Operativas, transformando-as em Lojas Especulativas. Como isso se deu não é matéria pacífica, mas de forma geral se admite que esse fato aconteceu pela admissão, entre os profissionais da construção, de membros não pertencentes a suas categorias.

Esses eram os chamados "maçons aceitos". Entre eles se encontravam militares, filósofos, intelectuais, professores, membros do clero, comerciantes, etc., pessoas que de alguma forma procuravam um meio seguro de expressar seus pensamentos sem precisar renunciar às suas crenças.

Não há consenso entre os historiadores de quem teria sido o primeiro maçom especulativo, ou seja, a primeira pessoa não pertencente aos quadros profissionais dos pedreiros livres a ser admitida como membro em suas Lojas. O mais antigo registro de uma iniciação desse tipo é o de John Boswell, lorde de Aushinleck, que em 8 de junho de 1600 foi recebido como maçom aceito na Saint Mary's Chapell Lodge (Loja da Capela de Santa Maria), em Edimburgo, na Escócia. Essa Loja teria sido fundada em 1228 no canteiro de obras preparado para a construção da Capela de Santa Maria, naquela cidade, que então era a mais importante da Escócia. Era costume, naquela época, a organização de Lojas entre os pedreiros, pois assim se chamavam às assembleias dos obreiros que se reuniam para discutir sobre os assuntos referentes às obras e à profissão.

Após a iniciação de lorde Bosswel, o processo de aceitação de maçons não profissionais se tornaria comum. Logo se espalharia pelos canteiros de obras da Escócia, Inglaterra, Alemanha, França e outros países, de tal maneira que, ao fim do século XVI, o número de maçons aceitos – então chamados de especulativos – ultrapassou os operativos. Assim, na primeira metade do século XVII, encontram-se registros de várias pessoas importantes na sociedade de seus respectivos países sendo admitidas nas Lojas dos pedreiros livres. Nomes como os de William Wilson, aceito em 1622, Robert Murray, tenente-general do exército escocês, recebido, em 1641, na Loja da Capela de Santa Maria, que se tornou posteriormente Mestre Geral de todas as Lojas do Exército; o coronel Henry Mainwairing, recebido, em 1646, em uma Loja de Warrington, no Lancashire, e o famoso antiquário e alquimista Elias Ashmole, recebido na mesma Loja e no mesmo dia (16 de outubro) que o coronel Henry.

Na área da arquitetura, a essa altura, os maçons operativos já haviam perdido a maior parte de seu prestígio, uma vez que a forma arquitetônica tradicional deles, a gótica, havia caído em desuso, eclipsada pelo modelo neoclássico. Porém, em 2 de setembro de 1666, um grande incêndio irrompeu na cidade de Londres, destruindo mais da metade da cidade – cerca de 40 mil casas e 86 igrejas. Nessa ocasião, os maçons operativos foram chamados para participar do esforço de reconstrução da cidade, sob a direção do renomado mestre arquiteto Cristopher Wren, que foi logo iniciado maçom. Foi no canteiro de construção da igreja de S. Paulo, presidido por ele, que em 1691, foi fundada a Loja São Paulo (em alusão à igreja), conhecida como Loja da taberna "O Ganso e a Grelha", uma das quatro que, em 1717, iria, juntamente com as outras três Lojas londrinas, se unir para a fundação da Grande Loja de Londres. Nasceria dessa fusão a Maçonaria Moderna, em sua forma institucional.[126]

Geralmente se costuma atribuir a Elias Ashmole a introdução do hermetismo na Maçonaria. Esse intelectual inglês, que entrou para a Ordem em 1641, conforme suas próprias anotações, era um notável hermetista especializado em alquimia e estudioso das tradições da cavalaria. É impossível não pensar que um indivíduo com esse perfil não tivesse prestado qualquer contribuição de vulto nesse sentido. Todavia, em 1641, como vimos, as Lojas Maçônicas já praticavam ritos enxertados com a tradição hermética e "aceitavam" pessoas não ligadas ao ofício de construtor. E essa prática já vinha de longa data, a se acreditar nas pesquisas de Jean Palou e Robert Ambelain.[127]

Por outro lado, a primazia de John Bosswel como sendo o primeiro maçom aceito de que se tem notícia tem sido contestada por alguns autores que afirmam que, em uma Loja de Bolonha, Itália, já existia, no século XIII, dez Irmãos admitidos nessa condição. Essa informação estaria contida na chamada Carta de Bolonha, datada de 1248, o que faz desse documento o mais antigo texto maçônico até hoje recenseado.

Efetivamente, a publicação da Carta de Bolonha, presumindo que se trata de um documento verdadeiro, coloca em xeque as teses de que a Maçonaria Especulativa teria origem principalmente nas Ilhas Britânicas, a partir da admissão de lorde Bosswel e outras figuras importantes da sociedade inglesa e escocesa. Esse documento, oriundo de uma Loja Italiana, mostra que a tradição de ordenar como Companheiro maçom profissionais de outras categorias já era usada no século XIII, e não se iniciou no século XVI como usualmente se pensava.[128]

Assim, o que se pode presumir é que Ashmole e seu grupo de hermetistas entraram para a Maçonaria como consequência dessa prática, mas não se constituíram, de forma alguma, em sua causa. É possível que Ashmole tenha de algum modo executado um trabalho de organização, desenvolvimento e propagação dos ritos maçônicos na nova for-

---

126. Jean Palou, *A Maçonaria Simbólica e Iniciática*, op. cit..
127. Idem, p. 78. Robert Ambelain, *A Franco-Maçonaria*, Ibrasa, São Paulo, 1999.
128. Eugênio Bonvicini, *Maçonaria do Rito Escocês*, Ed. Athanor, Roma, 1988.

mulação que as Lojas Especulativas inglesas estavam praticando, desde que nelas se introduziram os cultores da tradição hermética, mas disso, como de resto, não temos provas que confirmem essa assertiva.

A Constituição de Anderson

Foi para pôr um fim a essa confusão que as quatro Grandes Lojas de Londres se fundiram no ano de 1717, dando início à chamada Maçonaria Moderna. Moderna porque a partir desse acontecimento a Ordem Maçônica, que era um conjunto de homens que se reuniam para praticar a arte do livre pensar, ganhou um regulamento, como se o pensamento pudesse ser regulado. M. Lapage, bastante sagaz a respeito, comentou lastimosamente que *"a partir do dia nefasto em que (...) a Maçonaria se deu chefes e regulamentos gerais (...) os maçons rejeitaram a mais bela ideia maçônica, isto é, "o maçom livre na Loja livre"*.[129]

Evidentemente, a tentativa dos maçons londrinos, de pôr ordem na casa (*Ordo ab Chao*), não foi aceita pacificamente no mundo maçônico. Fosse na Alemanha, ou na França, onde as tradições templárias e herméticas tinham deitado raízes profundas nas práticas maçônicas, uma chamada de ordem, feita especialmente por ingleses, só podia mesmo causar repulsa e consternação. Nem os trabalhos de Désaguliers, Ransay, Radcliffe e outros chamados "pais da Maçonaria Moderna" foram suficientes para acalmar os ânimos. Maçonarias Escocesa, Francesa, Alemã, Martinista, de Boillon, etc., eram títulos dados a diferentes ramos que se espalhavam pelas Ilhas Britânicas e pelo continente europeu e americano nos meados do século XVIII, dando origem a uma profusão de rituais, sistemas e filiações que se dividiram em ritos propriamente ditos, como o Rito Escocês Antigo e Aceito, o Rito Escocês Retificado, o Rito Adoniramita, o Rito da Estrita Observância, o Rito de Heredon, o Rito de Mênfis, o Rito de York, o Rito Templário, de Misrain, etc.

Hoje, pacificada a disputa que se estabeleceu entre as diversas confissões maçônicas, disputas que no mais das vezes refletiram os embates políticos que deram origem ao mundo moderno, podemos dizer que essa luta continua, entretanto, no terreno conceitual. Há maçons que propugnam por uma Maçonaria mais atuante nos assuntos políticos e sociais, ora agindo filantropicamente, ora participando de cruzadas políticas em favor desta ou daquela ideia. Há os maçons que veem a Ordem como uma escola de pensamento onde se deve cultivar exclusivamente moral e ética, e há também os que levam a sério a ideia de uma

---

129. Ibidem, p. 50.

Maçonaria Simbólica e iniciática, nos melhores moldes dos especulativos anteriores a 1717.

Para nós o que fica não é a filiação a esta ou aquela linha de pensamento ou ação, mas sim a ideia de que a Maçonaria, como filosofia de vida e exercício espiritual, é um conjunto de arquétipos emuladores de virtude e catalisadores dos mais nobres sentimentos que uma pessoa pode desenvolver. E é nesse sentido que se deve estudá-la e praticá-la. As consequências que daí são extraídas ficam por conta dos objetivos de cada Irmão. O Tesouro Arcano que ela contém pode ser aproveitado por todos os Irmãos, independentemente da concepção que ele faça da Arte Real. O caráter sem mácula (erguer templos à virtude) e a luta contra toda forma de opressão ao espírito humano (cavar masmorras ao vício) são a pedra filosofal a ser encontrada pelo maçom. A via escolhida é opção de cada um.[130]

A rosa de Lutero, símbolo Rosa-Cruz por excelência –
Casa de Lutero-Wittemberg, Alemanha, 1540.

As Constituições de Anderson – Capa da edição de 1723

---

130. Alusão à prática da alquimia, segundo a qual a pedra filosofal pode ser obtida pela via seca ou pela via úmida.

Terceira Parte
A Maçonaria Simbólica

Capítulo XVIII

O Reino da Natureza

Nature naturans — *O Tao: Yin e Yang* — *A versão bíblica* — Ordo ab Chao — *Aplicação na Maçonaria.*

Nature Naturans

A mesma tradição que deu nascimento a esse tipo de sociedade sustenta que em dado momento na história do Universo ocorreu uma ruptura entre as duas estruturas que sustentavam o Universo em seus primórdios – a profana e a sagrada – fazendo delas dois compartimentos estanques. Daí se passou a visualizar o Cosmos como se ele fosse composto por duas partes diversas, incomunicáveis entre si, opostas, contrárias mesmo. A produção universal, fosse matéria ou pensamento, foi considerada como uma resultante da ação e reação entre energias antagônicas. Bem e mal, luz e trevas, verdade e mentira, ação e reação, macho e fêmea, matéria e espírito, deuses e demônios, etc., passaram a ser vistas como forças que atuavam em sentido contrário uma à outra, produzindo as realidades universais.

Nos primórdios da civilização, as pessoas se recordavam dessa ruptura e interpretavam-na como uma "queda", ou a expulsão da espécie humana de um paraíso. Elas tinham a sensibilidade de que um dia a humanidade havia vivido em um mundo diferente, onde não havia conflitos de espécie alguma e toda a criação coabitava em paz e harmonia, obedecendo apenas aos princípios que o Grande Arquiteto do Universo nele pusera para manter e preservar esse *status quo*. Esse era o arquétipo que informava essa noção mais profunda de unidade primordial do Universo.

De maneira geral, todos os povos antigos guardavam memórias desse tempo em que deuses e homens falavam face a face. Essa memória remanesce até os tempos de Moisés, quando Ele recebe do próprio Deus os fundamentos da Lei que deveria ser obedecida por Israel, ou seja, os estatutos de sua *fraternidade* modelar e que por consequência deveria servir de modelo para todos os povos do mundo.

A noção de que os primeiros homens viviam em um paraíso e dele foram expulsos um dia não é exclusiva da tradição judaico-cristã. Ela existe na mitologia de quase todos os povos da Antiguidade e é compartilhada até pelos indígenas da Polinésia e os esquimós da Groenlândia. É, pois, um verdadeiro arquétipo que habita o inconsciente coletivo da humanidade e se manifesta como crença informativa de suas religiões. Essa noção está presente em todos os livros sagrados e nas tradições orais de antigos povos, como os maias, os astecas, os incas e os povos da Polinésia. Até entre os povos do Himalaia são encontrados resquícios dessa tradição.[131]

Para os filósofos da Antiguidade, esses princípios se manifestavam na forma de energias complementares, que interagiam entre si e faziam com que o Universo se apresentasse como uma unidade justa e perfeita, em todos os sentidos. Era o reinado da Mãe Natureza, o *nature naturans*, com seus deuses criados a partir da estreita relação que os homens mantinham com o ambiente. Dessa forma, quando o homem e o meio em que ele vivia comungavam das mesmas propriedades, um tufão podia assumir forma humana, um animal podia falar e uma montanha podia abrir sua boca para engolir os maus e revelar aos bons os tesouros da terra. As lendas antigas estão cheias dessas metáforas e alegorias que dão vida aos elementos naturais e os colocam em estreita interação com os homens. Os contos de fadas, as lendas alquímicas, as histórias das *Mil e Uma Noites* e as próprias histórias fantásticas encontradas na maioria dos livros sagrados são exemplos dessa linguagem natural utilizada na infância da humanidade, quando ela estava mais ligada à sua Mãe Natureza.[132]

O Tao: *Yin* e *Yang*

A doutrina chinesa do Taoísmo sustenta que o homem primordial (o ser angélico, ancestral de Adão, que serviu de imagem e semelhança para o homem terrestre) era um ser equilibrado em seus aspectos *yin* e

---

131. Veja-se a propósito o curioso trabalho de Lobsang Rampa, *O Terceiro Olho*, publicado no Brasil pela Ed. Boitempo, 1968. Veja-se também Pawels e Bergier, *O Despertar dos Mágicos*, Ed. Bertrand Russel, 1964.
132. Veja-se, a esse propósito, *O Código dos Códigos*, excelente trabalho de Northrop Frye, no qual o autor discorre sobre a linguagem bíblica, mostrando como ela reflete as diversas fases de amadurecimento da consciência humana.

yang. Era passivo em relação à Divindade (em harmonia com o sagrado) e ativo em relação ao mundo (em sua habilidade de construtor). Depois da queda ocorreu a degenerescência de sua raça e esta se desequilibrou em seus aspectos yang (celestes) e tornou-se mais yin (terrenos). Ficou mais distante de seu polo espiritual, razão pela qual teve de inventar a religião e o estado, como uma *nêmesis* para recuperar esse equilíbrio perdido por meio da organização social e da virtude particular. É nesse sentido que Lao Tsé escreve: *"Quando o Caminho Perfeito foi abandonado, a benevolência e a correção entraram em moda e a hipocrisia foi geral. Quando não mais prevalece a harmonia, as seis relações logo surgem; O amor aos pais e a piedade filial são as pseudovirtudes. Os Estados sofrem então com a corrupção e a desordem, e começam a aparecer, em grande quantidade, os funcionários leais".*[133]

Yang é o polo masculino e *yin* o feminino. Na versão bíblica da queda do casal humano, esses dois polos representam as condições anteriores e posteriores à sua expulsão do paraíso. Dessa forma, a queda, conforme descrita na Bíblia, causada pela atitude da mulher colhendo e comendo o fruto proibido e depois convencendo o homem a comê-lo, nada mais é que uma metáfora que reflete o desequilíbrio das forças cósmicas que foram desencadeadas a partir de certo momento na história da espécie humana.

Na história da civilização esse desequilíbrio coincide com o enfraquecimento das religiões solares e o aparecimento dos cultos metafísicos. Essa ideia está patente nas religiões do Antigo Oriente, onde se nota uma eterna luta entre as forças contidas nas trevas e as potências presentes na luz. No Egito essa dicotomia aparece nos embates entre Osíris e Seth, deidades representativas da luz e das trevas, respectivamente. Nos cultos mesopotâmicos e persas, na luta entre os deuses Marduc (Ahura Mazda) e Arihmã. No Judaísmo são as forças de Miguel, o arcanjo chefe das hostes celestes, que lutam contra as hordas de Lúcifer, uma defendendo os interesses do Céu (o bem), outra os do Inferno (o mal). No Cristianismo, o Cristo (Jesus) e Satanás cumprem papel semelhante.

---

133. Lao Tsé, *Tao Te Ching, O Livro do Caminho Perfeito*, Ed. Pensamento, 1991. Nêmesis é a deusa grega da vingança. Aqui o termo é utilizado em seu sentido antonomásico, ou seja, a tendência que a Natureza tem para desenvolver ações capazes de recuperar o equilíbrio perdido após um ato humano de agressão.

Em qualquer caso, porém, trata-se de equilibrar os polos energéticos do Universo (macrocosmo) e do homem (microcosmo), buscando a medida exata entre o positivo e o negativo, entre a luz e as trevas, a relatividade (dispersão) e a gravidade (conjunção), o bem e o mal, enfim, entre as forças antagônicas e complementares que existem em todos os sistemas e cujas atuações o mantêm em constante equilíbrio.[134]

A versão bíblica

A tradição bíblica sugere que foram os anjos decaídos que trouxeram ao homem o conhecimento do bem e do mal. Esse comportamento sedicioso, que está na origem da transgressão do casal humano ao comer o fruto da árvore da ciência, prefigura uma metáfora que é, ao mesmo tempo, jurídica e antropológica. É jurídica no sentido de que instaura um processo de litigância entre o princípio do bem e o princípio do mal, onde o prêmio é alma do homem. Esse sentido foi ainda mais acentuado pela doutrina cristã, que fez do Diabo uma espécie de promotor do principio do mal – cujo objetivo é obter a condenação da humanidade a uma perpétua vida no reino dos infernos, e de Jesus Cristo, seu advogado de defesa, que dá a sua própria vida para salvá-la.[135] É antropológica porque, nesse sentido, o que chamamos de "queda do homem" pode ser entendida como a "captura" de uma mente pelo reino animal, processo que deu como resultado a espécie humana tal como a conhecemos. A captura dessa mente pode ser entendida como a aquisição, pelo homem, da camada neural conhecida como "sistema límbico", centro nervoso localizado no cérebro, em que se processa a capacidade de refletir.[136]

Daí a estranha passagem bíblica na qual o Demônio (o anjo caído) diz ao casal humano: *"Deus sabe que, se vós comerdes desses frutos, vossos olhos se abrirão e sereis como uns deuses, conhecendo o bem e o mal"*.[137]

---

134. A aplicação desses conceitos nas antigas religiões do Oriente foi magnificamente descrita por Arthur Verluis em seu livro *Mistérios Egípcios*, publicado no Brasil pelo Círculo do Livro, São Paulo, 1988. René Guénon, em *A Grande Tríade*, Ed. Pensamento, São Paulo, 1987, também discorre com muita inspiração sobre esse tema.
135. Nesse sentido, é bom lembrar que o termo latino *diabolos* era, na origem, um jargão jurídico. Significava uma pessoa em oposição à outra nos tribunais.
136. Goleman, *Inteligência Emocional*, op. cit.
137. Gênesis, 3:5.

Ordo ab Chao

Por outro lado, essa metáfora também encontra seu paralelo nos modernos conceitos científicos que tratam da formação do Universo físico. Se de um lado a relatividade provocada pela velocidade com que as partículas se dispersam no vazio cósmico nos mostra um Universo caótico e indiferente, semelhante ao que se dizia existir nos primeiros momentos de sua criação, a gravidade existente nos corpos formados pela condensação da energia luminosa, que se transforma em massa, força essas partículas a se reunirem e se constituírem em sistemas. E a física moderna ensina que o equilíbrio universal é causado pela contraposição da energia positiva que é gasta pelo Universo em sua expansão e pela energia negativa gerada pelos campos gravitacionais que mantém os sistemas planetários. Quer dizer, trata-se de um embate entre a relatividade e a gravidade, uma promovendo a dispersão, a outra a aglutinação. Na organização dos sistemas essas forças são representadas pela sinergia (que gera e aglutina) e pela entropia (que consome e dispersa).

Esse também é o processo que gera o conhecimento. A energia se concentra em locais específicos do organismo (os neurônios do cérebro) e faz nascer a atividade psíquica. Por meio dessa atividade nós vamos conhecendo o mundo em que vivemos.

E dessa forma o mundo se organiza, a lógica nasce e o que era desordem e ignorância passa a ser ciência. Surge a ordem no caos. *Ordo ab Chao*.[138]

Na topologia do conhecimento humano reconhece-se, enfim, que há uma forma de energia forçando a matéria universal a se dispersar, por força da explosão inicial, preenchendo o vazio cósmico em princípio, e outra que promove sua organização, por agrupamento, por força da atração que os corpos maiores exercem sobre os menores. Analogamente, poderíamos dizer que esse mesmo processo ocorre na formação dos dois substratos que sustentam o fenômeno da vida, ou seja, a mente e o corpo. Enquanto o organismo se forma na dispersão, pelo fenômeno da cissiparidade, que é a multiplicação celular a partir de um zigoto, a mente se desenvolve pela cefalização, que é o processo que

---

138. *Ordo ab Chao* (Ordem no Caos) é uma divisa maçônica por excelência. Encontrável em todos os ritos maçônicos, ela, por si só, é explicativa dos propósitos da Maçonaria, como filosofia de organização e construção de um edifício social universal.

permite a reunião e o processamento das informações vitais em corpos infinitamente pequenos, os neurônios. Assim, o que se passa no imenso do Universo físico, passa-se também no ínfimo do Universo atômico e celular, como a confirmar o antigo preceito hermético: em cima como embaixo, dentro como fora, é o mesmo processo a atuar.[139]

Aplicação na Maçonaria

Dessa teorização poderíamos evoluir para o complexo matéria/espírito, mas essa é ainda uma especulação muito prematura para ser feita no nível deste trabalho. Todavia, é nesse processo que vemos a atuação de uma inteligência suprema, que se compara à de um arquiteto na elaboração de um grande edifício cósmico. Daí a ideia de um Grande Arquiteto a dirigir a obra de construção do edifício universal.

Na Maçonaria, a tradição de que o Cosmos se constrói a partir da dialética dos opostos se reflete no conflito entre o vício e a virtude. Por isso é que no ritual de iniciação se indaga do iniciando o que ele entende por um e outro, especificando que a virtude é uma disposição da alma que nos induz à prática do bem e o vício é o hábito desgraçado que nos arrasta para o mal. Essa interpretação mostra claramente que a prática da Maçonaria é entendida como uma disciplina de comportamento, na qual o indivíduo é treinado para regular seus costumes, atingindo com isso um perfeito equilíbrio entre as forças que motivam sua conduta como pessoa humana, partícipe de uma sociedade.

Por isso é que Maçonaria é comparada a uma jornada em busca da luz, jornada essa que começa na iniciação e nunca termina em vida, pois não é senão na passagem desta existência para a outra que essa luz se revela em todo o seu esplendor, na forma do espírito que se liberta da matéria e se condensa em pura energia luminosa.

A dialética dos opostos, na prática maçônica, não é invocada somente em sua conformação moralista. Ela também revela o caráter místico da Arte Real, naquilo que ela tem de simbólico e arquetípico. Na topografia do inconsciente humano, o mal e o bem sempre estiveram conectados com cores, temperaturas, sons, direções, etc. Assim, desenvolveram-se as tradições que informam que o bem se encontra no claro, no silêncio, no frio ou calor extremo, no leste, e o mal na escuridão, no barulho, no clima temperado, no oeste, etc. Essas são metáforas neurolinguísticas que expressam bem o conteúdo arquetípico que informa a produção da mente humana.

---

139. P. Teilhard de Chardin, *O Fenômeno Humano*, publicado no Brasil pela Cultrix, São Paulo. Cefalização é o termo usado por esse filósofo para designar o fenômeno pelo qual a espécie humana desenvolveu a capacidade de refletir. Zigoto, em biologia, designa a célula reprodutora resultante da união entre dois gametas, o masculino e o feminino.

Por isso não é outra a razão de os templos maçônicos terem sua planta orientada do Ocidente para o Oriente (onde nasce o Sol) e a marcha ascendente do irmão dentro do templo sempre seguir a orientação do Ocidente (yin, escuro, feminino) para o Oriente (yang, luminoso, masculino); e também da esquerda para a direita, porque este é o sentido da rotação da Terra.

Como sustentam as antigas tradições, o homem, originalmente, veio do céu (yang); por isso, enquanto vivendo na terra (yin), ele deve fazer o caminho inverso a fim de voltar para ele. Assim, dentro do templo maçônico, a estranha orientação geográfica que ali se encontra e a rígida ritualística que se exige do Irmão quando se desloca dentro dele tem um sentido místico e filosófico ao mesmo tempo. Essa mística se reflete na própria disposição física do templo, dividida entre Oriente e Ocidente: Oriente, onde a luz do espírito, simbolizada pela figura do Venerável e seus pares, nasce e se reflete para todo o Ocidente, onde os Irmãos se congregam em estreita fraternidade.

Daí se dizer que a Maçonaria simboliza, na terra, a fraternidade entre os homens, e seus templos são simulacros do Cosmos, onde a obra é construída, dia a dia, pelo Grande Arquiteto do Universo, que tem nas hostes celestes, nas figuras de seus anjos os Mestres Arcanos, e nos homens, seus Pedreiros Universais. Essas metáforas são constantemente invocadas na prática maçônica e se fundamentam em vários arquétipos que a mente coletiva da humanidade, em suas diversas fases de desenvolvimento, criou.[140]

Esses arquétipos se revelam também em crenças como as cores do céu e a temperatura do inferno, bem como na ideia de que as grandes verdades espirituais devem ser procuradas em jornadas que nos levam sempre para o leste (Oriente), da mesma forma que a riqueza material é sempre encontrada a oeste (Ocidente). Nesse sentido os velhos mitos gregos (Jasão e os argonautas, os trabalhos de Hércules), as grandes navegações, o sonho americano, etc., são todas marchas para o oeste, ou seja, para o Ocidente. Elas representam a busca da riqueza material, da mesma forma que as peregrinações para o Oriente simbolizam a busca do tesouro espiritual. Nesse sentido também as peregrinações que se fazem tradicionalmente a famosos santuários como Santiago de Compostela, Meca, Jerusalém, Benares, são expressões simbólicas de uma busca interior, uma procura pelo Tesouro Arcano que está oculto no "Oriente" de nosso espírito.[141]

---

140. Essa metáfora é mais evidente na tradição da Cabala, na qual o Cosmos é visto como um edifício construído diuturnamente pelo Grande Espírito, auxiliado pelos Mestres das Fraternidades angélicas e secundados pelos homens como pedreiros da obra.
141. Nesse sentido, ver a bela obra de Bernard Rogers, *Descobrindo a Alquimia*, citado.

Capítulo XIX

A Cosmogenia Arcana

Os quatro mundos da Cabala — A cosmogenia cabalística — Os arquitetos da Criação — "Sabedoria Mestre de Obras" — O Grande Arquiteto do Universo — Um romance escatológico.

Os quatro mundos da Cabala

Os temas cabalísticos entraram na Maçonaria por força da aproximação simbólica que eles têm com as visões do Universo projetado pela Arte Real. A Cabala nos ensina que o Cosmos é construído em quatro etapas de emanação da potência divina. Essas etapas são os chamados quatro mundos primordiais, nos quais o edifício cósmico é alicerçado. Daí a grande atração que a forma quádrupla exerce sobre a sabedoria arcana, que vê no quaternário um símbolo de grande poder místico.[142]

Na Cabala, esses mundos são conhecidos pelos nomes hebraicos de *Atziloth, Briah, Yetzirah e Assiah*.

Em *Atziloth*, chamado mundo da origem, esse é o momento em que a luz é tirada das trevas. É quando o Criador "pensa" o Universo material e o concebe como um plano de criação, uma manifestação de sua potência criadora. Por isso, na tradição cabalística esse momento é chamado de Kether, a Coroa da Criação, a Potência que se manifesta em sua forma positiva. Ela é EHIEH, Eu Sou.[143] Em termos maçônicos esse seria o momento em que o Grande Arquiteto do Universo concebe os planos de construção do edifício cósmico.

Em *Briah*, o mundo da criação, a energia criadora se converte em Luz. É o momento em que o Grande Arquiteto do Universo esquematiza

---

[142]. Daí termos quatro estações no ano, quatro faces na lua, quatro eras geológicas, quatro evangelhos, quatro cavaleiros da Apocalipse, etc.
[143]. EHIEH é fórmula cabalística de escrever Jeová (IHVH).

e organiza a manifestação criativa. Surgem as grandes leis universais, segundo as quais o Cosmos se materializa. Essas leis também são quatro: relatividade, gravidade, aceleração e movimento.

Em *Yetzirah*, o mundo da formação, as leis físicas atuam e dão forma e movimento à energia, fazendo surgir os quatro elementos (ar, fogo, água e terra), que são a base de toda matéria universal. Esses elementos são produzidos a partir da transformação da energia (luz) em massa, por ação das leis da relatividade e da gravidade, uma forçando a dispersão da matéria universal no vazio cósmico, outra atuando no sentido de agrupá-los em sistemas.[144] É o início da construção do edifício cósmico propriamente dito.

Em *Assiah*, o mundo da matéria, a interação entre os quatro elementos faz surgir as diversas formas de matéria física, as quais evoluem até uma delas desembocar na vida orgânica; e esta, por sua vez, como resultado dessa evolução, dá nascimento à espécie humana, fase final de evolução do edifício cósmico pensado pelo Grande Arquiteto do Universo. A partir daí o mundo passa a ser "acabado" por seus "mestres pedreiros" universais, que são os anjos – no plano espiritual – e seus aprendizes – homens, no plano material.

Segundo a tradição da Cabala, a estrutura cósmica é dividida em sete esferas de manifestação energética, que são os mundos Originário, Celestial, Elemental, Astral, Infernal, Inteligível e Temporal. Nós vivemos no mundo Temporal, limitados pelas linhas do espaço e do tempo, que formam a esfera do Inteligível. As demais esferas são espaços de manifestação divina (Originária), angélica (Celestial e Infernal) e espiritual (Elemental e Astral). Essas esferas de manifestação da energia criadora são etapas da construção universal, nas quais essas diferentes entidades interagem, dando origem ao Universo em suas manifestações físicas e espirituais. Dessa forma, anjos e homens são os construtores do Universo, pois uns traçam os planos de construção (anjos inspiram as ações) e os outros as executam (os homens construindo ou destruindo).[145]

São Tomás de Aquino também usava a alegoria cabalística dos "anjos construtores" do Universo para ilustrar seus pensamentos. Em sua obra mais conhecida, *A Cidade de Deus*, ele se refere a Deus como a "primeira causa do Universo" aos anjos como "a causa secundária

---

144. Nebulosas, constelações, sistemas planetários são exemplos da atuação dessas leis na organização do Universo. Nos sistemas ambientais formam os biomas, e nos organismos vivos, as estruturas que sustentam a vida.

145. Daí a escolha da alegoria do Templo de Jerusalém como arquétipo fundamental da construção maçônica. Esse é um edifício que tem sido construído e reconstruído ao longo do tempo, tal qual o espírito humano.

visível" e aos homens como sua "causa final". Basilides, sábio gnóstico do segundo século, ensinava "que os anjos de categoria inferior são os construtores do Universo material e os homens, seus aprendizes". Todas essas manifestações refletem a intuição universal de considerar Deus como o Grande Arquiteto do Universo e os anjos e os homens como seus mestres e pedreiros.

Essa visão tem um paralelo na tradição vedanta, na qual encontramos, igualmente, meios originários de Criação que são o *desejo* (Rig Veda X.129 e X.81); as *austeridades* (tapas) (Rig Veda X.129 e X.190); a *procriação* (Rig Veda X.90, X.81), o *sacrifício* X.82 e X.130); e um derivado que é a *fala* (Rig Veda X.125 e X.71). A reconstituição ritual desses cinco princípios de Criação constituem o conteúdo iniciático dos Mistérios de Brahma, praticados pelos brâmanes desde épocas imemoriais.

A cosmogenia cabalística

A criação do mundo, conforme aparece na Bíblia, não é uma matéria que pode ser interpretada literalmente. Se assim o fizermos acabaremos concluindo que ali está disseminado um conjunto de mitos e crenças sem qualquer apoio na pesquisa histórica ou científica. Todavia, por trás dos fatos ali narrados, muitas vezes de forma alegórica, encontra-se uma sabedoria muitas vezes milenária, que tem sido transmitida de forma oral aos sábios de Israel, sábios estes reunidos em uma mítica Assembleia, a qual, ao longo dos tempos e da história, tem compilado e interpretado as intuições dos sábios rabinos, reunindo-as em vários livros paralelos à Bíblia, que somente são entendidos pelos estudiosos do Judaísmo.

O termo Torá (que quer dizer Ensinamento, Lei) aplica-se aos cinco primeiros livros do Tanach, a Bíblia judaica. Ela é chamada de Pentateuco, ou Sefer Torah, o livro da Torah. Esses são os cinco livros atribuídos a Moisés, mas sabe-se hoje que eles não foram concluídos, em sua versão atual, pelo menos até o período do domínio persa, ou seja, antes do ano 332 a.C. Há historiadores que acreditam que tais livros começaram a ser escritos por volta do século VII a.C. no reinado do rei Josias e foram concluídos na época de Esdras, logo após a volta dos judeus do cativeiro da Babilônia.[146]

Mas é nos textos posteriores, escritos pelos profetas e pelos intérpretes da Bíblia literal, que se encontra aquilo que nós chamamos de sabedoria arcana. Destes interessam principalmente os textos constantes

---
146. Israel Finkelsen e Neil Asher *A Bíblia não Tinha Razão*, publicada pela Ed. Girafa, São Paulo, 2003.

do Talmude e da Mishnah, onde encontramos a interessante estrutura da cosmogonia judaica, arquétipo inspirador da mística arquitetura adotada pela Maçonaria.

Os arquitetos da Criação

O livro da Criação, chamado Bereshit, diz que *"No princípio Deus criou o céu e a terra. A terra estava vazia e vaga, e as trevas cobriam o abismo, e um vento pairava sobre as águas. E Deus disse: 'Haja luz'; e houve luz. Deus viu que a luz era boa e separou a luz das trevas. Deus chamou à luz 'dia' e às trevas 'noite'. Houve uma tarde e uma manhã, fazendo o primeiro dia.* (Gênesis, 1:1-5).

Poesia? Mito? Alegoria? Fato da história cosmológica que está sendo descrito de forma simbólica por falta de uma linguagem apropriada? Em nossa opinião é tudo isso. A sabedoria cabalística diz que o mundo foi feito pelo poder da Palavra de Deus. A Palavra do Verbo. EU SOU, disse Deus a Moisés no Monte Horeb. E o gnóstico evangelista João também usa esta concepção: "No início era o Verbo, o Verbo era Deus e Deus era o Verbo".[147]

Essa noção também é contemplada pelos Vedas. Para os sábios hindus o poder criador e identificador da palavra também é tido como fundamental para o exercício da Criação. Em ambas as tradições, portanto, é por meio da palavra denominadora que o Universo e a Criação tornam-se manifestos. Corroborando esse fato vemos que, depois de criar o homem, Deus o conduz pelo paraíso, onde ordena que ele nomeie todas as criaturas vivas. Cada qual devia levar o nome que o homem lhe desse (Gênesis, 2:18). E pela palavra o homem reproduz o Ato Criador, dando identidade a todos os elementos da Criação e a todas as coisas do Universo, dando nascimento ao chamado *princípio da identidade,* segundo o qual o caos na terra foi organizado.

Na cosmogonia cabalística esse momento de Criação é definido pelo termo Chokmah, a Sabedoria, segunda séfira da árvore da vida. Esse conceito aparece, pela primeira vez, no livro dos Provérbios: *"Deus me criou, primícias de sua obra, de seus feitos mais antigos; desde a eternidade fui estabelecida, desde o princípio, antes da origem da terra. Quando os abismos não existiam, eu fui gerada, quando não existiam os mananciais de água"* (Provérbios, 8:22-23).

É aqui que entra o interesse maçônico nesse estranho conceito da sabedoria cabalística. Pois no verso 30 desse livro um personagem cha-

---
147. João, 1:2 a 5.

mado Agur, "o que congrega e espalha verdades", aparece a ditar essas sentenças de sabedoria. Esta palavra, *Agur*, que também se traduz por *Amom*, significa artífice, mestre de obras. Na Septuaginta ele é traduzido como *harmozousa*, a antítese dos anjos rebeldes. Por analogia são os Elohins, os anjos construtores.[148]

A Vulgata o define como *componens*, o que compõe, o que edifica. Outras interpretações dão-nos *amon* como *amun* (nutrir), mas a tradução mais consensual parece ser a que consta de Provérbios, 8:30-31: *"Eu [a Sabedoria] estava junto com Ele [Deus] como o mestre de obras, eu era seu encanto todos os dias, todo o tempo brincava em sua presença: brincava na superfície da terra, e me alegrava com os homens.*

Eis aí a intuição cabalística como inspiração do arquétipo mais importante da Maçonaria, que é a alegoria da construção do edifício cósmico pelo Grande Arquiteto do Universo, por meio dos anjos construtores (Elohins), secundados por seus aprendizes (os homens). Essa visão cosmológica do Universo maçônico é conhecida nas tradições judaicas como a "Sabedoria Mestre de Obras".

"Sabedoria Mestre de Obras"

Segundo o estudo de Whybray, a "Sabedoria Mestre de Obras" é a personificação poética de um atributo de Deus: o da Criação.[149]

Essa bela construção metafórica, que a Maçonaria aproveita para informar sua face espiritualista, é uma inspiração que serve bem aos seus propósitos filosóficos, pois no jargão maçônico trata-se de colocar "Ordem no Caos", ou seja, reunir o que está disperso, promover sinergia e construir o edifício social, da mesma forma que a "Sabedoria Mestre de Obras" faz com o Cosmos. E é nesse sentido que se compreende a experiência de Israel como Nação de Deus e os israelitas como povo eleito, pois, não fosse essa concepção, o ideal sionista não seria mais que uma doutrina de segregação racial, tão espúria e condenável quanto o nazismo ou qualquer outra crença racista, e a Maçonaria, que dela empresta muitos atributos, não mereceria menos antipatia do que ela.

Mas aqui se trata de uma alegoria e não de uma doutrina. Assim, quando se fala que foi a *"Sabedoria Mestre de Obras que guardou o primeiro homem, formado por Deus, para ser o pai do gênero humano, que tinha sido criado só, tirou-o do pecado e lhe deu forças para go-*

---

148. Como vimos, Amon era o nome da deidade maior no Antigo Egito, o que dava vida ao Universo com sua luz, identificado com o Sol.
149. R. N. Whybray, *The Making of the Pentateuch: A Methodological Study*, JSOT Press, Sheffield, 1987.

vernar todas as coisas" (Livro da Sabedoria, 10:1), o que se quer dizer é que Deus deu ao homem a inteligência para pensar e com seu pensamento reconhecer o mundo e colocar ordem nele. E esse poder está associado à utilização da linguagem, o uso da palavra, segundo a qual ele deu "nome" aos animais e às coisas.[150]

Esse seria o papel do homem como Pedreiro da Obra Universal na terra. E é nesse contexto que se desenvolve, por exemplo, a alegoria da procura pela palavra perdida, que é um dos momentos mais significativos da jornada iniciática da Maçonaria. Pois que essa Palavra nada mais é que esse poder que foi dado ao homem em sua concepção, e que ele a perdeu em razão de sua queda. Significa, outrossim, que o homem perdeu a sabedoria arcana, a "Sabedoria Mestre de Obras", que lhe permitia "nomear" as coisas e colocar *Ordo ab Chao*. Assim, o espírito da egrégora maçônica, e de toda a sua obra, são invocados na esperança de recuperar essa prerrogativa, que se consuma no reencontro da *palavra perdida*. Ela também se chama Gnosis e se representa pelo G, símbolo de Geometria, ou seja, a sabedoria arcana por excelência.[151]

O Grande Arquiteto do Universo

Não foram outras as razões de os israelitas terem desenvolvido o conceito de "povo eleito", que foi aplicado primeiro à nação de Israel e depois, quando a política profanou esse conceito, às seitas que se desenvolveram na Judeia após a restauração liderada pelo Aterzata Zorobabel.[152] Essas seitas, especialmente a dos essênios, tinham como objetivo justamente a preservação da primitiva "egrégora" formada pela Israel bíblica, egrégora essa que se identificava com a ideia, nunca abandonada pelos sábios daquela nação, de um pacto de seu povo com Deus, compromisso esse que fora depositado na Arca da Aliança.

Este é, aliás, o sentido da expressão *Tesouro Arcano*, pois foi esse tesouro, que é a "Sabedoria Mestre de Obras", que Moisés depositou na Arca da Aliança. Essa informação nos vem da Septuaginta, onde se diz que a Sabedoria *"é o livro da aliança do Deus Altíssimo, a Lei que*

---

150. Gênesis, 2:20.
151. A Palavra Perdida é uma das mais significativas alegorias maçônicas. Está conectada com outra alegoria de extraordinário sentido simbólico que é o Inefável Nome de Deus. No Rito Escocês esse tema aparece no grau 18 e em vários outros graus filosóficos. Esse tema foi desenvolvido em nossas obras *Conhecendo a Arte Real* e *Mestres do Universo*, ambas já citadas.
152. A palavra Aterzata aqui é usada com o significado de líder. Aterzata era o título aplicado ao governador das províncias persas. Zorobabel, após ter liderado a reconstrução de Jerusalém; por analogia, recebeu esse título, que hoje é aplicado ao administrador da chamada Loja de Perfeição, na Maçonaria do Rito Escocês.

Moisés promulgou, a herança para as assembleias de Jacó", onde se coloca, mais uma vez, a ideia de que a primitiva nação de Israel tinha, na origem, uma conformação de *Loja*.[153]

É dessa ideia tipicamente arquetípica que sai também o anelo que a Maçonaria tem pelo rei Salomão (outro arquétipo) e pelo Templo de Jerusalém (também uma alegoria arquetípica).

Ambos, o rei e a obra, são símbolos, um da "Sabedoria Mestre de Obras" que constrói, o outro da própria obra construída. Um, o arquétipo do próprio Mestre Pedreiro, é iconizado como a própria "Sabedoria Mestre de Obras", e é nessa visão que ele aparece, tanto na própria Bíblia (livro de Reis, III) quanto nos textos sapienciais (A Sabedoria de Salomão), nos quais se coloca a ideia de que a "Sabedoria é como um associado nas obras de Deus" e atua como "articuladora de todas as coisas", e "continuamente ordena e renova toda a criação", como um associado nas obras de Deus e como "a articuladora de todas as coisas", uma dimensão que atravessa todo o Universo e "continuamente ordena e renova toda a criação".[154]

É daí também que vem a ideia do Logos, o Verbo que "estava no começo com Deus, era Deus e fez tudo que no mundo existe", ideia essa que foi expressa primeiramente pelo filósofo judeu Filo de Alexandria e que o gnóstico João aproveitou para abrir seu Evangelho. Mais que um belo poema gnóstico, esse memento com que o evangelista abre sua crônica expressa a crença da existência de um mundo de ideias arquetípicas, que repousa na mente de Deus, e que estas, refletidas na mente humana e instrumentalizadas pelas habilidades colocadas em suas mãos, formatam as realidades da sociedade humana. Da mesma forma é assim que acontece no mundo das realidades sutis, onde esses arquétipos se formam. Ali é a Sabedoria, o Logos, que engendra os planos da Criação. É dessa noção que sai a ideia de que Deus, o Logos, atua como se fosse um Arquiteto Mestre, pensando o Universo através das leis que ele promulga, e estas, como planos gerados na prancheta de um Criador, são projetadas na terra como ideias arquetípicas, as quais, refletindo na mente humana, são reproduzidas no mundo material.

Eis, portanto, na formidável intuição dos sábios de Israel, a estrutura arquetípica que está na ideia central da Maçonaria, como filosofia estrutural de construção da sociedade perfeita.

---

153. George W. E. Nickelsburg, *Jewish Literature Between The Bible And The Mishnah*, Second Edition, Philadelphia: Fortress Press, 1981.
154. Idem.

Um romance escatológico

Alguns estudiosos da Cabala costumam interpretar a Bíblia Sagrada como se ela fosse um grande romance escatológico, no qual as energias cósmicas e as leis naturais são personalizadas por anjos, demônios e homens, interagindo para produzir as massas, física e espiritual, que formatam o Universo e sua história. Nesse sentido, sugerem que as referências bíblicas a uma rebelião de anjos, liderada pelo arcanjo Lúcifer, não é uma mera construção simbólica referente a antigas superstições desenvolvidas por uma humanidade em sua infância mental, mas sim uma metáfora rica em conteúdo científico, que explica a formação do Universo em seus primórdios.

Destarte, a chamada Rebelião de Lúcifer nada mais é do que o desencadear das forças cósmicas que foram liberadas na grande explosão do Big Bang, forças essas que o Grande Arquiteto do Universo (o Princípio Criador, o Verbo Divino, Logos), depois de soltas, não pôde mais controlar. Essas forças se tornaram as grandes leis naturais e passaram a atuar por si mesmas, o que justifica a aparente contradição que se encontra nos livros sagrados, nos quais Deus, às vezes, parece ser incapaz de evitar que seu opositor, o Diabo, faça suas estrepolias. Essa ideia é francamente paradoxal, uma vez que o Diabo é mostrado, em sua origem, como um arcanjo, ou seja, um ser criado por Deus, e francamente inferior a Ele na hierarquia celeste.

Essa mesma visão sugere que as entidades que a Cabala chama de Elohins formavam uma grande fraternidade de obreiros, cuja missão era construir o Universo que o Grande Arquiteto do Universo tinha em mente. Eles se reuniam nos moldes de uma Loja Maçônica. Depois da queda eles foram dispersos pelo mundo e muitos deles se tornaram demônios, como Plutão, Satã, Lúcifer, Seth, etc. Outros se tornaram os heróis que a humanidade cultuou como semideuses (Hércules, Teseu, Gilgamesh, Perseu, Arjuna, etc.) ou mesmo deuses, como Hermes, Osíris, Mitra, Jesus, etc. que desceram à terra para civilizar, ou ensinar os homens.[155]

Na tradução literal da Bíblia, os quatro mundos da Cabala são referidos como os quatro reis de Edom, que viveram nos tempos antigos, antes da formação de Israel e foram derrotados pelos hebreus na conquista da terra palestina. Eles "lutam contra Israel", pois este, como povo escolhido, é uma alegoria que significa uma tentativa do Grande Arquiteto do Universo de reorganizar a espécie humana através de um

---

[155]. A Teosofia igualmente se vale dessas analogias para justificar suas visões cosmogônicas. Na mitologia grega também é visível o sentido metafórico dessas tradições, uma vez que cada um desses heróis, ou deuses, simboliza forças da Natureza e o esforço, humano e divino, para controlá-las.

modelo de virtude, dirigido por Ele mesmo. Nesse caso, Israel, como Assembleia Perfeita (Loja), sagrada, seria um arquétipo que permitiria o reencontro do equilíbrio perdido com a revolta dos anjos rebeldes e sua disseminação entre os homens. Pois da mesma forma que o desencadear das forças cósmicas provocou um caos inicial, que exigiu um grande esforço por parte do Grande Arquiteto do Universo para organizá-lo, também na história das sociedades humanas o surgimento da capacidade reflexiva entre as espécies vivas gerou um caos no ambiente, que necessitou de um ingente trabalho de organização.

As referências bíblicas sobre esses "mundos arcanos", com suas leis e reflexos sobre o mundo dos homens, são muitas e seria impossível invocá-las todas no contexto deste trabalho. Por ora, é importante lembrar que a própria história do Estado de Israel está implicitamente inscrita nessa estranha arquitetura. Nesse sentido, a Israel bíblica foi um modelo de civilização, uma "maquete" construída por Deus para ser aplicada a toda civilização humana, desorganizada e perdida, em razão de sua dispersão entre línguas, crenças, modos de vida, costumes e outros diferenciais que pulverizaram a unidade da raça humana em vários grupos antagônicos e inimigos entre si.

Assim, a palavra Edom é uma corruptela de Éden, o "mundo perfeito" de onde o homem teria sido expulso em consequência de sua desobediência. Esse mundo (Edom, o mundo corrompido) aparece em clara oposição ao "povo eleito, nascido no Éden", que deveria ser a matriz da nova raça. E dessa forma se justifica a estranha arquetipia que sempre acompanhou o povo e a nação de Israel durante sua saga e ainda hoje lança seus reflexos na história da humanidade como um todo.

Capítulo XX

Antropologia Arcana

Antropologia e Cabala — O homem primordial — O homem vitruviano — O homem de Vênus — Humanidade autêntica — Civilizações pré-adâmicas.

Antropologia e Cabala

A Bíblia não é muito clara quando fala da criação do homem. Em Gênesis, 1:2,6, Deus diz: *"Façamos o homem à nossa imagem e semelhança, e presida aos peixes do mar, às aves do céu, e aos animais selváticos e a toda a terra, e a todos os répteis que se movem sobre a terra".* Desse estranho enunciado, extraímos logo que Deus não estava sozinho quando fez o homem, pois sua locução foi registrada no plural (façamos o homem). E depois, que o homem foi criado a partir de um modelo que já existia, ou seja, o próprio Deus ou quem com Ele estivesse naquele momento.

Até aí tudo bem. Podemos estar diante apenas de uma questão de linguagem. Pode ser que Deus estivesse falando consigo mesmo e se referisse no plural. Sendo Ele o ser plurimorfo, onividente e sempiterno que é não haveria nada de estranho aí.

O problema vem depois, quando a Bíblia trata da descendência de Adão. Ali se diz que seu primeiro filho foi Caim e o segundo Abel. Os dois entram em conflito e Caim mata Abel. Deus não gosta nada dessa ação e coloca sobre a face de Caim uma marca, a marca do assassino. E Caim diz: *"Eis que tu me expulsas desta terra, e eu me esconderei de tua face, e serei vagabundo e fugitivo sobre a terra; portanto, todo o que me achar, me matará".*[156]

---

156. Gênesis, 4,14.

Ressalta, desde logo, que Caim e Abel não eram os únicos seres na terra além de seus pais Adão e Eva. Pois, se fossem, quem seriam aqueles que achariam Caim e o matariam?

E Deus confirma essa assertiva dizendo: *"Não será assim, mas qualquer que matar Caim será castigado sete vezes mais.(...) E Caim tendo se retirado da face do Senhor, andou errante sobre a terra, e habitou no país que está ao nascente do Éden"*.[157]

Logo adiante se diz que Caim conheceu sua mulher e com ela gerou um filho a quem chamou de Enoque. Mesmo considerando o que se diz em Gênesis, 5;4, que Adão viveu 800 anos e gerou filhos e filhas, decerto a mulher de Caim não podia ser sua irmã, pois Caim havia "se retirado da face do Senhor" e habitado em um país ao nascente do Éden, longe portanto do local onde habitava sua primitiva família.

Assim, pois, tudo está a indicar que a família de Adão não foi a primeira entre a espécie humana, e que quando Deus o fez "à sua imagem e semelhança", outros seres humanos já existiam sobre a face da terra.

Temos duas teses a considerar sobre esse assunto. A primeira, antropológica, sugere que a criação do homem, conforme sugere a Bíblia, é uma metáfora que exprime o momento em o homem se destaca entre as espécies animais, adquirindo a capacidade de refletir. É o momento em que ele se torna humano. Por isso se diz que o Senhor Deus o "formou do barro da terra e inspirou em seu rosto um sopro de vida". O "barro da terra" é o primitivo ancestral humano, evoluído da sua matriz animal, que "capturou" (o sopro divino), quando desenvolveu a camada neural que lhe deu a capacidade de refletir. Esse sopro, como vimos no capítulo anterior, se traduz na Palavra Sagrada, ou a Sabedoria, que permitiu ao homem colocar *ordo ab chao*, ou seja, adquirir consciência de si mesmo e do mundo.

A outra tese, defendida por correntes místicas da Cabala e da Teosofia sustentam que o homem não foi feito pelas mãos de Deus, mas sim por seus dignatários angélicos, os Elohins. Por isso a expressão no plural "façamos o homem *à nossa* imagem e semelhança". Essa é uma ideia que estaria consentânea com a própria crença dos rabinos de Israel, produtores da Bíblia, pois um dos pressupostos fundamentais de sua religião é que Deus não tem forma nem nome conhecido pelos homens, razão pela qual nenhuma imagem sua poderia ser reproduzida. Destarte, dizer que o homem foi feito à imagem e semelhança de Deus constitui, pois, uma grande incoerência que os sábios de Israel jamais

---

157. Idem, 4;16.

cometeriam. E é nesse sentido que Jesus ensina que Deus é Espírito e como tal deve ser adorado. Essa tese é mais consentânea com a ideia da "Sabedoria Mestre de Obras", ideia núcleo da Maçonaria Moderna.[158]

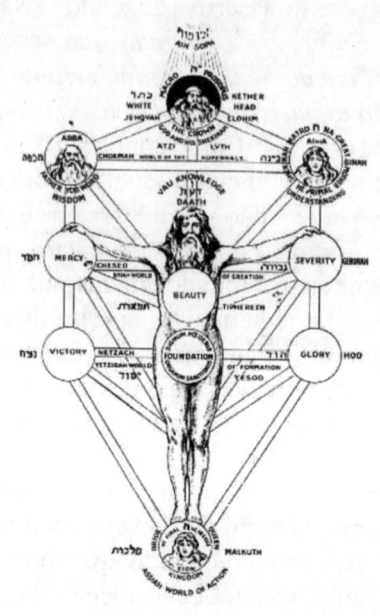

O desenho do "homem do céu", ou Adão Kadmon, arquétipo que segundo a Cabala mística teria servido de molde para a confecção do homem. Note-se a correspondência que seus traços têm com a árvore da vida.

O homem primordial

Os cultores da Teosofia afirmam que houve outros homens que teriam vivido na terra antes da atual forma civilizada do ser humano, que eles chamam de raça adâmica. Esses homens formavam uma civilização cuja sabedoria era diferente da nossa e viviam vidas muito longas. Isso era possível porque eles conviviam em um mundo perfeito, de paz, saúde e felicidade, já que haviam aprendido a manter uma relação de amor e respeito para com a natureza do Cosmos e com seu Criador, que é o Grande Arquiteto do Universo.[159]

A Bíblia cita os primeiros patriarcas antediluvianos como sendo seres que viviam centenas de anos. No caso bíblico trata-se, evidentemente, de uma memória dessa civilização, porquanto o homem ances-

---
158. Ver capítulo anterior.
159. *A Doutrina Secreta*, op. cit., p.181 e ss.

tral de que se trata aqui viveu antes da chamada queda referida na Bíblia como sendo a expulsão de Adão e Eva do paraíso.

Entre os devas, seita gnóstica que sobrevive nas montanhas do Irã, ainda se conserva uma tradição segundo a qual antes de Adão ter sido formado havia na terra duas raças, os *Diz,* que reinaram durante 7 mil anos, e os *Izeds*, que reinaram durante 2 mil anos. Os primeiros são identificados na Bíblia como os audazes *nefilins,* filhos de deuses com as filhas dos homens, e os segundos são os gigantes que ainda nos tempos bíblicos eram encontrados na Palestina.[160]

Os grandes heróis arquetípicos de todas as culturas, tais como Osíris, Gilgamesh, Hércules e os míticos heróis da Bhagavad Gita também constituem memórias desses nossos predecessores.

O homem vitruviano

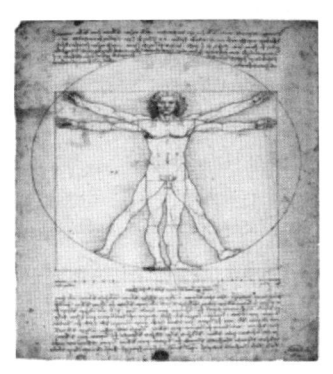

O homem primordial, ou homem da terra, feito à semelhança do homem do céu, é um arquétipo existente em praticamente todas as culturas antigas. Ele é aqui reproduzido no "homem vitruviano" mística concepção do arquiteto italiano Cláudio Vitrúvio. Ela mostra as proporções do corpo humano relacionando-o às medidas do Universo físico. Pelo estudo feito por Vitrúvio, todas as partes do corpo humano estão em relação assimétrica com seu todo, isto é, braços e pernas são uma medida exata do tronco, pés e mãos também mantêm uma exata proporção com o tronco e todas as demais medidas do corpo humano expressam essa relação. A ideia do "homem vitruviano" também guarda uma analogia bastante próxima com o "homem universal" da doutrina teosófica e da tradição cabalística.

Para essas duas grandes tradições, o homem foi feito à imagem e semelhança não de Deus, pois Deus não tem forma, mas sim de um arquétipo celeste chamado Adão Kadmon, que é uma representação pictórica da árvore da vida da Cabala. Esta, por sua vez, é uma réplica do próprio Cosmos em sua conformação física. Essa intuição também é

---

160. Ibidem, p. 196 e ss. O mito sobre o gigantismo das raças pré-adâmicas aparece em todas as culturas antigas, desde a Mesopotâmia até o Peru, onde existem lendas a respeito da cidade de Tihunaco, a qual teria sido construída por uma raça de gigantes. No Tibete também se cultiva essa tradição. A esse respeito, veja-se Lobsang Rampa, *A Terceira Visão*, op. cit.

encontrada na tradição vedanta. De acordo com essa tradição, Purusha, o homem cósmico, é a representação orgânica do Cosmos, e de seu corpo as diferentes partes do Universo se formaram.[161] Essa inspiração também pode ser buscada nos heróis arquetípicos da mitologia grega, que possuíam físicos perfeitos. O famoso desenho do homem vitruviano, aqui reproduzido, é de Leonardo da Vinci. Nesse desenho é possível perceber as seguintes relações:

A distância do começo do cabelo para o topo do peito pode ser calculada como um sétimo da altura.

A distância do topo da cabeça para os mamilos equivale a um quarto da altura e a largura máxima dos ombros também é igual a um quarto da altura; a distância do cotovelo para o fim da mão também é um quarto da altura e a distância do cotovelo para a axila equivale a um oitavo da altura de um homem;

O comprimento da mão é um décimo da altura e a distância do fundo do queixo para o nariz é um terço da longitude da face;

- A distância do início do cabelo para as sombrancelhas é um terço da longitude da face e a altura da orelha também é um terço dessa medida.
- Um palmo equivale ao comprimento dos pés;
- A planta do pé tem a largura de quatro dedos;
- Um antebraço ou cúbito é igual ao cumprimento de um palmo ou um pé;
- Um passo equivale a quatro antebraços;
- A longitude dos braços estendidos de um homem é a medida de sua altura;
- A distância entre o começo do cabelo e a ponta do queixo é igual a um décimo da altura de um homem.

Essas medidas podem ser consideradas como padrões para a raça humana e o desenvolvimento do corpo humano acompanharia essas proporções, excetuando-se evidentemente aqueles organismos que, por uma doença qualquer, uma falha na conformação biológica ou mesmo um acidente de ambiente, forçam a quebra desse padrão. Assim, a existência de pessoas cujos membros são desproporcionais ao restante do corpo, ou mesmo a desproporção em qualquer outro membro ou parte do corpo, constitui exceção essa regra, mas não a invalida.

---

161. Rig Veda X.90 e X.130.

O propósito de Vitrúvio ao elaborar esse desenho era mostrar a relação matemática existente entre as proporções do corpo humano e as do Universo, comprovando a tese de que o homem da terra teria sido feito à imagem e semelhança do homem do Céu, também chamado de Adão Kadmon na Cabala. Ele partiu do princípio de que o Cosmos refletia a conformação do corpo de seu Criador, e o corpo humano, por sua vez, seria construído a partir das mesmas relações. Assim se justificariam as enigmáticas palavras do Criador ao fazer o molde humano.

Note-se que a área total do círculo no qual a figura está inscrita é idêntica à área total do quadrado. Dele se pode extrair o número mágico *pi* (ϖ = 3.1415927), que os antigos matemáticos diziam ser o algoritmo fundamental para o cálculo de qualquer medida do Universo. Como a Maçonaria é a Arte (arquitetura) de construir, tanto o Universo material quanto o Universo espiritual, sendo aquela simbolizada pela sociedade perfeita e este pelo homem de cárater íntegro, nada melhor que o símbolo do homem universal (representado pelo homem vitruviano) para visualizar essa relação.

O homem de Vênus

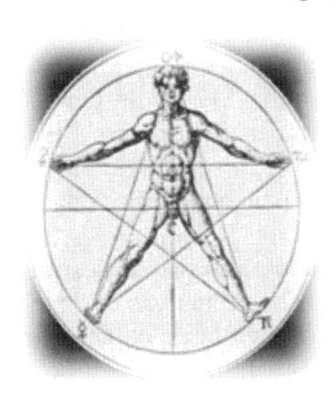

É interessante também registrar que essas relações já eram conhecidas nas antigas tradições egípcias como o "homem venusiano" (o homem de Vênus). Ele era representado nas lendas egípcias pelo hieróglifo que designa a estrela de cinco pontas, conhecida como Spa ou Shá. Essa estrela, como veremos, representa o símbolo máximo do segredo maçônico, ou seja, a Estrela Flamejante, ou o G fundamental, de onde o Universo foi gerado.[162]

Note-se que o desenho do "homem venusiano", conforme representado ao lado, corresponde exatamente a uma estrela de cinco pontas, inscrita dentro de um duplo círculo dividido em cinco segmentos de iguais proporções. Eles são perfeitamente simétricos, simbolizando as propriedades fundamentais da criação.

Representa o microcosmo refletindo o macrocosmo, ou, como ensina a Cabala, o *microprosopo* (arquétipo humano) como reflexo do

---

162. Sobre o significado da estrela na Maçonaria, veja-se o capítulo XXIV de nossa obra *Mestres do Universo*, já citado.

macroprosopo (arquétipo divino) mostrando a estreita relação entre todas as realidades universais.

Com base nesses arquétipos de compartilhamento coletivo, a Maçonaria construiu sua base espiritualista. A partir deles se criou a vasta simbologia e a vigorosa mitologia sobre a qual ela assenta seus ensinamentos, como vimos no capítulo anterior.

Humanidade autêntica

A moderna Gnose vê as alegorias e o simbolismo da Cabala como analogias do processo físico-atômico-quântico que gera o Universo. Nesse sentido a árvore sefirótica, concepção cabalista que expressa a ideia mística de como o Universo é construído por meio das emanações das séforas (forças criadoras) é uma representação do fluxo de energia cósmica que cria uma rede de relações que vão se inteirando, formando o mundo material e o mundo espiritual. Dessa maneira, os anjos da Cabala podem ser comparados às leis naturais em plena operação, formatando e organizando o mundo físico, e os homens, ao entendê-las, obedecê-las e aplicá-las estão realizando o projeto do Grande Arquiteto do Universo.

Assim, a Maçonaria celeste repercute na terra, pelo trabalho operativo e especulativo dos Irmãos da Arte Real. Enquanto a Maçonaria celeste – a fraternidade angélica, a "Sabedoria Mestre de Obras" – constrói o Universo de cima (o Cosmos), a Maçonaria terrestre – fraternidade humana – constrói o Universo de baixo, a sociedade humana. Daí um dos nomes dados à Maçonaria pelos maçons espiritualistas: Humanidade Autêntica.

Humanidade Autêntica é um termo cunhado pelos maçons espiritualistas franceses. Integra a tradição espiritualista das antigas comunidades esotéricas com a filosofia do humanismo. Significa a construção da humanidade a partir das regras da verdadeira fraternidade. Isso é possível mediante o aperfeiçoamento do caráter do indivíduo. Essa é a obra do verdadeiro construtor. Nessa ideia arquetípica está implícita a crença esotérica de que antes da queda do homem existiu de fato um estado de ordem e perfeita harmonia no Universo, e que a reconstituição dessa utopia é a grande missão dos maçons como pedreiros universais.

Por isso, no edifício arquetípico que é a *Humanidade Autêntica*, os maçons são chamados de pedras brutas, pedras cúbicas e pedras lavradas, conforme os graus pelos quais passam.

Pedras brutas são, quando entram para a Ordem como *Aprendizes*. Nessa qualidade serão devidamente lapidados para adquirirem uma conformação, a qual será atingida pela superação dessa fase do aprendizado.

Em *pedras cúbicas* se transformam quando passam para o segundo estágio, o de *Companheiros*. Nesse nível, eles são as pedras que já foram devidamente facejadas e adquiriram formas mais aprimoradas.

Por fim, *pedras lavradas* se tornam quando são elevados a *Mestres*, último grau do simbolismo maçônico, estágio derradeiro da preparação do Irmão para receber os ensinamentos mais graduados.

Essa alegoria é uma inspiração que foi buscada entre os antigos pedreiros, os quais se utilizavam desses tipos de pedras em seus trabalhos de construção. Destarte, aqueles que só detinham os rudimentos da profissão, e eram admitidos nas confrarias dos pedreiros para fins de aprendizado, eram chamados Aprendizes, enquanto que os que já haviam adquirido a qualificação profissional eram chamados Companheiros, e o Companheiro que dirigia a confraria era o Mestre. Dessa forma, na antiga Maçonaria Operativa se aplicavam esses títulos hierárquicos para diferenciar seus membros pelos graus de aprendizado, razão pela qual, na Maçonaria Simbólica, Especulativa, essa tradição foi mantida.[163]

Por analogia, os Obreiros da Arte Real, que são os maçons, são os *Construtores do Universo* físico e espiritual na terra, e pelas boas ações que praticam no mundo estão cumprindo o propósito de seu Grande Arquiteto que é o de erguer o edifício da *Humanidade Autêntica*, que está na base daquele estado de perfeita ordem e felicidade que já existiu um dia no mundo, mas que foi perdido em consequência de nossas próprias fraquezas e vícios, especialmente a grande vaidade que nos domina o espírito quando atingimos um determinado grau de sabedoria ou de poder temporal. É para purgar esses vícios e substituí-los por virtudes que a Maçonaria desenvolve seu catecismo, expresso na metáfora "cavar masmorras ao vício e levantar templos à virtude".

Civilizações pré-adâmicas

Os antigos caldeus calculavam o início de sua civilização em 473 mil anos antes da era de Alexandre, o Magno. E diziam que nessa era perdida na bruma dos tempos, um céu e uma terra, diferentes dos que observamos hoje, podiam ser contemplados pelos povos que viveram nesses tempos. Os ecos desse passado longínquo remanescem em seus cálculos astrológicos e nas estranhas construções que eles ergueram para servir de base a essas observações. A astrologia e a astronomia são o resultado dessa antiga sabedoria, e os famosos "zigurates" dos povos

---
163. Jean Palou, *Maçonaria Simbólica e Iniciática*, cit.

da Mesopotâmia e os obeliscos de Stonehenge, bem como as pirâmides maias e astecas, são exemplos dessas construções.[164]

Todas as tradições antigas falam dessas civilizações que floresceram antes da chamada época histórica e cujas reminiscências são encontradas nas lendas e no folclore dos povos de todo o mundo. As lendas babilônicas da Criação mencionam os seres humanos de tez negra que formaram os "sete povos" de Edom. Os Mistérios da Samotrácia também se referem aos "cabiros", homens primitivos que constituíram os primeiros exemplares da criação humana. Lendas assírias igualmente se referem aos sete *Adamis*, primogênitos da criação.

Essas antigas tradições admitem que antes de Adão, o protótipo bíblico admitido como pai da raça humana, existiam na terra outras civilizações. Eram raças hermafroditas, que procriavam sem atividade sexual. Hermes Trismegistos, em sua obra *Pymander*, também fala dos "homens celestes" que se misturaram aos homens primitivos e produziram hermafroditas.

Essas tradições também são encontradas na Bíblia, quando ela cita os audazes *nefilins*, filhos dos anjos caídos com as filhas dos homens. Por isso, quando a Bíblia fala em dilúvio, ela se refere à extinção da raça humana dos tempos anteriores a Adão, ou seja, os atlantes, que constituíam a quarta raça raiz.

São eles os "pecadores" referidos na Bíblia. Isso teria ocorrido cerca de 850 mil anos atrás. Evidentemente essas informações não estão de acordo com a cronologia adotada pela Bíblia, que coloca a formação do casal humano como evento primário na história da humanidade.

Para a Doutrina Secreta, entretanto, a formação de Adão e Eva não tem essa primazia, já que se trata de duas metáforas; uma (a criação de Adão) significa a aquisição da consciência por parte do ser humano e a outra (a criação da mulher), a separação da espécie humana em dois sexos (macho e fêmea).[165]

Segundo antigas tradições, referidas nos ensinamentos da Teosofia e adotados por Helena F. Blavatsky em seus trabalhos, nossa atual raça raiz é a quinta raça do ciclo cármico da humanidade. Ela já existe há mais de 850 mil anos e começou depois da submersão da Atlântida. De acordo com essa doutrina, nesses antigos tempos havia na terra cinco continentes que foram cobertos pelas águas do dilúvio. Esses continentes eram conhecidos como Ilha Sagrada, Hiperbóreo, Lemúria, Atlântida e Europa.[166]

---

164. Cf. Artur Verluis, *Os Mistérios Egípcios*, São Paulo, Círculo do Livro, 1988. Essas tradições igualmente constam de antigas fontes vedantas e egípcias, e são citadas nos trabalhos de Helena P. Blavatsky.
165. *Síntese da Doutrina Secreta*, op. cit., p. 122.
166. Idem, p. 124.

Essas teses sustentam que essas antigas civilizações tinham uma relação mais próxima com a Natureza e com as forças que a produzem. Elas as cultuavam na figura de deuses, o que lhes proporcionava uma unidade mais densa com os Princípios (ou Princípio) que regem a vida cósmica. Nessa época acreditava-se que céu e terra não constituíam substratos separados e que o homem não era independente da Natureza, nem que deuses e homens fossem feitos de diferentes substâncias. Essa sensibilidade pode ser proveniente da memória celular da humanidade, de uma época em que a vida, em sua atual conformação, ainda não havia se manifestado. Ela estava incubada na Natureza, aguardando o momento propício para se manifestar, como sugere a filosofia estruturalista. Por isso os povos mais próximos à Natureza ainda conservam em suas tradições os resquícios dessa sensiblidade.[167]

Foi a conquista dos países orientais, empreendida por Alexandre, o Grande, que fez desaparecer o antigo saber instintivo daquelas civilizações, substituindo-o por uma ciência racional e lógica, voltada exclusivamente para o atendimento de nossas necessidades materiais. Mas para aqueles antigos povos, o mundo já havia vivido uma era dourada, onde homens e deuses viviam em paz e harmonia, cada um cônscio de suas responsabilidades para com a construção e a estabilidade do Universo e exercendo com habilidade e competência suas funções.

Essa era a crença dos antigos egípcios, por exemplo, que pensavam que sua civilização lhes tinha sido transmitida diretamente pelo deus Thoth, o Filho do Sol, que tinha vindo à terra justamente para essa missão civilizadora. E todas as antigas civilizações guardaram em suas memórias esses contatos diretos com os deuses, que se apresentavam aos homens e falavam com eles face a face.[168]

Nesses dias anteriores, os deuses eram tidos como mestres da construção universal e os homens, seus aprendizes. O que os primeiros faziam no céu refletia sobre a terra e o que se fazia na terra repercutia no céu. Por isso a responsabilidade recíproca na construção e no equilíbrio do edifício cósmico se dividia por igual entre homens e deuses.

Como ensina o conceito egípcio da Maat, sabedoria que é refletida na tradição hermética e na filosofia holística, tudo está em tudo e nada no Universo tem existência independente, ou seja, o Cosmos é resultado de uma teia de relações, que justifica, inclusive, o famoso conceito

---

167. Sobre o estruturalismo, ver a obra de Teilhard de Chardin, *O Fenômeno Humano*, citado.
168. Por isso a tradição de que certos ensinamentos só podem ser transmitidos oralmente. O encontro de Moisés com o Grande Arquiteto do Universo no Monte Sinai, bem como os extraordinários diálogos entre Arjuna e Krishna, que aparecem na Bhagavad Gita, são exemplos desses contatos.

moderno do efeito borboleta (uma borboleta batendo asas na floresta amazônica pode ser a causa de um pavoroso maremoto no Texas).[169]

Isso nos mostra que todos nós temos responsabilidade sobre o que acontece no Universo e que nossos atos não interessam apenas a nós mesmos. Essa ideia está patente no ensino maçônico, por isso alinhamos entre as influências arquetípicas da Arte Real o tema das civilizações pré-adâmicas, já que estas tinham como principal anelo o zelo pelas relações do homem com a Natureza.

---
169. Efeito borboleta é uma metáfora extraída da famosa Teoria do Caos, proposta por James Gluk, segundo a qual cada movimento, por mais minúsculo que seja, gera outro movimento em outro lugar.

Capítulo XXI

Geometria Arcana

A linguagem sagrada — O ponto — O círculo — O círculo e o ponto — O círculo, o ponto e o triângulo

A linguagem sagrada

O mito e o símbolo são os depósitos mais antigos da ciência humana. Eles são a forma mais comum de manifestação da sabedoria de nosso inconsciente. Como não temos uma linguagem adequada para expressar essa sabedoria, nossa mente a traduz na forma de sonhos e visões, que é a maneira pela qual nosso inconsciente se comunica conosco. E como não temos um método apropriado para expressar o conteúdo dessa comunicação, nossa mente a transforma em fábulas, metáforas, alegorias e símbolos, que são formulações linguísticas representativas desses conteúdos metafísicos que a mente não consegue traduzir em linguagem lógica.

A história religiosa e o folclore de todos os povos nasceram assim, de conteúdos inconscientes decodificados em elementos simbólicos que são expressos pela linguagem verbal dos símbolos, mitos, fábulas e alegorias e pela linguagem não verbal dos ritos e da imitação anímica. As descobertas arqueológicas mais recentes estão a mostrar que praticamente toda a teologia nasceu de uma origem comum, fundada em crenças abstratas, desenvolvidas pelos Antigos Mistérios, que de forma geral eram praticados por todos os povos antigos, pois todos eles compartilhavam dos mesmos arquétipos.

O mesmo fenômeno ocorreu com a linguagem escrita. Salvo raríssimas exceções, todas eram icônicas e reivindicavam origem sagrada, oriunda dos próprios deuses. É o caso da escrita hieroglífica, por exemplo, cuja tradição afirmava ter sido ensinada aos egípcios pelo Deus

Toth, durante o reinado de Osíris. Os antigos egípcios, como se sabe, empregavam três tipos de escrita, que eram usados conforme o assunto. A hieroglífica para assuntos sagrados, a demótica para o uso comercial e a herática, que era uma espécie de escrita popular, coloquial, usada pelo povo em geral. A escrita hieroglífica era aquela que lhes fora ensinada diretamente pelos deuses.

Também os povos mesopotâmicos acreditavam que seu alfabeto cuneiforme fora trazido à terra pelo deus Enlil, da mesma forma que o sânscrito teria, segundo os hindus, uma origem divina. Nem os hebreus escaparam dessa tradição, pois, segundo os adeptos da Cabala, o alfabeto hebraico também foi gerado no céu.

De acordo com os ensinamentos da Teosofia, o primeiro idioma da espécie humana era monossilábico, falado pelas primitivas raças que povoaram a terra. Tratava-se de um sistema aglutinante, polissilábico, que foi primeiro utilizado pelos povos atlantes. Esse idioma seria a raiz do sânscrito, o qual, por sua vez, teria sido o pai de todas as línguas modernas.

A linguagem da Maçonaria

Assim também são os símbolos naturais e artificiais usados pela Maçonaria para representar as mais diversas noções desenvolvidas em sua prática. Essa tradição se fundamenta em conhecimentos arcanos, transmitidos de geração em geração, por meio da tradição oral. É sua linguagem, segundo a qual os Irmãos se comunicam entre si e conservam os elementos da cultura do grupo, e segundo os quais também se reconhecem em todo o mundo.

Essa é uma prática que acompanha a tradição iniciática desde o seu início. H. P. Blavatsky informa que *"desde tempos imemoriais os mistérios da Natureza foram registrados pelos discípulos dos homens celestes, em figuras geométricas e símbolos, cujas chaves passaram ao longo das gerações de homens sábios e dessa forma vieram do Oriente para o Ocidente. O Triângulo, o Quadrado, o Círculo são descrições mais eloquentes e científicas da evolução espiritual e psíquica do Universo do que todos os volumes de Cosmogênese"*.[170]

Os Mistérios de Ísis e Osíris, os Mistérios de Mitra, de Brahma, de Indra, Dionísio, Elêusis, etc., são exemplos dessas tradições praticadas por todos os povos antigos. De uma forma geral, todos esses Mistérios buscavam "religar" o profano ao sagrado, por meio da imitação

---

170. *Síntese da Doutrina Secreta*, op. cit., p. 125.

do processo que causava a vida e a morte. Diz-se que nas iniciações a esses Mistérios os segredos da origem do Universo eram relatados pelos hierofantes em uma linguagem cifrada e os iniciados deviam registrá-la por meio de símbolos ditados por sua sensibilidade. Assim, o mundo podia ser representado por um círculo com um ponto no meio, da mesma forma que outros conceitos esotéricos recebiam diferentes conformações geométricas e pictóricas, as quais, se julgadas corretas pelos mestres, eram definitivamente adotadas.

Dessa forma nasceram os mais diversos símbolos para representar os mais diferentes conhecimentos arcanos. Destarte, iremos encontrar números e figuras geométricas como expressão de conhecimentos sagrados em todas as escrituras antigas. E iremos perceber que todas as cosmogonias (histórias de criação do mundo) são representadas mais ou menos da mesma forma: por um círculo, um ponto, um quadrado, um triângulo; e praticamente em todas essas demonstrações simbólicas encontraremos o número 7 a representar o tempo da criação universal, ou as sete "rondas" às quais a humanidade terá de passar para cumprir seu destino escatológico. Na Bíblia são os sete dias da criação, citados em Gênesis, 2:1,3. Segundo a Doutrina Secreta a humanidade deverá viver sete ciclos ou "rondas", até completar seu destino na Terra. Nossa era corresponde à quarta "ronda".[171]

• O ponto

O ponto é o elemento a partir do qual toda geometria se inicia. Ele é o princípio de tudo. Um ponto determina uma posição no espaço, razão pela qual ele é o símbolo que dá uma ideia de começo. Em termos geométricos, pontos não possuem volume nem área, comprimento ou qualquer dimensão semelhante mensurável ou observável, razão pela qual ele é o próprio símbolo do infinito. Assim, a dimensão de um ponto é igual a zero, ou seja, uma esfera de diâmetro zero.

Na geometria euclidiana, um ponto é definido como "o número que não tem partes". Isso significa que o que o caracteriza é sua posição no espaço e não seu valor absoluto. Com o desenvolvimemto da geometria analítica, o ponto passou a ser o elemento numérico a partir do qual as demais posições podem ser analisadas por meio de coordenadas. Na filosofia de Aristóteles o ponto é o número ilimitado, que é composto de infinitas partes. Ele é o limite da linha, indimensionável e imensurável.

---

171. Idem, op. cit., p. 151. Essas noções são, evidentemente, inspiradas nos ciclos lunares.

Todas essas características matemáticas e geométricas do ponto fizeram dele um símbolo de extraordinário significado transcendental. Por ser representativo do primeiro momento da vida cósmica, na simbologia do saber arcano ele é o próprio poder que se manifesta, ou seja, o instante em que a divindade surge no mundo das realidades materiais observáveis e sensíveis. Na ciência física é a representação do átomo fundamental, que contém em si todas as formas futuras do Universo.

Na Cabala ele é Kether, a primeira séfira, também chamado de *Ain*, o Princípio Único, a coroa da criação, chamado de Inteligência Admirável, Potência Incriada, origem de tudo que existe. É a chamada Existência Negativa que se manifesta em positividade, tornando-se Existência Positiva. Ele é a mônada da filosofia de Leibnitz, princípio primeiro, único e fundamental, a partir do qual o Universo foi gerado. Na física atômica, esse símbolo é chamado de Singularidade, ou seja, um lugar no vazio cósmico (partícula ou átomo) onde a densidade da matéria é tão grande que a relatividade geral deixa de existir. Ou seja, o corpo celeste que explodiu, produzindo o chamado *Big Bang*, que, segundo a moderna ciência astronômica, foi a origem do Universo.[172]

O círculo

Nas antigas tradições o círculo representava o Universo primordial, o "ovo cósmico", configuração inicial do Cosmos, onde tudo estava encerrado. Essa manifestação do espírito dos povos antigos mostra que nesses primórdios da vida da humanidade já se intuía a forma esférica dos corpos celestes e dos grãos fundamentais da matéria, os átomos, e também do próprio Universo, que segundo a moderna astronomia também apresenta essa forma geométrica.

Em si mesmo ele condensa todas as formas e expressões do Universo em potência, assim como o ovo condensa a forma do ser que ele encerra. Na mitologia celta o Universo nascente era representado na forma de uma serpente que envolvia todo o vazio cósmico e tinha a cauda unida à cabeça. Na iconografia arcana, que é reproduzida também na simbologia alquímica, o círculo é representado por uma serpente que engole o próprio rabo, a chamada Serpente Ouroboros, significando que o Universo é uma potência que subsiste de si mesmo, isto é, ele gera a própria energia se alimentando de si mesmo. Esse processo, na

---

172. Conceito expresso por Stephen Hawking em *O Universo Em Uma Casca de Noz*, ANX, São Paulo, 2002.

moderna física atômica, é conhecido pelo sugestivo nome de *Boot Strap*, literalmente "alça de bota", significando que o Universo se sustenta da própria energia, "erguendo-se pelas alças das próprias botas".

O círculo e o ponto

O círculo com o ponto inscrito no centro representa o nascimento do Universo, momento em que a luz é tirada das trevas, ou seja, quando o Grande Arquiteto se manifesta em Luz (potência masculina, positiva, eletricidade, *yang*).

Matematicamente ele corresponde ao número 2, segunda manifestação da divindade no mundo material. Segundo a intuição vedanta, esse é o momento sublime em que Brahman, a alma do Cosmos, se manifesta como existência real. Visão correspondente é a da tradição gnóstica que vê nela o momento em que o "ovo cósmico" é fecundado pelo Espírito Divino.

Na física é o instante em que o *Big Bang* libera a energia luminosa que dará origem às realidades cósmicas. Corresponde à primeira lei que rege a formação cósmica, ou seja, a lei da relatividade, que permite a expansão do Universo a partir do momento inicial da grande explosão.

Daí em diante a luz liberada a partir desse ponto inicial irá se espalhar pelo vazio cósmico, e sua condensação, forçada pela segunda lei, a da gravidade, permitirá o aparecimento da matéria universal e seu agrupamento em sistemas funcionais. Essa visão, que é defendida pela moderna ciência astronômica, já havia sido intuída pelos sábios da Antiguidade, pois ela aparece concomitantemente em todos os livros de sabedoria antiga. No hino *Nāsadīya*, ou o "hino da criação", do *Rig-Veda*, por exemplo, se diz que "no princípio Brahman repousava sobre si mesmo, prenhe de seus mundos futuros".

A Bíblia informa que Deus fez o mundo tirando a luz das trevas. Essa visão corresponde à explosão do *Big Bang*, sendo hoje compartilhada inclusive pelos setores mais liberais da Igreja Católica, que têm deixado de invocar as teses criacionistas para justificar a existência do Universo. Ela foi expressa pelo papa Bento XVI em uma de suas homilias, na qual ele diz que *"a mente de Deus esteve por trás de teorias científicas complexas como a do* Big Bang, *e os cristãos devem rejeitar a ideia de que o Universo tenha surgido por acaso"*.

O círculo, o ponto e o triângulo

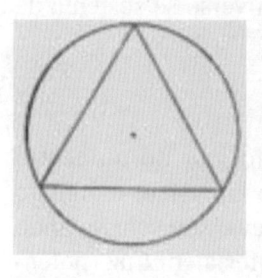

Foram os filósofos hilozoístas que lançaram a ideia de que o Universo é construído por um processo em que a vida que nele existe se manifesta em diferentes etapas, cada espécie com sua forma particular, que por sua vez se subdivide em infinitas outras, que podem ser compostas ou simples, sendo cada uma delas a expressão de uma alma que as anima ou nelas habita. Cada uma, segundo a forma e a evolução que nela se processa, desenvolve um determinado grau de consciência. Daí a hierarquia existente entre as diversas formas de vida existentes no Universo material.[173]

O Princípio Universal, primeiro e único, segundo o qual a vida se manifesta no Universo é Deus. É a Vontade de Ser, o *Logos*, o Verbo Fundamental que se faz por si mesmo e se transforma em matéria universal. Daí ser a filosofia hilozoísta uma espécie de panteísmo universal, tendo em vista que ela admite a existência de um Ser Único, Deus, como sendo uma força, uma energia que se manifesta, não como uma entidade, segundo os cânones das religiões reveladas, mas como uma lei natural que dá vida e organização ao Universo real. Essa energia se multiplica em uma infinidade de formas que se relacionam entre si, entrelaçam-se e criam outras formas, que no conjunto constituem o Universo em sua multiplicidade infinita.

No centro desse infinito mar de formas encontra-se a Consciência Cósmica que a tradição vedanta chama de Sanat Kumara, e a Cabala de Senhor do Mundo, o Ancião dos Dias. Ele é o centro de toda existência, que se manifesta por meio de um ponto no vazio do infinito, o qual, por força da energia irradiada a partir desse ponto, assume uma forma esférica, circular. E dentro dessa esfera, por força da própria energia irradiada, forma-se um triângulo de energias que se espalha pelo nada cósmico gerando os mundos e organizando-os segundo as funções que cada um exerce na totalidade da vida universal.

Essas concepções foram desenvolvidas pela filosofia oriental, principalmente na cosmogonia dos *Vedas*. Depois foram adotadas pelas escolas teosóficas, que as transformaram em um vasto sistema cosmogônico que explica, orienta e prevê o desenvolvimento da vida no Universo,

---

173. Hilozoísmo [hylé (matéria) + zoé (vida)] é a doutrina filosófica segundo a qual toda a matéria do Universo é viva, sendo o próprio Cosmos um organismo material integrado, possuindo características como animação, sensibilidade ou consciência. Seus principais representantes foram os gregos Tales de Mileto e Pitágoras.

mostrando como ele nasceu, desenvolveu e se desenvolverá, bem como o comportamento da vida dentro dele, em suas manifestações passadas, presente e futuras.[174]

Também na grande tradição da Cabala essas mesmas ideias estão presentes, desenvolvidas por meio de ricas metáforas e um expressivo simbolismo que transforma em "entidades" chamadas de anjos e demônios as energias fundamentais que formatam e regem a vida do Universo.[175]

Porém, o que nos interessa no presente estudo são as relações simbólicas que elas assumem na tradição maçônica, as quais são todas inspiradas no hilozoísmo, ou mais propriamente na filosofia de Pitágoras, cuja maior expressão nos é passada pela geometria.

Nesse sentido, podemos interpretar as figuras geométricas representadas pelo ponto, o círculo e o triângulo, em relação com as proposições filosóficas que elas inspiram, as quais podem ser dispostas conforme segue.

O círculo com o ponto inscrito dentro de um triângulo representa o Universo em equilíbrio. É a representação geométrica do processo segundo o qual o Universo nasce, desenvolve-se e se equilibra por meio das próprias forças que nele atuam de forma natural.

Na tradição da Cabala esse desenho corresponde aos três primeiros componentes da árvore sefirótica, Kether (a coroa), Chokmah (a sabedoria) e Binah (a compreensão), que se unem para formar tudo que existe no Universo, também conhecidos pelos nomes de *Ain* (Kether), *Ain Soph* (Chokmah) e *Ain Soph Aur* (Binah). Essas três representações da ação divina no mundo das realidades fenomênicas correspondem à ação da divindade se manifestando como matéria e se dividindo em dois princípios, o masculino (Chokmah, o Universo representado pelo círculo) e o feminino (Binah, representado pelo triângulo).

Na doutrina cristã essa representação pictórica corresponde à chamada Santíssima Trindade, ou seja, o Pai (Kether, a coroa, representada pelo ponto), o Filho (Chokmah, a sabedoria, representada pelo círculo), e o Espírito Santo (Binah, a compreensão, o equilíbrio, representada pelo triângulo).[176]

Essa simbologia tem correspondência em praticamente todas as religiões dos povos antigos. Na tradição vedanta, essa representação é

---

174. Veja-se, nesse sentido, as obras de Helena P. Blavastsky.
175. Veja-se nossa obra *Mestres do Universo*, citada.
176. Note-se que, na tradição cristã, o princípio feminino (Binah) é substituído pelo Espírito Santo, denotando a nítida conotação patriarcal que a doutrina cristã (católica) deu à sua teologia.

feita por Brahma, Vishnu e Shiva, a divina trindade hindu que dá origem e sustentação ao mundo. Para os antigos egípcios representava a união da sagrada família, formada por Osíris, Ísis e Hórus. Para os taoístas, representa o Tao, princípio único que dá origem a toda realidade e suas duas derivações, o masculino e o feminino, que se unem para proporcionar o perfeito equilíbrio, representado pelo triângulo.

Na moderna física atômica esses símbolos correspondem às três leis básicas de constituição universal: relatividade, gravidade e magnetismo.

Segundo a teoria de James Clark Maxwel, as leis da relatividade, da gravidade e do magnetismo, atuando sobre a matéria universal, formam campos energéticos que transmitem ações de um lugar para outro. Esses campos se comportam como "entidades" dinâmicas que podem oscilar e mover-se no espaço. São as ondas e as partículas, que constituem as formas atômicas da matéria.[177]

Na Cabala essas "entidades" correspondem aos "anjos" que supervisionam a formação do Universo. Essa analogia é nossa, mas é uma intuição que nos parece muito clara quando comparamos as descrições que os cabalistas fazem dos chamados "anjos construtores do Universo", com as propriedades dos átomos que constituem a matéria universal.

Para a Maçonaria, triângulos, pontos e círculos são símbolos extremamente representativos, que têm larga utilização na metalinguagem utilizada para a veiculação de seus ensinamentos.

O mundo maçônico é um mundo geométrico por excelência. O círculo é o mundo em seu início, o ponto é seu conteúdo potencial, o triângulo é o Universo organizado, a ordem posta no caos inicial. Por isso, na comunicação maçônica encontraremos uma larga utilização desses símbolos geométricos. Além da conotação puramente espiritualista que se quer dar às mensagens maçônicas, o simbolismo contido na comunicação feita em forma de pontos dispostos em forma de triângulos, veicula também um profundo conteúdo filosófico extraído dos princípios que norteiam a prática da Arte Real. Nessas mensagens se pressupõe que na ideia ali exposta estão presentes os elementos de estabilidade defendidos pelos maçons: liberdade, igualdade e fraternidade, que, no entender da Maçonaria, constituem os três elementos básicos de uma sociedade justa e fraterna.

---

177. Fritjof Kapra, *O Tao da Física*, op. cit..

Capítulo XXII

Simbologia Arcana

O nível e o prumo – O esquadro e o compasso – A trolha – O avental – As luvas brancas – O maço e o cinzel

O nível e o prumo

Na Maçonaria Simbólica, o nível e o prumo são instrumentos que representam o trabalho do maçom como construtor do Universo moral e material. Ambos estão relacionados com questões esotéricas e filosóficas, que fazem parte do ensinamento da Ordem.

O nível é o instrumento com o qual o profissional de construção verifica se uma superfície está livre de arestas, já que para a edificação de um alicerce seguro é fundamental que uma superfície esteja devidamente preparada.

O prumo permite aferir a inclinação da parede que está sendo erigida, pois essa é uma condição fundamental para assegurar sua estabilidade. Na simbologia maçônica, níveis e prumos simbolizam a igualdade que deve existir entre os Irmãos e a retidão de caráter que deve ser a marca registrada do maçom.

Na tradição maçônica, a escolha do prumo para simbolizar a retidão do caráter do maçom tem sua justificativa na visão do profeta Amós, 7:7, 8, que diz: "*Mostrou-me também isto: Eis que o Senhor estava sobre um muro levantado a prumo; e tinha um prumo na mão. O Senhor me disse: Que vês tu, Amós? Um prumo, eu disse. Então respondeu o Senhor. Eis que porei um prumo no meio de meu povo de Israel; e jamais passarei por ele*".

Essa visão significa que Deus colocou uma regra de conduta para o povo de Israel, a qual deveria ser seguida estritamente para que o povo escolhido se desenvolvesse reto como um muro feito a prumo. E que jamais Ele (o Senhor) deveria ser questionado quanto à retidão de seus preceitos.

Essa é a mesma regra colocada ao maçom. Seu caráter deve ser reto como um muro erguido a prumo e sua fidelidade ao Grande Arquiteto do Universo jamais pode ser contestada. Por isso é que essa foi, inclusive, a oração-senha adotada para a abertura da Loja de Companheiro.

Há outra analogia que se pode fazer com a simbologia do nível e do prumo. Na tradição maçônica é comum comparar-se o Universo material com a construção de um edifício, e este, simbolizado pelo templo maçônico (uma réplica do Templo de Jerusalém), é por isso mesmo um simulacro do Cosmos. Por isso, o mapa celeste, conforme era visto pelos antigos hierofantes caldeus e persas, geralmente é reproduzido no teto dos templos maçônicos.

Tudo isso indica que a prática maçônica, no templo, é um exercício de construção cósmica, imitando nesse mister o trabalho dos "Mestres do Universo", que a grande tradição da Cabala chama de anjos construtores. Enquanto esses "Mestres" trabalham para construir o Universo de cima (as realidades celestes), seus Aprendizes, os homens, constroem o Universo de baixo (as realidades terrestres). Em meio a esse processo existem os "Companheiros", que representam uma etapa intermediária entre o Mestre e o Aprendiz. Em tradições gnósticas, fundamentadas em ensinamentos cabalísticos, os Companheiros simbolizam os anjos caídos, ou seja, aqueles que traem seu Mestre e procuram perverter o Aprendiz. Essa alegoria cabalística tem sua mais exata configuração no ritual de passagem do Grau de Companheiro para o Grau de Mestre, quando os "traidores" são castigados e o Companheiro é devidamente "resgatado" para a Obra maçônica.[178]

Nesse sentido, o nível e o prumo aparecem como importantes ferramentas do labor construtivo que o maçom coloca em sua obra. Com o nível se comprova a horizontalidade que ele adquiriu no trabalho de construção de seu edifício interno, ou seja, seu caráter.

Da mesma forma, o prumo mostra que o edifício está perfeito em sua verticalidade. Destarte, podemos relacionar nível e prumo com os dois sentidos que a Maçonaria quer dar ao edifício do caráter humano,

---

178. Tradição compilada por Robert. Ambelain, *A Franco-Maçonaria*, São Paulo, Ed. Ibrasa, 1999. Veja-se também nossa obra *Mestres do Universo*, Ed. Biblioteca 24x7, S. Paulo, 2010.

ou seja, horizontal (energia Yin) e vertical (energia Yang), que são também as duas direções em que o maçom deve procurar crescer.

Esses são também os dois raios que formatam o Universo em sua expansão: extensão e profundidade, que igualmente lembram latitude e longitude, simplicidade e complexidade, tempo e espaço, etc., sendo o prumo o eixo vertical que indica o sentido da ascensão (em direção ao espírito, o céu) e o nível o eixo horizontal, que indica o sentido da extensão (em direção aos quadrantes da terra).

Diz a tradição que o templo maçônico, que reflete o Cosmos, é construído a prumo com o eixo do mundo, cujo centro é a Estrela Polar. Dela desce um eixo imaginário, em torno qual o Universo todo gira. No templo maçônico esse prumo estaria no centro da abóbada e cairia perpendicularmente até o centro do retângulo da nave onde se situa o Oriente, ou, mais propriamente, no centro do Altar do Venerável.

Assim sendo, o prumo poderia simbolizar o "Eixo do Mundo", ou seja, o instrumento pelo qual o Grande Arquiteto do Universo esquadreja e erige o Universo de horizonte a horizonte e de cima até embaixo.

Também na estrutura fisiológica do ser humano podemos utilizar a simbologia do nível e do prumo para figurar o homem em sua posição horizontal, que denota o equilíbrio, e o homem em sua posição vertical, que significa sua postura perante todas as demais espécies, ou seja, a postura ereta.

O esquadro e o compasso

O compasso e o esquadro formando um pentagrama é o mais conhecido símbolo da Maçonaria. Representa a divisa maçônica "Justiça e Perfeição" simbolizada em dois instrumentos de trabalho, que une o sagrado e o profano da profissão de construtor.

Com o compasso, o Grande Arquiteto do Universo desenha a conformação do Universo, que é esférica; com o esquadro Ele traça seus eixos, que são fundados na bipolaridade das forças que o constroem.

Com efeito, é amplamente aceita, tanto entre os cientistas quanto entre os mestres do conhecimento arcano, a ideia de que Universo, o Cosmos, o grande edifício universal, que o Supremo Arquiteto do Universo planeja, e os mestres pedreiros e seus aprendizes constroem, tem a forma esférica. Ele se propaga a partir de um centro único, em todas as direções como se fosse uma esfera, uma bola que está sendo preenchida pelo sopro de seu Criador.

Essa é sua forma geométrica, que só pode ser traçada por um compasso. Porém, em sua expansão, o Universo se espalha ao longo de dois eixos, que são o espaço e o tempo, e estes só podem ser traçados com um esquadro. Por isso, na união dos dois instrumentos de traçado está a simbologia do construtor das realidades universais, que deles precisa para realizar seu trabalho, da mesma forma que representa a realidade prática do construtor de edifícios, em cuja tradição simbólica a Arte Real se fundamenta.

Na tradição do Taoísmo, esquadro e compasso podem ser comparados às energias *Yin/Yang*, dualidade formada pela dialética dos opostos, no sentido de que um (*yin*) força o mundo a se expandir para fora de seu centro, enquanto o outro (*yang*) o faz retornar sobre si mesmo. Assim, representam a positividade que faz o Universo crescer em massa, na infinitude cósmica, e a negatividade, que o leva a organizar-se em sistemas, confluindo para a interioridade que também leva o ser humano a espiritualizar-se. Esquadro e compasso são, portanto, símbolos da matéria e do espírito, que se conjugam para formatar o ser.

Usando as noções da moderna ciência física, poderíamos invocar as leis da relatividade e da gravidade para simbolizar essa estranha figura formada pelos dois instrumentos. Eles representam cada uma das referidas leis, atuando com suas propriedades; uma permitindo que o Universo se formate no imenso das realidades físicas, a outra concorrendo para que ele se organize no ínfimo das realidades espirituais.

Na simbologia maçônica essa composição entre os dois instrumentos de traçado significa que o maçom deve procurar ser justo e perfeito em suas ações e julgamentos. Amplo em seu entendimento, flexível em seu julgamento, reto em seu caráter. De um lado, uma esfera sem medida, pronta para infinitas realizações, de outro, duas linhas retas em honradez e virtude, que desses eixos não se afasta nem por força das mais fortes pressões.

Esse simbolismo revela ainda a profunda relação entre a Maçonaria e a arquitetura, já que são instrumentos de trabalho do construtor. Quando apresentado com a letra G dentro do desenho representa o parto do Universo, uma vez que a letra G, em Maçonaria, simboliza o próprio Universo sendo manifestado em forma de energia luminosa. Por isso é que a forma como são dispostos lembra também a postura macho-fêmea em atitude de cópula. O G no meio das pernas dos dois instrumentos é o mundo que nasce dessa união. Simbolismo revelador.[179]

---

179. O G quando apresentado sozinho representa a *estrela flamejante*, um dos mistérios mais intrigantes da Maçonaria. Sobre esse assunto veja-se o capítulo XXVII da nossa obra *Mestres do Universo*, publicada pela Biblioteca 24x7, citada.

Assim, não é mera coincidência a escolha desses instrumentos de traçado, usados na construção civil, para simbolizar a prática maçônica. Os dois instrumentos juntos têm a forma de uma estrela de cinco pontas, também conhecida como Selo de Salomão. Na Maçonaria essa alegoria é apresentada como o mistério fundamental a ser revelado ao maçom que completa seu ciclo de aprendizado. Com efeito, sendo o conhecimento das propriedades da Estrela Flamejante o corolário do ensinamento maçônico, o ápice filosófico da Escada de Jacó, espera-se que no momento em que essa intuição é passada ao iniciado ele esteja pronto para receber a luz final desse conhecimento, representado pela estrela que nasce da união do esquadro e do compasso.

A trolha

– Sois M∴?
– MM∴ II∴ C∴ T∴ M∴ RR∴
– De onde vindes?
– De uma Loja de São João, justa e perfeita.
– Que trazeis?
– Amizade, Paz e votos de prosperidades a todos os Ir∴
– O que mais trazeis?
– O V∴ M∴ de minha L∴ V∴ S∴ P∴ T∴ V∴ T∴
– Que se faz em vossa L∴?
– Levantam-se TT∴ à virtude e cavam-se masmorras ao vício.
– Que vindes fazer aqui?
– Vencer minhas paixões, submeter minha vontade e fazer novos progressos na M∴
– Que desejais?
– U∴ L∴ E∴ V∴
– Ele vos será concedido.

Todo maçom reconhecerá esse enigmático diálogo, para o que serve e quando ele é aplicado. É o chamado Trolhamento, aplicável em todas as Lojas Maçônicas regulares e aceito universalmente como um dos *Landmarks* da Instituição (regras reconhecidas pela Maçonaria mundial).[180]

---

180. *Landmarks* literalmente significa "marcas de terra". Originalmente eram estatutos que os antigos senhores feudais europeus concordavam em observar para evitar as constantes guerras entre eles. Na Maçonaria significa o conjunto de regras básicas, observadas pelas Lojas Maçônicas em todo o mundo.

As perguntas e as respostas desse trolhamento resumem a filosofia praticada na Ordem e sua finalidade. As perguntas buscam verificar a origem de um Irmão que visita uma Loja que não é a sua e as respostas mostram que ele está a par da linguagem maçônica e das tradições que ligam seus membros.

Essa tradição é milenar. Foi adaptada das antigas Lojas de maçons operativos, cujos segredos profissionais só eram transmitidos por iniciação e cuja interação entre seus membros eram realizadas por meio de linguagem secreta que somente os membros de cada Loja conheciam. Assim, quando um profissional da construção, reconhecido como tal, se apresentava em um canteiro de obras, ele passava por um interrogatório semelhante, para fins de aquilatar se ele era mesmo do ramo ou não.

Na tradição medieval, esse inquérito era conhecido como "telhamento", ou seja, um inquérito de cobertura, no qual se visava a "cobrir", ou seja, resguardar contra elementos estranhos os segredos da Loja.

A ideia de simbolizar esse costume por meio da trolha – típica colher do pedreiro – foi um processo metonímico natural, muito próprio da tradição maçônica. A trolha, sendo uma ferramenta de pedreiro, cuja função é espalhar a argamassa com que se ligam os tijolos que irão compor o edifício, foi vista pelos pedreiros morais, que se tornaram os maçons especulativos, como um símbolo apropriado para representar a ideia de "espalhar" a ligadura, ou seja, o elemento de fraternidade e apreciação que deve existir entre todos os Irmãos. Assim, quando o Irmão responde a um trolhamento, ele está demonstrando que está devidamente "ligado" aos Irmãos da Loja visitada pelos mesmos elementos culturais.

Não a vemos como símbolo da tolerância, como é usual encontrarmos em trabalhos realizados em Lojas, e inclusive publicados em obras escritas por outros autores.[181] Na verdade, a tolerância é uma virtude que está vinculada à flexibilidade com que aprendemos a conviver com a realidade do mundo. Nesse sentido, a trolha, colher de pedreiro, com a qual se espalha a argamassa que faz da Maçonaria um edifício único, em nossa visão, simboliza muito mais a unidade e identidade que existe, ou deveria existir, entre os Irmãos.

O avental

O avental é o típico símbolo do trabalhador. Desenvolvido inicialmente como elemento de proteção, logo se tornou um brasão de identificação da condição e da qualidade do obreiro. Quase todos os tipos

---
181. Nicolas Aslan e Rizzardo da Camino, por exemplo.

de trabalhadores usam aventais, sendo seu uso uma prática muito antiga, geratriz de uma simbologia cuja origem se perde na bruma dos tempos. Na Maçonaria, o revestimento do iniciado maçom com o avental do grau significa sua condição de obreiro e denuncia seu grau hierárquico. Por isso, em cada grau da Loja Simbólica o Irmão usa um avental de característica diferente, denotativo do grau ao qual ele está ascendendo. E essa prática ritualística continua pelos graus superiores, simbolizando em cada tipo de avental o momento hierárquico que o iniciado maçom está vivendo dentro da Ordem.

O avental branco do aprendiz simboliza seu noviciado. É o estado de sua alma quando ele se inicia nos Mistérios maçônicos. Esvaziado de seu ego e purificado pelo ritual da iniciação, ele se apresenta na egrégora formada pelos Irmãos como "tábula rasa", pronta para nela ser escrita os ensinamentos maçônicos. Assim também se apresentava o novato alquimista quando se iniciava nos trabalhos da Grande Obra, da mesma forma que nos canteiros de obras medievais, em que o tipo de avental usado denunciava a condição do obreiro.

Os aventais nos quais o Irmão for revestido durante sua progressão pela Escada de Jacó são os símbolos dessa escalada. Enquanto Aprendiz e Companheiro o avental é branco, liso, sem nenhuma ornamentação. A única diferença entre um e outro é o fato de o Aprendiz usar o avental com a abeta levantada, enquanto o Companheiro baixa a abeta de seu avental.

A abeta do avental maçom é feita na forma de um triângulo isósceles, que em suas três linhas simbolizam os três graus da Loja Simbólica. Por isso é que, vencida a primeira etapa, o iniciado dobra a abeta de seu avental para dizer que ele já percorreu essa primeira linha, que é a do Aprendiz. A segunda linha é a do companheiro e a terceira é a do Mestre. Mas quando o iniciado se torna Mestre ele também atinge a plenitude dos graus simbólicos e então seu avental muda de conformação e nele se inscrevem as três rosáceas do maçom pleno, que representam a aquisição do perfeito equilíbrio, representado pelo triângulo completo.

Há quem interprete as disposições do avental em Loja Simbólica como uma representação das três etapas do aprendizado pelas quais o Irmão deve passar: a etapa da pedra bruta, da pedra lavrada e da pedra angular. Essa interpretação provavelmente tem sua origem nos graus distintivos da Maçonaria Operativa, nos quais os artesãos usavam aventais de diferentes cores e conformações para distinguir os diversos níveis profissionais existentes entre os profissionais da construção. É, portanto, uma interpretação que reclama uma base histórica e nada tem a ver com o esoterismo que se quer enxergar nessa distinção.

Com o passar dos tempos e com os acréscimos simbólicos que foram acrescentados à pratica maçônica, também os aventais foram adquirindo caracteres de verdadeiros brasões representativos do conjunto de ensinamentos que se queria transmitir em cada bloco.

Assim é que nas Lojas de Perfeição e Capitulares os aventais foram desenhados para simbolizar as tradições que ali se cultivam, da mesma forma que nos graus filosóficos e administrativos, cada um deles teve sua representação formulada nos motivos desenhados nos aventais. Assim eles se tornaram verdadeiros estandartes, em que o conjunto das tradições cultivadas pela Arte Real é traduzido em símbolos e metáforas, rico em conteúdo esotérico, filosófico e histórico. Daí a razão de nos aventais dos graus capitulares, por exemplo, encontrarmos muitos motivos evocativos ao crime dos Jubelos, da mesma forma que nas Lojas de Perfeição a ênfase será dada aos motivos referentes à reconstrução de Jerusalém, ao simbolismo da Rosa-Cruz, com seu pelicano (grau 18), etc.

E assim, sucessivamente, até o grau 33, cada bloco de ensinamentos vai refletindo nos aventais seus motivos filosóficos.

Dessa forma tudo concorre para que o espírito maçônico seja transmitido aos iniciados por meio de símbolos e alegorias, próprias para cada grau de conhecimento. Esse é o sentido da tradição iniciática, na qual o processo pedagógico de ensinamento recorre mais a estímulos visuais e cinestésicos que ao uso da palavra, que é um recurso essencialmente auditivo. Aqui, as palavras nem sempre correspondem ao seu significado semântico. Elas são utilizadas principalmente em seu sentido alegórico e como tal devem ser captadas mais pela sabedoria inconsciente do Irmão do que por sua consciência.

Luvas brancas

Quanto às luvas brancas, elas são um complemento da indumentária do maçom. Hoje são usadas principalmente nas seções magnas de iniciação e de comemoração. Sua utilização tem uma origem francamente profissional, já que era indumentária obrigatória dos profissionais de construção nos antigos canteiros de obras. Fazia parte da iniciação, por exemplo, que o iniciado pagasse por seu avental e suas luvas, como símbolo de sua iniciação entre os companheiros das *crafts* dos pedreiros. Com o tempo, esse costume extrapolou a cultura fechada dos maçons operativos e ganhou espaço na sociedade comercial, na figura do pagamento das "luvas", quantia que uma das partes contratantes se comprometia a depositar para que um contrato fosse cumprido. Esse termo era usado até recentemente no mundo dos esportes, em que o contrato de um jogador de futebol, por exemplo, era garantido pelo pagamento de "luvas".

Na Maçonaria, naturalmente, esse assessório assumiu contornos de simbolismo que geralmente vão além de seu próprio significado. Tem-se dito que "luvas brancas" significam a condição do iniciado "limpo e puro", como se diz do neófito que é iniciado na Ordem. Que é sinal que o trabalho do maçom deve ser feito com pureza e honestidade. Que é uma prova da relação simbiótica que a Maçonaria mantém com a Cavalaria medieval, na qual o uso das luvas destacava o papel que o cavaleiro representava naquela sociedade em que a cortesia era um comportamento obrigatório, e por aí em diante.

A verdade, porém, é que as luvas, tanto quanto o avental, são símbolos profissionais e como tais devem ser entendidos. Representam o trabalho que deve ser feito pelos maçons, cujas mãos devem ser devidamente protegidas. E da mesma forma que o neófito é admitido na confraria, também é a sua família, e esse gesto de aceitação é simbolizado na entrega do par de luvas que o iniciado ofertará à sua esposa. Esse simbolismo, além de evocar o costume cavalheiresco de "colocar a disposição da dama de sua preferência" a força de suas mãos, como era costume entre os cavaleiros medievais, simboliza, de fato, a admissão do novo membro na família maçônica.

O maço e o cinzel

Maço e cinzel são, por definição, os instrumentos mais típicos da antiga Maçonaria. A própria palavra maçom, embora não seja originário do termo maço, aplicado ao instrumento do trabalhador da pedreira, tem com ele uma analogia simbólica muito intessante que não pode ser desprezada.

Maçom é o antigo profissional que se dedicava às obras civis. Era o operário, o artesão das construções. O termo se aplica tanto aos trabalhadores que tiravam, cortavam e facejavam as pedras brutas tiradas das pedreiras quanto aos artesãos que as trabalhavam, fazendo delas pedras de canto, de coluna, de centro, e também as obras de arte que ornamentavam as construções.

Entre os pedreiros medievais, como bem observa B. Jones, havia uma diferença hierárquica entre o pedreiro da "pedra mole" (artesão) e o pedreiro da pedra dura (o desbastador de pedra), chamado de *freestone-mason* o primeiro e *roughstone-mason* o segundo. "*Havia, portanto, uma diferenciação ao mesmo tempo social e qualitativa entre os pedreiros. A qualidade do ofício corresponde à qualidade do material empregado*", escreve Jean Palou. "*Ao talhador de pedras, ao talhador de imagens de pedra de grão mole*", prossegue aquele autor, "*corresponde o nome de pedreiro livre (*freestone-mason*). Aquele que desbasta a pedra bruta na pedreira, longe dos canteiros das igrejas, é o* rough mason *(pedreiro rude)*".[182]

O *free-mason*, que comumente é traduzido por pedreiro livre, como bem observa o citado autor, devia ter um conhecimento de geometria e de outras ciências do ofício, que os *rough-masons*, ou pedreiros comuns, não possuíam. É dos primeiros, portanto, que vem a tradição emprestada à Maçonaria Moderna.

O que daí se deduz é que os maçons operativos tinham uma habilidade específica que envolvia o uso do maço e do cinzel, e quanto mais perfeita a obra que se obtinha com o uso desses instrumentos maior era o sentimento de ascese que o artesão experimentava na prática de seu ofício. É desses profissionais, o artesão, e dos arquitetos que traçavam os planos dos edifícios que deriva a tradição que informa a Maçonaria Moderna.

Esta pouco tem a ver, portanto, com os simples pedreiros medievais, que, aliás, nenhum motivo teriam para codificar, em linguagem iniciática, seus segredos de ofício, marca distintiva dos praticantes da Maçonaria. Essa disposição está bem explícita no Manuscrito de York nº 293, que proíbe a um "pedreiro livre mostrar esquadro, régua ou outro instrumento de seu ofício a um pedreiro rude".[183]

Tem-se, pois, como importante a habilidade do maçom operativo no uso do maço e do cinzel, sendo estes os instrumentos dos verdadeiros artistas da Arte Real. Daí a rica simbologia que deles derivam. Na Maçonaria Moderna o maço e o cinzel são as ferramentas que o Irmão, simbolicamente, irá usar para desbastar a pedra bruta de seu caráter. No estudo da filosofia da Ordem e na prática de virtude que ela enseja, o iniciado obtém a obra perfeita, que, como o *Apolo* de Beldevere ou o *Davi* de Michelangelo, mostrará a habilidade

---

182. *A Maçonaria Simbólica e Iniciática*, op. cit., p. 12.
183. O Manuscrito York é uma Old Charge datada de 1693, pertencente à Loja de York, Inglaterra.

do maçom no exercício de sua Arte. Pois desbastar a "pedra bruta da personalidade" significa exatamente isto: eliminar o vício e promover a virtude, combatendo toda propensão para o mal e incentivando toda tendência para o bem.

Essa metáfora foi usada brilhantemente pelo padre Vieira em um de seus famosos sermões. *"Arranca o estatuário uma pedra dessas montanhas, tosca, bruta, dura, informe e, depois que desbastou o mais grosso, toma o maço e o cinzel na mão e começa a formar um homem; primeiro membro a membro, e depois feição por feição, até a mais miúda: ondeia-lhe os cabelos, alisa-lhe a testa, rasga-lhe os olhos, afila-lhe o nariz, abre-lhe a boca, avulta-lhe as faces, torneia-lhe o pescoço. estende-lhe os braços, espalma-lhe as mãos, divide-lhe os dedos, lança-lhe os vestidos; aqui desprega, ali arruga, acolá recama e fica um homem perfeito, talvez um santo, que se pode pôr no altar..."*[184]

Isso significa que a mente humana, com sua disposição para o bem, é o maço; trata-se de uma vontade de aperfeiçoamento, uma decisão íntima de "cavar masmorras ao vício e erguer templos à virtude", que move o iniciado em sua ingente labuta para eliminar seus vícios de caráter e incorporar à sua personalidade as virtudes que o farão "justo e perfeito". E suas mãos são o cinzel, pois é com elas que o trabalho será feito. E como dizem Pawels e Bergier (*O Despertar dos Mágicos*, 1960), não é com asas que se sobe aos céus, mas com as mãos.

Lembrando que o maçom é o artesão por excelência, e que não é a força do golpe do maço sobre o cinzel que faz a beleza da obra, mas sim a habilidade com que se golpeia; assim como é a escolha criteriosa do local onde golpear que constitui a grande ciência do uso desses instrumentos, poderá o Irmão entrar na posse do perfeito entendimento do que significam esses dois símbolos profissionais tão caros à Maçonaria. Esse, aliás, é o grande segredo da Maçonaria, no dizer de Lavagnini.[185]

---

184. José Van Den Besselaar. *António Vieira: o homem, a obra, as ideias*. Lisboa: ICALP, 1981 (Colecção Biblioteca Breve).
185. Aldo Lavagnini, *El Secreto Masónico*. Buenos Aires, Ed. Galáxia, 1983.

Capítulo XXIII

Alegorias Arcanas

A pirâmide seccionada — O galo — A ampulheta — Os três pontos — O princípio trinitário — A trindade maçônica — A corda de 81 nós.

A pirâmide seccionada

Os Estados Unidos da América, em sua concepção filosófica e política, foi o Estado que melhor encarnou o ideal maçônico. Nascido como Estado independente justamente na época em que o Iluminismo estava no auge de sua aplicação como doutrina de regeneração social, podemos dizer que foi no território americano que o sonho da utopia encontrou as melhores condições para sua realização.

Liberdade, igualdade e fraternidade, como se sabe, era o lema dos filósofos iluministas, os quais sonhavam com uma ordem social em que esse sonho da humanidade pudesse ser efetivamente realizado. Os revolucionários americanos tomaram ao pé da letra as proposições do Iluminismo e, ao obter a liberdade política, redigiram uma Constituição na qual esses ideais foram postos como princípios reguladores da vida americana, ou seja, suas cláusulas pétreas. Liberdade acima de tudo, igualdade como um ideal a ser atingido e fraternidade como forma de realizá-lo.

Esse era o ideal que naquele momento da história seduzia a Europa toda. Todos os povos ansiavam por uma nova ordem política e social que abolisse de vez a servidão, a intolerância religiosa, a desigualdade social, a ignorância e a pobreza. Por isso, logo em seguida à guerra de libertação americana, estourou a Revolução Francesa, e na esteira desse conflito as guerras de libertação das colônias latino-americanas e os movimentos que liquidariam de vez com os antigos regimes europeus, ainda ligados a institutos feudais.

A América, com suas grandes extensões de terra inexploradas, sua legislação liberal e suas imensas riquezas naturais, tornou-se a nova Terra da Promessa.

A guiar e ordenar tudo isso uma plêiade de homens de mente aberta e espírito empreendedor, formados na escola de pensamento mais progressista do mundo: a Maçonaria.

A Maçonaria é uma instituição tipicamente europeia, e praticamente em todos os países da Europa ela sempre exerceu um papel de extraordinária relevância na composição político-doutrinária de seus governos. Se formos esquadrinhar a hierarquia social e política de todos os países do Velho Continente, nos séculos XVIII e XIX principalmente, em várias posições de importância, seja no meio militar ou civil, iremos encontrar um maçom.

Porém, foi na América do Norte que a Maçonaria encontrou seu melhor teatro de operações, com um palco não só apropriado para sua atuação, mas também com um povo ávido por uma filosofia que lhes desse liberdade para pensar e agir.

Foi assim que nasceu a América, a utopia dos maçons oitocentistas. E em razão disso é que encontraremos em muitas de suas instituições, e em vários de seus ícones oficiais, motivos maçônicos. O principal deles é a famosa pirâmide seccionada.

A pirâmide seccionada, com o delta sagrado à guisa de auréola, foi o símbolo adotado pelos Estados Unidos da América como selo nacional. Está presente em todos os documentos oficiais daquele país, inclusive na nota de um dólar. A divisa nele estampada (*Novus Ordo Seclorum*) é bastante significativa e por si só já denota o espírito messiânico do qual estavam embuídos os fundadores da nação americana, que tinham na América do Norte a *Nova Ordem do Século*, ou seja, a nova utopia, sonhada por todos os grandes idealistas em todos os tempos. Essa é uma típica ideia maçônica, que se justifica plenamente nesse caso, uma vez que os os "pais da pátria" americana eram, em sua grande maioria, maçons. Aqui, o arquétipo "terra da promessa", presente desde sempre no inconsciente coletivo da humanidade, ganhou forma política e aplicação prática.

As palavras *Anuit Coptis* querem dizer que "O Olho da Providência" (na Maçonaria o "Olho Que Tudo Vê, Olho de Hórus") vela pela pátria americana. Ele se posiciona como uma Coroa (lembrando Kether, a coroa cabalística), sobre a pirâmide inacabada de 13 degraus (os 13 Estados iniciais da federação americana). A pirâmide está inacabada justamente porque se esperava a adesão futura de mais Estados para compor a grande nação americana. E permanece inacabada porque representa a construção de uma ordem mundial e não apenas de uma nação.

Esse é um símbolo arcano, inspirado em antigas tradições, especialmente de origem egípcia. Segundo essas tradições a sociedade humana pode ser representada por uma pirâmide, ou seja, um triângulo de vértice cortado, no qual a elite dirigente, situada no topo, é o conjunto de "eleitos", os "iniciados", que, à semelhança do Sol, tudo ilumina e controla. No Egito esse símbolo também era usado para representar a hierarquia político-religiosa do país, onde o faraó, filho do Sol (o deus Rá), se situava no topo da pirâmide, com o Olho de Hórus como seu guardião principal. Dali ele observava todo o país e via tudo que acontecia na terra, informando os deuses sobre o bem e o mal praticado pelas pessoas. Exercia papel preponderante no julgamento dos mortos, realizado no Tribunal de Osíris, segundo consta do famoso hinário do *Livro dos Mortos*.[186]

Como se disse, não é segredo para ninguém que boa parte dos líderes que fizeram a independência dos Estados Unidos da América e elaboraram sua organização como nação eram maçons. Por isso encontraremos elementos da cultura maçônica disseminados em vários institutos e costumes adotados pelos americanos. Uma dessas influências é a tradição americana de fundar clubes de serviços e irmandades. Os famosos clubes de serviço Lions e Rotary são um exemplo dessas sociedades nascidas da árvore maçônica, bem como as famosas fraternidades que existem na maioria das universidades do país. Outras influências podem ser observadas na arquitetura das principais cidades americanas, onde a Maçonaria exerceu importante papel em sua estrutura.[187]

O galo

O galo é um símbolo que aparece nas tradições religiosas dos mais diferentes povos da terra. Em todas as culturas antigas ele surge como espécie de criatura celestial e votiva que anuncia a ressurreição solar. Daí o simbolismo que liga seu canto com a ressurreição espiritual, que

---

186. Cf. Wallis Budge, *Os Deuses Egípcios*, vol. II, citado.
187. A respeito da influência maçônica nos institutos e no pensamento americano, com reflexos na política e na arquitetura, principalmente da capital americana, veja-se o excelente trabalho de David Ovason, *A Cidade Secreta da Maçonaria*, citada.

as doutrinas esotéricas desenvolveram e que as religiões oficiais adotaram em seus cultos como elementos rituais.

Na verdade, o simbolismo do galo tem inspiração nos cultos solares da Antiguidade. No Japão, a mitologia xintoísta divulgava a crença de que se devia ao galo o sol que brilhava no reino de Yamato, o antigo Japão. Se o galo não cantasse, o sol não nasceria. O culto xintoísta é um culto solar por excelência. Em razão disso o astro rei, símbolo da Divindade, se tornou o ícone principal do Japão, ornamentando inclusive a bandeira daquele país. Até hoje, no Japão, o galo tem um festival a ele dedicado. Essa festa, ainda muito tradicional no interior do país, ocorre no mês de novembro e dura três dias.

Na tradição do Xintoísmo o canto do galo também está associado à chamada para a oração. Por isso, nos templos e altares dos templos xintoístas é comum encontrarmos essas aves a passear livremente por eles, o que causa muita admiração nos turistas.

Os cristãos também adotaram o galo como símbolo do arauto anunciador de novidades. Esse é outro indicativo da influência que os cultos solares exerceram sobre o Cristianismo. Segundo uma tradição observada pelos adoradores de Mitra, um galo cantou no momento do nascimento daquele deus. Esse mito viria a ser incorporado pelos bispos de Roma, dando origem à conhecida Missa do Galo, que é rezada na passagem do dia 24 para 25 de dezembro, data comemorada pelos cristãos como o do nascimento de Jesus.

Não há nenhuma prova histórica de que Jesus tenha nascido realmente nesse dia. Segundo alguns historiadores, essa data era também comemorada pelos mitraístas como sendo a do nascimento de Mitra, o que, na verdade, correspondia ao dia em que se iniciava, no hemisfério norte, o período do surgimento da estrela polar, prenúncio do início de uma nova era, segundo o calendário persa. Era nesse período (entre 22/23 de dezembro, início do solstício de inverno) que eles costumavam celebrar o culto ao deus Sol. Essa tradição tinha correspondências rituais na religião de quase todos os povos que praticavam religiões solares. Nessa tradição também encontraremos, provavelmente, a inspiração do surgimento da história da estrela que guiou os reis magos até a gruta onde o Menino Jesus nasceu.[188]

---

188. Especialmente os celtas e os egípcios, que comemoravam o solstício de inverno nessa data. A comemoração do nascimento de Jesus no dia 25 de dezembro foi estabelecida por um decreto do papa Júlio I no ano 350. Esse decreto teve como objetivo substituir a veneração ao deus Mitra (O Sol Invictus) pelo culto a Jesus Cristo.

A simbologia serviu bem para os propósitos cristãos, já que o nascimento de Jesus Cristo significava, para a nova religião adotada pelos romanos, o surgimento de uma nova luz para o mundo. Ele representava um renascimento para a humanidade sofredora, prisioneira da morte e da ignorância espiritual. Assim, na simbologia cristã, o galo passou a ser o arauto anunciador da nova luz do mundo. Por isso é a que a Missa do Galo também é conhecida como a Missa da Luz.[189]

Na cultura dos povos africanos, o galo é tido como um colaborador do deus Olurum. Ele foi mandado à terra junto com seu filho Obotala para organizar o caos primordial que nela havia.[190] Já os ciganos o viam como anunciador do dia e da luz. Um lindo poema desse povo diz: *"eu sou aquele que canta o raiar de um novo dia, de uma nova vida e de uma nova esperança"*.

Para os gregos, o galo simbolizava Alectrion, a sentinela celeste que avisava o mundo sobre a chegada do sol. Por isso era considerado um símbolo do tempo, além de encerrar em si o princípio solar, energia masculina, que representa a altivez. Daí algumas escolas psicológicas considerarem que sonhos constantes com essas aves estão conectados com sentimentos de opressão e vontade de se libertar.

Alguns países adotaram o galo como símbolos nacionais. Os mais conhecidos são a França e Portugal. Para os franceses ele representa a luz e a inteligência, pois está conectado com a ação de despertar. A própria palavra Gália, antigo nome da França, segundo alguns autores, seria derivada de *gallus*, palavra latina que significa galo. Esse era o nome pelo qual os romanos denominavam os habitantes da região, por causa do intenso culto que os gauleses prestavam ao Pássaro da Manhã.

Em Portugal, essa tradição está associada com a lenda do galo de Barcelos. Conta essa lenda que um habitante do burgo de Barcelos, sendo acusado de um crime, alegava inocência. Todos os indícios eram contra ele e o infeliz não tinha como se defender. Então ele viu um galo morto dentro de um cesto e disse ao juiz: "se esse galo cantar, significa que eu sou inocente". O galo cantou e ele foi absolvido. A lenda do galo de Barcelos ganhou tal popularidade que a ave milagrosa se tornou um dos símbolos de Portugal.

---

189. Admite-se, geralmente, que a tradição da Missa do Galo foi instituída na Igreja de Roma no século VI.
190. Esse mito ainda é cultuado no candomblé brasileiro.

Nas tradições esotéricas o galo é o símbolo da vigilância e da mente sempre desperta. Em alquimia era utilizado para representar o mercúrio filosófico, ou seja, o princípio segundo o qual a "alma da obra" despertava possibilitando sua transmutação.

Na tradição maçônica o galo canta ao nascer de cada nova manhã, anunciando o alvorecer. Nesse sentido, ele é o arauto da esperança, do renascimento, da "nova vida" que desponta no horizonte. Na câmara de reflexões, onde o iniciado se prepara para ser submetido ao ritual de iniciação, sua presença significa o alvorecer de sua nova existência, visto que simbolicamente o iniciando vai morrer para a vida profana e renascer para a vida maçônica. Por isso ele está ali, naquele ambiente de morte, como arauto anunciador da transformação que está se operando no psiquismo do recipiendário.

A ampulheta

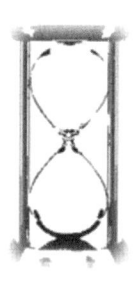

Ampulheta é um antigo instrumento para medir o tempo. Na Maçonaria é um símbolo que representa o lento e inexorável escoamento do tempo, recordando concomitantemente a necessidade de agir, em face da brevidade da existência humana.

Nossos dias na terra são como a areia que escorre pelo filtro de uma ampulheta. A quantidade de areia posta nos recipientes é a medida do nosso tempo de vida. Nem mais nem menos. É como disse Jesus: "Todos os fios de cabelo da vossa cabeça estão contados. Não podeis fazê-los brancos ou pretos, por mais que penseis".

A ampulheta que o iniciando encontra na câmara de reflexões tem justamente essa finalidade: mostrar a inexorabilidade do tempo que avança, consumindo nossos dias e nos colocando cada vez mais próximos do evento da morte. E que nesse sentido, toda arrogância é desnecessária, toda vaidade é inútil, toda riqueza é supérflua. Nada que possamos fazer pode prolongar nossa existência além do tempo que o Grande Arquiteto do Universo concedeu para a realização de nossa missão na terra. E a ampulheta está ali para nos lembrar disso.

O princípio trinitário

A utilização dos três pontos como símbolo de realidades espirituais é muito antiga e pode ser recenseada em todas as tradições religiosas da Antiguidade. Na religião dos povos da Mesopotâmia, por exemplo, o Universo era dividido em três regiões, cada qual sob o domínio de um deus. O céu cabia ao deus Anu, a terra era governada por Enlil e as águas estavam sob o domínio da deusa Ea. Eles formavam a tríade das deidades construtoras e governantes do mundo.

Também no Hinduísmo, a ideia de uma trindade de deuses a construir e governar o Universo é bastante antiga. Essa ideia sustenta que o mundo é construído e sustentado por uma trindade de deuses chamados de Brahma, Vishnu e Shiva. Brahma é o deus da criação, Shiva é o deus da destruição e Vishnu o da preservação.

Mas é na tradição gnóstica dos neoplatônicos que a ideia da trindade iria ser trabalhada em sua forma espiritual mais elaborada.

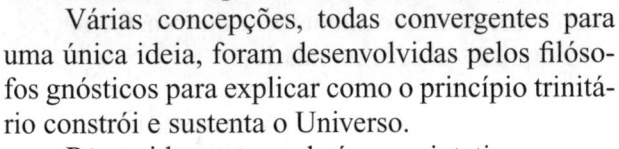

Várias concepções, todas convergentes para uma única ideia, foram desenvolvidas pelos filósofos gnósticos para explicar como o princípio trinitário constrói e sustenta o Universo.

Resumidamente poderíamos sintetizar o pensamento gnóstico dizendo que o primeiro ponto representa o *eon* (átomo) fundamental, origem de tudo o que existe, também conhecido como *o Uno, a Mônada, o Princípio Fundamental, a Unidade*, ou seja, o Espírito de Deus.

Os dois pontos inferiores são a dualidade que dele deriva, também conhecida como Demiurgo e Sophia, deidades gnósticas que representam os princípios, masculino e feminino, que são gerados pelo primeiro ponto e a ele se juntam para dar nascimento ao Universo físico.

A ideia gnóstica de um princípio trinitário dando origem ao Universo foi inspirada na filosofia de Platão. Com efeito, foi aquele filósofo grego que teve essa intuição, dizendo que o Universo se assentava sobre um triângulo virtual que eram as Ideias Separadas, o Demiurgo e a Matéria. Por Ideias Separadas entenda-se o Princípio Único, incriado, que pode ser visto como sendo Deus em espírito, ainda não manifestado em matéria. Demiurgo é o Princípio que, emanado das Ideias, contém em si a semente do Universo. É Deus se manifestando como realidade a ser desenvolvida no plano do concreto. E a Matéria é tudo aquilo que resulta dessa manifestação de Deus no mundo das realidades concretas. É o próprio Universo material.

Daí Platão dizer que o Universo é constituído de "formas criadas", sombras projetadas pela mente do Demiurgo, que se formatam em ideias (arquétipos), e estas em realidades materiais.

Essa concepção foi aprimorada mais tarde pelos seguidores das escolas platônicas, que nelas inseriram elementos de pitagorismo e conceitos atomistas. Assim a Ideia, o Demiurgo e a Matéria, elementos sustentáculos da filosofia platônica na estrutura do triângulo primordial, entre os neoplaônicos recebeu nomes como Logos, Eon e Sofia, os quais deram origem às noções de Deus Pai, Deus Filho e Deus Mãe dos cristãos.

Mais tarde, tendo em vista a orientação francamente misógina que a Igreja de Roma impôs ao Cristianismo, praticamente excluindo as mulheres de sua parte espiritual, o conceito de Deus Mãe, como partícipe fundamental da Trindade, foi substituído pelo de Deus Espírito Santo. O princípio feminino, tão importante nas filosofias orientais, como coautor do Universo, e tão reverenciado entre os filósofos gnósticos, que o desenvolveram por meio do conceito altamente espiritualizado da Sofia (a Sabedoria), que dá parto ao Universo, não ganhou muito respeito entre os orientadores da Igreja Católica. É que para muitos teólogos da Igreja de Roma, a mulher não era portadora de dons espirituais capazes de conferir-lhes um papel tão relevante na construção do mundo. Assim, a trindade criadora, que na origem era composta por um "Pai", uma "Mãe" e um "Filho", semelhante às trindades dos povos antigos, passou a ser integrada por um "trio" masculino composto pelo Pai, Filho e Espírito Santo, estranho conceito que ainda hoje encontra muita dificuldade para ser explicado pelos teólogos católicos.

Foi no modelo platônico, portanto, que a doutrina gnóstica foi buscar seu conceito de trindade. Mas dada a intensa espiritualidade que se colocava em suas teses, os gnósticos sublimaram as ideias platônicas, puramente filosóficas, dando a elas uma conotação amplamente religiosa.

Destarte, os neoplatônicos trataram a noção da Trindade como se ela fosse um processo segundo o qual a divindade suprema atua e molda o Universo. Plotino (c. 205-266), por exemplo, chama o Deus Pai de Uno e o coloca no alto desse processo; dele flui o *Logos*, que é seu pensamento, que se coloca à sua direita, logo abaixo; e finalmente a *Alma Mundi (Alma do Mundo)*, que se coloca à sua esquerda, formando a Trindade Suprema.[191]

Na Cabala filosófica, o Universo, tal como é representado na árvore da vida, é formado pela conjunção dos três princípios fundamentais, simbolizados pelas três primeiras séfiras da árvore. São elas a séfira Kether, também conhecida como Ain, a séfira Chockmah, também conhe-

---

191. Note-se que o evangelista João também trabalha com esse conceito na abertura de seu evangelho para demonstrar a origem divina de Jesus: "No início era o Verbo (*Logos*), o Verbo estava com Deus, e o Verbo era Deus".

cida como Ain Soph, e Binah, conhecida como Ain Soph Aur. Essas três séfiras são, na verdade, representações simbólicas de energias atuantes na composição do Universo material e espiritual. Ain (Kether) é o Espírito de Deus, em potência, energia ainda não manifestada em matéria. Ain Soph é Deus já manifestado como Luz (como diz a Bíblia), e Ain Soph Aur é o Universo material manifestado como criação divina. Assim se forma o triângulo cabalístico que pode ser representado na forma que segue:

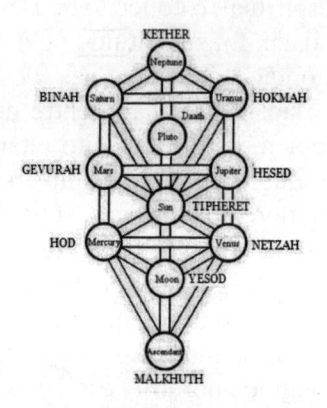

Kether, a coroa, o primeiro ponto, Ain, é Deus enquanto Espírito. Ele pensa o Universo, por isso Ele é o Grande Arquiteto do Universo. É o Pai, princípio masculino, que detém a semente que dá origem ao Universo.

Chockmah, o segundo ponto, à direita abaixo, também conhecido como Ain Soph, é o Filho, Deus manifestado no mundo das realidades fenomenais.

Binah, o terceiro ponto, à esquerda, abaixo, chamado de Ain Soph Aur, é a Mãe (Schekinah), Princípio Feminino, pelo qual a divindade entra no mundo da matéria.[192]

A partir desses três pontos, dispostos em triângulo, se ramifica a árvore da vida, representação pictórica do Cosmos em todas as suas manifestações. Esses três elementos também correspondem aos três fatores que, na filosofia de Pitágoras, são os formadores do Universo material, ou seja, a luz, o som e o número.

E também correspondem, como já vimos, ás três leis fundamentais da formação universal que são a relatividade, a gravidade e o magnetismo.

---

192. Quanto à interpretação esotérica dos três pontos no simbolismo cristão, veja-se René Guénon, *A Grande Tríade*, e do mesmo autor, *Estudos sobre o Esoterismo Cristão*, Pensamento, São Paulo, 1987.

A trindade maçônica

No mundo maçônico, os três pontos assumem diversos significados. Em termos estritamente filosóficos eles são representativos das três virtudes que sustentam o edifício filosófico e moral que a Maçonaria se propõe a construir: esses alicerces são a Liberdade, a Igualdade e a Fraternidade. Moralmente são também as três virtudes de caráter que todo maçom deve desenvolver: justiça, tolerância e fraternidade.

Simbolicamente eles também formam o delta sagrado, sendo o ponto superior correspondente ao Oriente em Loja, local sagrado, onde fica o Venerável Mestre, e os dois pontos inferiores correspondem ao Ocidente, onde estão as duas colunas, (J e B), que correspondem ao mundo material. Ali estão os dois Vigilantes. Essas duas colunas são o sustentáculo do Templo. Os três pontos também têm uma correspondência astrológica interessante. Eles correspondem à constelação de Virgem, que é cercada por três estrelas em forma de triângulo, que são Régula, Spica e Arcturo. Essa disposição geométrica é reproduzida no "céu maçônico", presente em todos os templos.

Essa disposição astrológica foi reproduzida na planta geográfica dos edifícios públicos de Washington, capital dos Estados Unidos, onde Arcturo representa a Casa Branca, Régula o Capitólio e Spica o monumento a George Washington.

Esses três monumentos formam um triângulo simbólico, significativos das forças que construíram e regem a formação dos Estados Unidos como um país, e simbolizam ser a América a nova "utopia" sonhada pelos maçons oitocentistas. Esse simbolismo também teria sido adotado na organização jurídico-administrativa da nação, inspirada nos ideais do Iluminismo. Dessa forma, Arcturo representaria o Poder Judiciário, Régulo o Poder Executivo e Spica o Poder Legislativo, poderes esses que funcionam em edifícios estrategicamente dispostos na capital americana.[193]

A corda de 81 nós

A corda de 81 nós é um dos símbolos mais controversos da iconografia maçônica. Ela se presta a diversas interpretações e sua origem e real significado têm sido objetos de múltiplas especulações. Nos templos onde se pratica o REAA (Rito Escocês Antigo e Aceito) ela geralmente é encontrada no alto das paredes, junto ao teto e acima das colunas zodiacais.

---
193. Cf. David Ovason, *A Cidade Secreta da Maçonaria*, citado.

Sua origem histórica parece vir dos antigos canteiros de obra medievais, onde os chamados maçons – literalmente, trabalhadores de maço e cinzel –, ou seja, artesãos que trabalhavam no esquadrejamento das pedras que iriam compor os edifícios, costumavam demarcar seu local de trabalho. Nesse espaço, que era também chamado de *Loja,* os trabalhadores de canteiros se reuniam para transmitir instruções, receber seus salários, conversar sobre assuntos de seu interesse, etc. Essa, aliás, é uma das possíveis origens históricas do termo *Loja,* aplicável à reunião dos trabalhadores da construção civil, e da qual derivou a tradição maçônica.[194]

A razão de ela ter 81 nós parece que deriva do apego à tradição medieval ao chamado modelo três por quatro. Praticamente, todos os espaços geométricos dos edifícios antigos eram desenhados a partir de uma projeção retangular que partia dessa medida e se multiplicava por esse módulo conforme o tamanho que se pretendesse para o vão livre que se queria dar ao espaço. Eram as chamadas "caixas", a partir das quais o edifício era metrificado e construído. Evidentemente essa não era uma fórmula obrigatória nem se constituía regra geral para uma construção, mas apenas uma tradição observada pelos construtores medievais. Era, segundo se dizia, uma tradição derivada das técnicas de construção utilizadas pelos arquitetos da Grécia clássica, onde o mais belo de todos os edifícios jamais construídos, o Parthenon, teria sido erguido a partir desse módulo.[195]

Mais variadas, porém, são as interpretações esotéricas que são dadas a esse símbolo, as quais podem ser resumidas nas seguintes proposições:

1. Cabalísticas

Como vimos, na Cabala, o Universo é visto como uma atividade criativa, planejada e administrada por mestres (anjos) e executada pelos operários (homens), e não como um sistema regido pela mecânica das leis naturais. Assim, o número 81 é um número cabalístico por excelência. Ele é o resultado do número 3 à quarta potência. Esse número sugere um Universo formado por uma base tripla, que parte da noção de que na origem de tudo existe uma trindade de deuses (Pai, Filho, Espírito Santo, Brahma, Vishnu e Shiva, Osíris, Ísis, Hórus, etc.), que se multiplica em quatro fases de manifestação, dando origem às realidades universais.

Da mesma forma, são três os formadores da raça humana (os filhos de Noé, Sem, Cam e Jafet). Na tradição cabalística, essa trindade

---

194. Jean Palou, *A Maçonaria Simbólica e Iniciática,* Ed. Pensamento, 1978.
195. Note-se que os templos maçônicos também apresentam essa conformação. São quadrilongos formatados no modelo 4x3.

se revela nas três primeiras séfiras da árvore da vida (Kether, Chokmah e Binah), que são as primeiras manifestações da divindade no mundo da realidade positiva (som, luz e número). A trindade dá origem ao Universo, que é composto por quatro elementos: terra, ar, fogo, água. Quatro é também o número de mundos da Cabala: Atziloth, Briah, Yetzirah, Assiah, respectivamente os mundos da emanação, da criação, da formação e da matéria. Analogicamente, quatro são as letras do nome de Deus (IHVH, o Tetragramaton) e três as ordens de combinações que se podem fazer com essas letras, resultando em 12, que também é número sagrado, sobre o qual se assentam as estruturas da Israel bíblica, que, como vimos, foi construída para ser uma "maquete" da sociedade perfeita, pensada pelo Arquiteto do Universo. Dessa forma, a combinação 3 elevado à quarta potência representa o número básico de constituição do Universo.[196]

2. Cosmológicas

Na física, a analogia se faz com as leis fundamentais de formação da matéria que são a relatividade, a gravidade e a termodinâmica. Essa base tríplice, que geometricamente se firma sobre um triângulo equilátero, resulta em um Universo tridimensional (altura, profundidade, largura).

Por outro lado, como o Universo é constituído por quatro elementos fundamentais (terra, ar, fogo, água), projetado em quatro direções (norte, sul, leste, oeste), isso significa que sua conformação pode ser

---

196. Ver o cap. XIX.

representada pelo três elevado à quarta potência, que resulta no número 81, número sagrado, que na tradição gnóstica é representado pelos 72 anjos que servem diante do trono de Deus (os semanphores), mais os nove Elohins, Mestres construtores do Universo. Esses anjos são portadores dos archotes, ou seja, portam a luz, razão pela qual essa assembleia celeste é também um arquétipo que serve de analogia para a conformação geométrica da Loja Maçônica. Dessa forma, a corda de 81 nós simbolizaria a delimitação cósmica da estrutura da Loja celestial, razão pela qual, nas antigas Lojas Operativas, era costume marcar no solo, com giz ou outro instrumento de traçado, os símbolos da Ordem, circundados por uma borda semelhante a uma corda cheia de nós.[197]

---

197. C W Leadbeather, *Pequena História da Maçonaria*, Ed. Pensamento, 1976.

Capítulo XXIV

Mitologia Arcana

Mitos e lendas – O ramo de ouro – O simbolismo do bode – Filho da Viúva – Alfaias e a barba de Aarão

Mitos e lendas

A Maçonaria, por ser uma sociedade de caráter iniciático, procura transmitir seus ensinamentos por meio de símbolos e alegorias que veiculam valores morais e espirituais. Por isso, encontraremos nos rituais de todos os graus e ritos alusões a mitos e lendas, de alguma forma conexas com os valores que são transmitidos aos Irmãos nas diversas etapas desse ensinamento. Tudo isso constitui recurso linguístico, do qual a Maçonaria se vale para comunicar aos seus adeptos sua filosofia.

Como sabemos, a mitologia é a forma mais antiga que nossa mente encontrou para representar em linguagem os arquétipos que povoam o inconsciente coletivo da humanidade. Não tendo como explicar a origem de um relâmpago, por exemplo, nem sua força destruidora, nossos antepassados imaginaram ser o mesmo um atributo dos deuses no exercício de sua cólera contra os homens. Não concebendo a forma pela qual o conhecimento aflora dentro da mente, criou-se a imagem de um herói roubando o fogo dos deuses e dando-o de presente aos homens.[198] Não se vislumbrando, nas brumas da história, a origem do conflito entre a agricultura e o pastoreio, imaginou-se a lenda de Caim e Abel, da mesma forma que o mito de Édipo revela o conflito entre nosso instinto animal e a moral adquirida no exercício de nossas virtudes sociais.

---

198. Referência ao mito de Prometeu, que roubou o fogo sagrado e o entregou ao homem, dando origem ao conhecimento humano.

George Smith (1840-1876), em seu livro *Antiguidades Assírias*, assinala que todos os grandes mitos religiosos tiveram uma origem comum. Moisés, por exemplo, segundo aquele estudioso, seria uma criação do cronista bíblico Esdras, que o interpolou na Bíblia, inspirado na história do rei assírio Sargão. Esse rei, semelhante ao legislador hebreu, teria sido retirado das águas do Rio Eufrates e dado início à civilização do povo assírio. Da mesma forma o próprio Cristianismo teria sido inspirado no mito persa do deus Mitra, o qual, igual a Jesus, também nasceu de uma virgem e veio ao mundo para salvar a humanidade.[199]

Assim, esses mitos, veiculados por meio dos contos, lendas e mitos cultivados pelos diversos povos, em todo o mundo, têm origem comum, pois fazem parte do acervo da mente coletiva da humanidade.

O ramo de ouro

O simbolismo e a teoria dos arquétipos são a base de um dos mais interessantes trabalhos de Jung, como já nos referimos em outra parte deste trabalho.[200] Outra obra fundamental sobre esse tema é o *Ramo de Ouro*, de James Frazer, publicada pela primeira vez em 1915, na qual o autor nos mostra a evolução do pensamento humano por meio dos ritos, mitos e outras manifestações folclóricas dos diversos povos pelo mundo todo. Nesse estudo, que foi fundamental para o enriquecimento da antropologia e da psicologia, Frazer faz um extenso estudo comparativo do folclore de vários povos primitivos e civilizações antigas, defendendo a tese de que o pensamento humano trabalhou primeiro com o mágico e depois evoluiu para para o religioso, e em seguida racionalizou essas manifestações, alcançando um nível científico. Embora suas teses tenham sido refutadas por outros antropólogos, o trabalho de Frazer ainda é muito respeitado, principalmente na distinção que ele faz entre a magia e a religião. Na magia, segundo Frazer, o operador tenta controlar por meio de "ritos (técnicas)" o mundo e os acontecimentos, enquanto que na religião ele requisita o auxílio de espíritos e divindades. Esse é um processo de evolução que mostra uma fase anímica do ser humano, quando ele procurava "imitar" os elementos da Natureza e os animais para obter os mesmos resultados que eles obtinham em suas ações. Mais tarde, vendo que nem sempre os resultados pretendidos podiam ser obtidos por essas estratégias, os seres humanos evoluíram

---

199. Ele assinala que Sargão, Moisés, Ciro, o rei persa, Mitra, o Cristo, etc. são mitos que têm por base o mesmo arquétipo.
200. Ver capítulo IV, o tema Jung e os Arquétipos.

para a ideia de que havia "um pensamento, uma vontade" regendo a produção desses fenômenos. E então nasceram os deuses e, por consequência, a religião.

Frazer mostra que os mitos da criação, em todas as lendas antigas que versam sobre esse tema, têm uma mesma estrutura arquetípica. Da mesma forma, a noção do deus morto e regenerado, que é arquetípico em várias religiões, é uma estrutura psíquica que tem a ver com o simbolismo da Natureza em seus ciclos regenerativos. Ele também se liga aos ciclos de poder observáveis na estrutura das sociedades antigas, no sentido de que é somente pela morte do rei anterior que o novo rei pode assumir. Daí o ciclo morte-regeneração-ressurreição assumir essa compostura arquetípica no inconsciente coletivo da humanidade e ser reproduzido em todos os *Mistérios* celebrados pelos povos antigos.

Dessa forma, as cerimônias místicas que se realizavam em Elêusis, nos santuários egípcios de Ísis, na Samotrácia, nos templos hindus e nas florestas druídas, e em todos os lugares e povos que celebravam sua forma de *Mistérios,* tinham sempre em comum o objetivo de garantir a perenidade de suas vidas espirituais e ao mesmo tempo a sobrevivência de suas sociedades. Destarte, o "ramo de ouro", no caso, era o símbolo da faculdade regenerativa da Natureza, que por emulação podia ser aplicado ao indivíduo e à propria comunidade.

Segundo a lenda que serviu de tema para a inspiração de Frazer, o ramo de ouro, símbolo da imortalidade, deveria ser cortado de uma árvore situada em um bosque sagrado dedicado à deusa Diana, a Virgem, guardiã das florestas. Mas essa árvore era guardada, dia e noite, por um sacerdote guerreiro, que dedicava toda a sua vida a preservar esse símbolo sagrado. Esse sacerdote era uma pessoa sem descanso, pois sabia que, se relaxasse, alguém o mataria e tomaria seu lugar.

Daí Frazer extrai sua inspiração de que esse mito simboliza uma visão religiosa que se funda no paralelismo simbólico existente, por um lado, entre a morte e a ressurreição dos deuses e, por outro, com os ciclos e ritmos regenerativos da Natureza. E a ideia que está no centro desse rito é a de que é necessária a execução de um sacrifício contínuo da vida como forma de proporcionar a ela uma característica de perenidade. Essa é a noção que está assente no mito do deus morto (ou do herói) que se sacrifica pela salvação de seu povo. Daí, inclusive, deriva o simbolismo do sacrifício do bode.

O simbolismo do bode

As primeiras manifestações desse mito aparecem na Suméria, na forma de uma estátua de ouro, mostrando um bode em posição ereta, em atitude contemplativa diante de um ramo de ouro que aflora de um arbusto. Essa estátua foi encontrada nas ruínas de Ur, a lendária cidade de Abraão, e os sumérios, como se sabe, estão entre os primeiros povos do mundo a desenvolver uma consciência religiosa e uma rica superstição ligada à astrologia, que até hoje ainda ecoa no pensamento humano.

O bode sempre teve papel relevante em todas as tradições religiosas antigas. Nele se integram duas importantes sensibilidades desenvolvidas pela experiência religiosa humana. A primeira é o fato de ele ser considerado um animal catalisador por excelência, que absorve os males do mundo. Por isso, em várias civilizações que desenvolveram esse mito, um bode, simbolizando a purificação da sociedade, era sacrificado em épocas próprias de festivais destinados a honrar os deuses. Esse motivo aparece tanto no Velho Testamento quanto em inscrições murais no Egito e na Mesopotâmia, o que nos leva a crer que esse era também um arquétipo de aplicação coletiva entre os antigos povos. A posição desse bode em frente ao arbusto de onde aflora o ramo de ouro é outra indicação importante desse tema. Simboliza sua reverência diante do poder da Natureza, capaz de produzir a vida.

A segunda indicação importante nessa manifestação de espiritualidade que essa estátua nos indica é a presença do arbusto, de onde aflora o ramo de ouro. Praticamente todos os povos antigos tinham representações da Árvore da Vida, uma das imagens arquetípicas mais significativas do imaginário humano.

Aí temos dois arquétipos profundamente ligados à experiência espiritual da humanidade, mostrando-nos uma clara imagem dessa que é a coluna mestra de todas as crenças religiosas: a esperança de regeneração, ou seja, uma religação da alma humana com o mundo divino, feita por meio do "deus sacrificado, do herói", ou, como em outras variantes do mesmo tema, por um contínuo sacrifício, sempre com o propósito de alimentar a Árvore da Vida, para que ela produza o ramo de ouro. É nessa mesma linha simbólica que se justificam as histórias bíblicas de sacrifício de vidas em prol de uma causa, como nos episódios emblemáticos de Abraão se propondo a sacrificar Isaac, ou o juíz Jefté sacrificando a própria filha.[201]

---

201. Juízes, 11:29, 40.

Mas esse arquétipo também está ligado à alegoria do assassinato do Mestre Hiram. Hiram, o Mestre arquiteto sacrificado faz, no ritual maçônico, o papel do deus morto, e o ramo de acácia que marca o local onde seu corpo foi sepultado simboliza a árvore da vida. Daí o mestre maçom, o maçom regenerado, que desse exercício ritual se levanta, é o iniciado que conquista, dessa maneira, seu ramo de ouro.

Essa tradição foi consagrada em Israel por meio de um de seus mais significativos rituais. A Bíblia diz que, no dia da consagração do Tabernáculo, Aarão imolou um *bode* pelos pecados do povo, porque essa era uma tradição antiga que dizia que esse animal possuía características especiais que o tornavam capaz de catalisar os influxos espirituais do povo. E desde então o bode passou a ser considerado um animal sagrado para Israel. E em muitas culturas ele é o confessor dos pecados da coletividade seu redentor.[202]

Para os antigos povos, a figura do bode sempre esteve conectada com questões místicas. Os gregos, por exemplo, o utilizavam na representação dos Mistérios Dionísiacos. Nas cerimônias egípcias de iniciação nos Mistérios de Ísis e Osíris, costumava-se também lançar ao Nilo um bode, com os seguintes votos: "Se algum mal paira sobre a cabeça desses que estão sendo iniciados, ou sobre a terra do Egito, que ele desapareça com essa oferta".[203]

A cerimônia dos hebreus, sacrificando um bode pelos pecados do povo, ou levando-o para o deserto e abandonando-o lá, tinha o mesmo sentido de sacrifício que levava os gregos e os egípcios a essas práticas. Pensava-se que o animal podia ser um catalisador de forças malignas e com sua destruição o mal seria também destruído. Com base nessa tradição alguns povos desenvolveram o costume de "confessar para o bode" seus pecados, porque, segundo se dizia, ele era um animal confiável, ou seja, não divulgava para ninguém os segredos do confessor.

A Igreja Católica demonizou a figura do bode fazendo dele o ícone do Diabo. Essa tradição, ao que parece, veio das antigas festas pagãs realizadas no mundo romano, em que o deus Pã, protetor da Natureza e guardião dos rebanhos, era cultuado. Como se sabe, o primitivo Cristianismo, em consonância com suas origens, o Judaísmo, deplorava todo tipo de idolatria e manifestações de

---

202. Levítico, 16:20 a 28.
203. Cf. E. Wallis Budge, op. cit., vol. I. Para os antigos egípcios, o bode também representava o signo zodíaco de Capricórnio e era o guardião do portão por onde o iniciado entrava para receber os Divinos Mistérios.

paganismo. Daí terem combatido, com virulência até, a maioria das tradições gregas e romanas, inclusive aquela que permitia aos cidadãos tomarem banhos coletivos. Daí o costume nada higiênico que se espalhou entre os europeus, de não tomarem banho, costume esse que só foi abolido já na Idade Contemporânea.

Para a Maçonaria, o termo "bode" pode assumir vários sentidos. Ao sacrificar, na iniciação, os vícios da vida profana e assumir seu compromisso de maçom, o Irmão assume a condição de "bode" do sacrifício. Por outro lado, o segredo é um dos princípios da boa Maçonaria. Daí o termo se referir, principalmente, ao indivíduo que sabe guardar segredo, isto é, àquele que mesmo torturado não fala. Essa tradição vem dos tempos da Inquisição, quando a Igreja mandava prender e torturar os chamados hereticos. Diziam os torturadores que tais indivíduos eram como "bodes". Berravam mas não falavam.

Sacrifício do bode: Afresco sumério. Museu Universidade da Pensylvânia.

Filho da Viúva

Filho da Viúva é um apelido comumente aplicado aos maçons. Essa expressão metafórica foi primeiramente utilizada nas antigas iniciações, especialmente nos Mistérios Egípcios. *Filhos da Viúva* eram todos aqueles que se iniciavam nos Mistérios de Ísis e Osíris, pois eles eram todos *filhos de Ísis*, a esposa viúva do deus Osíris, assassinado por seu irmão Seth.

Na tradição gnóstica, entretanto, derivada da lenda cainita, essa expressão estaria fundamentada em um filho que o arquiteto Hiram teria tido com Barcis, a rainha de Sabá. Esse filho teria nascido após o assassinato do Mestre Hiram pelos Jubelos. Essa tradição foi tema de uma ópera composta por Gerard de Nerval, que, ao que parece, nunca foi encenada. Dessa forma, o "primeiro maçom nascido de Hiram seria um órfão de pai, filho, portanto, de uma 'viúva'".[204]

Historicamente, porém, é mais provável que essa expressão seja emprestada da *Lex Salica (Lei Sálica)*, ou seja, a lei vigorante entre os francos sálios, povo de origem germânica que dominou o norte da França nos primeiros séculos da Era Cristã. Esse povo deu origem aos chamados povos francos, cuja época de maior poder ocorreu nos séculos VIII e IX, especialmente durante o reinado do imperador Carlos Magno.

A *Lex Salica*, que teve ampla vigência durante toda a Idade Média na França e nos reinos germânicos, proibia que mulheres fossem herdeiras de seus maridos mortos. Essa legislação restritiva levava a um estado de penúria as viúvas dos trabalhadores da construção civil, que pressionaram a Igreja para que a lei fosse mudada. A Igreja, que era a principal fonte de legislação da época, concedeu então às viúvas dos arquitetos e artesãos o direito de herança, desde que as mesmas, quando essas heranças permitissem, contribuíssem para as obras das igrejas. Elas passaram então a contratar esses profissionais para construir e conservar as igrejas, razão pela qual os chamados maçons operativos eram chamados de "filhos das viúvas".

A expressão permitiu o desenvolvimento de um simbolismo rico em significado e os maçons espiritualistas souberam utilizá-lo muito bem. Na tradição da Maçonaria, o *Filho da Viúva* serve tanto para designar os templários "órfãos" em relação à extinção de sua Ordem e a morte de seu "pai", o Grão-Mestre Jacques de Molay, quanto os partidários dos soberanos Stuart em relação à morte de seu rei Carlos I,

---

204. Robert Ambelain, *A Franco-Maçonaria*, op. cit.

decapitado por ordem do Parlamento inglês. A viúva daquele rei teria organizado a resistência, sendo a maioria de seus partidários constituída de maçons.²⁰⁵

Filho da Viúva é também Jesus Cristo, cujo pai, José, morreu quando ele era ainda uma criança. Como Jesus consagrou Maria como Mãe de toda a Cristandade, os cristãos são todos irmãos em Cristo, *Filhos da Viúva*, portanto. *Filho da Viúva*, também, de acordo com outros autores, eram os filhos dos soldados cruzados que embarcavam para a Terra Santa e lá morreram em defesa da fé cristã.

Destarte, os maçons são Filhos da Viúva porque seu pai, o arquiteto Hiram, foi morto por três companheiros traidores. Assim, a Irmandade que ele fundou, a Irmandade da Arte Real, a Maçonaria, ficou "viúva", e seus membros se tornaram "órfãos" de pai. No filho se renova o pai. Daí o simbolismo desenvolvido no drama de Hiram, cujo sentido escatológico tem a finalidade de consumar, na passagem do Companheiro para Mestre, a regeneração prometida pela prática da Maçonaria, regeneração essa obtida pelo sacrifício do "herói" morto. Completa-se, dessa forma, toda a estrutura arquetípica que informa a Maçonaria em sua forma especulativa.

A barba de Aarão

Quando Aarão foi instalado como Grão-Mestre do Oriente dos Filhos de Israel, Moisés mandou que para ele se fizesse umas alfaias, que se penduravam em seus ombros e desciam até a altura de seus rins com os dizeres "'DOUTRINA E VERDADE", pois aquela era a divisa que a fraternidade de Israel iria propagar pelo mundo.²⁰⁶

As alfaias foram instituídas como substitutas dos ídolos, que eram proibidos pela tradição hebraica. Segundo a tradição, Jeová não queria intermediários entre Ele e seu povo. Por isso Ele baniu os ídolos (terafins), mas permitiu o uso dos *tumins e os urins*, na forma de joias e adereços contendo proposições escritas que demonstravam os propósitos buscados pela irmandade de Israel. O uso de joias e alfaias consagrou-se na tradição de Israel, tanto que são encontradas ainda nos tempos de Jesus no costume dos fariseus e saduceus de usarem filactérios costurados nas bordas de suas túnicas.²⁰⁷

---

205. *Conhecendo a Arte Real*, op. cit.
206. Razão pela qual muitas Lojas Maçônicas mantêm a tradição de adotar nomes que lembram divisas, tais como "Trabalho e Justiça", "União e Caridade", "Sabedoria e Arte", "Perseverança e Virtude", etc.
207. *Urins e Tumins* são representações de ídolos, ou amuletos que segundo a tradição

Essa tradição sobreviveu na Maçonaria pelo uso de joias e alfaias, simbolizando os cargos e as investiduras que os oficiais da Loja possuem.

Moisés consagrou o Tabernáculo na forma como o Grande Arquiteto do Universo lhe havia ordenado, santificando depois a Aarão, espargindo sobre sua cabeça o óleo precioso que escorreu para suas barbas e molhou as orlas de seu vestido. Assim, na sagração do Tabernáculo e na unção de seu sacerdote, consumou-se a união que doravante deveria existir entre Jeová e seu povo, união essa que seria sacramentada toda vez que o povo eleito se reunisse em Assembleia. Era, pois, a instituição da *Loja* que ali estava sendo feita.

Por outro lado, esse simbolismo tem uma correspondência muito significativa nos ensinamentos da Cabala. De acordo com essa tradição, a barba é o influxo que nasce na primeira séfora e percorre toda a árvore da vida unificando a totalidade das realidades existentes no Universo. A árvore sefirótica, como já vimos, é uma representação simbólica do Cosmos como realidade macro e seu reflexo no homem como realidade micro.

Já a palavra barba, em hebraico (Hachad), significa unidade, e por aplicação da técnica da gematria essa palavra é igual a 13. A=1, CH=8, d=4. Esses valores correspondem às partes da barba do Macroprosopo, o Andrógino Superior ou Vasto Semblante, como a Cabala chama essa representação simbólica da energia de Deus no mundo das realidades manifestas. Essa manifestação gera o Microprosopo, que é a representação do Universo material e do Andrógino Inferior, cuja proporção numérica e geométrica (o homem vitruviano) deu origem ao modelo do homem da terra.

Assim, o Salmo 132, ou 133 em algumas edições da Bíblia, na verdade é um simbolismo que está centrado em um segredo arcano de extraordinário significado. A Maçonaria, ao adotá-lo na abertura de suas Lojas, não está apenas contemplando a ideia da Fraternidade pura e simples, mas realizando o objetivo cósmico de integração total de todas as suas emanações. Trata-se, na verdade, de um mantra poderoso, uma âncora fundamental para o eliciamento da energia cósmica necessária para a formação da *egrégora* maçônica.

---

esotérica possuem poderes mágicos. A tradição israelita proibia a consulta a ídolos e a posse de urins e tumins, mas mesmo com essa proibição sempre havia, em Israel, quem os consultasse. Famosos personagens bíblicos como Rebeca, esposa de Jacó, e o próprio rei Davi não foram infensos a essas práticas.

Por isso queremos terminar este estudo com a transcrição desse Salmo, desejando a todos os Irmãos a alegria da concórdia fraterna.

Oh! Quão bom e quão suave é viverem os irmãos em união! É como um azeite precioso derramado sobre a cabeça, que desce sobre a barba, a barba de Aarão, e sobre a orla de seus vestidos. É como o orvalho do Hermon, que desce sobre o Monte Sião. Porque o Senhor derrama ali sua bênção, a vida para sempre.

TFA

Bibliografia

ALEXANDRIAN, Sarane. *História da Filosofia Oculta*. São Paulo: Martins Fontes, 1983.

AMBELAIN, Robert. *A Franco-Maçonaria*. São Paulo: Ibrasa, 1999.

ANATALINO, João. *Conhecendo a Arte Real*. São Paulo: Madras Editora, 2007.

_____. *Mestres do Universo*. São Paulo: Biblioteca 24x7, 2010

ASLAN, Nicolas. *Estudos Sobre Simbolismo*. Rio de Janeiro: Aurora, 1978.

ANDERSON, James. *As Constituições*. Fraternidade, 1982.

BACHOFEN, Johann Jakob Bachofen. *Myth, religion, and mother right*. London, 1912.

BAIGENT, Michael, LEIGH, Richard, LINCOLN, Henry. *The Holly Blood and The Holly Grail*. Londres: Harrow, 1966.

_____. *O Templo e a Loja*, São Paulo: Madras Editora, 2006.

BARON, Ernest. *Rasgando El Velo Del Mistério*. Buenos Aires: Galáxia, 1985.

BESSELAAR, José Van Der. *António Vieira: o homem, a obra, as ideias*. Lisboa: ICALP, 1981 (Colecção Biblioteca Breve).

BÍBLIA SAGRADA. Edição Católica, São Paulo, Barsa, 1964.

BLAVATSKY, Helena P. *Síntese da Doutrina Secreta*. São Paulo: Pensamento, sd.

_____. *Ísis Sem Véu*, vol. I, II, III, IV. São Paulo: Pensamento, sd.

BONVICINI. Eugênio. *Maçonaria do Rito Escocês*. Roma: Athanor, 1988.

BONNECHI, Ed. *Art and History of Egipt*. Edição inglesa. Florença, 1994.

BRETAS, Rodrigo José Ferreira. *Traços Biográficos do Antonio Francisco Lisboa, o Aleijadinho*. Rio de Janeiro: Patrimônio Histórico e Artístico Nacional, nº 15, 1951.

BUDGE, Ernest Wallis. *The Gods of Egipcians*, vol. I e II. New York: Dover, 1969.

BURMAN, Edward. *Templários, Os Cavaleiros de Deus*. Rio de Janeiro: Nova Era, 1986.

BURNS, Edward Mac Nail. *História da Civilização Ocidental*. Rio de Janeiro: Globo, 1971.

CAMINO, Rizzardo da. *Os Graus Inefáveis*, São Paulo: Madras Editora, 2005.

_____. *Kadosh*, São Paulo: Madras Editora, 1998.

CAPRA, Fritjof. *Pertencendo ao Universo*. São Paulo: Cultrix, 1991.

_____. *O Tao da Física*. São Paulo: Cultrix, 1992.

_____. *Sabedoria Incomum*. São Paulo: Cultrix, 1998.

_____. *O Ponto de Mutação*. São Paulo: Cultrix, 1986.

CHARDIN, Pierrre Teilhard de. *O Fenômeno Humano*. São Paulo: Cultrix, 1968.

_____. *Mundo, Homem e Deus*. São Paulo: Cultrix, 1978.

_____. *O Meio Divino*. São Paulo: Cultrix, 1957.

COULANGES, Fustel. *A Cidade Antiga*. Hemus, 1976.

CROSANN, John Dominic. *O Jesus Histórico*. São Paulo: Imago, 1994.

CUMONT, Franz. *Os Mistérios de Mitra*. São Paulo: Madras Editora, 2004.

DODSON, Aidan. *The Hieroglyphs of Ancient Egypt*. New York: Barnes & Noble, 2001.

FIELDING, Charles. *A Cabala Prática*. São Paulo: Pensamento, 1989.

FORTUNE, Dion. *A Cabala Mística*. São Paulo: Pensamento, 1957.

FRYE, Northrop, *O Código dos Códigos*. São Paulo: Boitempo, 2004.

FULCANELLI. *O Mistério das Catedrais*. Lisboa: Esfinge, 1964.

_____. *As Moradas dos Filósofos*. São Paulo, Madras Editora. 2006.

GIVALDAN, Ane, MEUROIS, Daniel. *O Caminho dos Essênios*. Rio de Janeiro: Objetiva, 1987.

GENON, René. *A Grande Tríade*. São Paulo: Pensamento, sd.

_____. *Estudos Sobre o Esoterismo Cristão*. São Paulo: Pensamento, sd.

GOLEMAN, Daniel. *Inteligência Emocional*. 53ª ed. São Paulo: Objetiva, 1995.

GOODMAN, Robert. *El Libro Negro dos Iluminatti*. Barcelona: Robinbook, 2006.

HAWKING, Stephen. *Uma Breve História do Tempo*. São Paulo: Círculo do Livro, 1998.

_____. *O Universo Em uma Casca de Noz*. São Paulo: ARX, 2002.

HELLER, Ann Willians. *A Cabala*. São Paulo: Pensamento, 1990.

HORNE, Alex. *O Templo do Rei Salomão na Tradição Maçônica*. São Paulo: Pensamento, 1998.

HORRIL, J. Scot. *Maçonaria e Fé Cristã*. Rio de Janeiro: Aurora, 1987.

HUTIN, Serge. *História da Alquimia*. São Paulo: Cultrix, 1987.

JOSEFO, Flávio. *Obras Completas*. Philadélfia: Kleger Publications, 1981.

KYOKAI, Bukio Dendo, Fundação. *A Doutrina de Buda*. Tóquio: Ed. em Português, sd.

LAVAGNINI, Aldo. *El Secreto Masónico*. Buenos Aires: Galáxia, 1983.

LEAD BEATER, CW. *Pequena História da Maçonaria*. São Paulo: Pensamento, 1997.

LAPERROUSSAZ, Ernest-Marie. *Os Pergaminhos do Mar Morto*. São Paulo: Círculo do Livro, 1990.

LÉVI, Elias. *As Origens da Cabala*. São Paulo: Pensamento. sd.

MACKENZIE, Kenneth. *The Royal Masonic Cyclopaedia*. Londres: Aquarian Press, 1987.

MELLO, Francisco Manuel de. *Tratado da Ciência da Cabala*. São Paulo: Imago, 1997.

MEIER, John. *Um Judeu Marginal*. Livro II, vol. II.

NICKELSBURG, George W.E. *Jewish Literature Between The Bible And The Mishnah*. Second Edition, Philadelphia: Fortress Press, 1981.

NIETZSCHE, Friedrich Wilhelm, *Assim Falava Zaratustra*. São Paulo: Hemus, 1979.

_____. *O Anticristo*. São Paulo: L&PM Pocket, 2009.

OSMAN, Ahmed. *Moisés e Akhenaton*. São Paulo, Madras Editora, 2007.

OUSPENSKY, Piotr Demianovitch. *Um Novo Modelo do Universo*. São Paulo, Pensamento, 1928.

OVASON, David. *A Cidade Secreta da Maçonaria*. São Paulo: Planeta, 2007.

PALOU, Jean. *A Maçonaria Simbólica e Iniciática*. São Paulo: Pensamento, 1964.

PAPUS, Gerard Encause, Dr. *O Que Deve Saber um Mestre Maçom*. São Paulo: Pensamento, sd.

_____. *A Cabala – Tradição Secreta do Ocidente*. São Paulo: Pensamento, 2005.

PAWELS, Louis; BERGIER, Jacques. *O Despertar dos Mágicos*. Rio de Janeiro: Bertrand Brasil, 1966.

RAGON, JM. *Ritual do Grau de Mestre*. São Paulo: Pensamento, 1964.

_____. *Ritual do Aprendiz Maçom*. São Paulo: Pensamento, sd.

RAMPA, Lobsang. *O Terceiro Olho*. São Paulo: Boitempo, 1968

READ, Piers Paul. *Os Templários*. Rio de Janeiro: Imago. 2001.

RITUAIS, graus 19 ao 33. Editados pelo GOB.

ROGERS, Bernard. *Descobrindo a Alquimia*. São Paulo: Círculo do Livro, 1994.

ROSENROTH, Knorr Von. *A Kabbalah Revelada*. São Paulo: Madras Editora, 2005.

RUYER, Raimond. *A Gnose de Princeton*. São Paulo: Cultrix, 1974.

SILVA, Raul. *Maçonaria Simbólica*. São Paulo: Pensamento, 1994.

SILVA, Pedro. *Templários em Portugal*. Lisboa: Ícone, 2005.

SCHONFIELD, Hugh. *A Odisseia dos Essênios*. São Paulo: Mercúryo. 1984.

_____. *A Bíblia Estava Certa*. São Paulo: Ibrasa, 1958.

SMITH, Frederick. *Templários, Irmãos em Cavalaria*. São Paulo: Madras Editora, 1998.

TRICA, Maria Helena. *Os Apócrifos da Bíblia*. São Paulo: Mercúryo, 1989.

TSÉ, Lao. *Tao Te King*. São Paulo: Attar, 1995.

VERLUIS, Arthur. *Os Mistérios Egípcios*. São Paulo: Círculo do Livro, 1998.

WARD, Upton. *The Templar Rules*. São Paulo: Ibrasa, sd.

WATTS, Alan. *Tao, O Curso do Rio*. São Paulo: Ibrasa, Pensamento, 1989.

WITTGEINSTEN, Ludwig. *Tratado Lógico-Filosófico*. São Paulo: Edusp, 1954.

WRIGHT, Dudley. *Os Ritos e Mistérios de Elêusis*. São Paulo: Madras Editora, 2004.

WHYBRAY, R. N. *The Making of the Pentateuch: A Methodological Study*. Sheffield: JSOT Press, 1987

YATES, Frances. *Giordano Bruno e a Tradição Hermética*. São Paulo: Cultrix, 1964.

_____. *O Iluminismo Rosa-Cruz*. São Paulo: Cultrix, 1967.

Leitura Recomendada

O Livro de Hiram
Maçonaria, Vênus e a Chave Secreta para a Revelação da Vida de Jesus

Christopher Knight e Robert Lomas

Quando os maçons Christopher Knight e Robert Lomas decidiram pesquisar as origens dos velhos rituais de sua Ordem, não esperavam se envolver com a Astronomia Pré-histórica, nem emaranhar-se no desenvolvimento do Cristianismo. Catorze anos depois, eles concluem sua missão com O Livro de Hiram. A obra traz novas e explosivas evidências desenhadas pelas últimas descobertas arqueológicas, pela Bíblia e por antigas versões dos rituais maçônicos.

Girando a Chave de Hiram
Tornando a Escuridão Visível

Robert Lomas

Há muito tempo a Ordem necessita de um livro sério a respeito de seus aspectos espirituais. Depois do sucesso de O Livro de Hiram, publicado pela Madras Editora, Girando a Chave de Hiram veio para preencher essa lacuna com o projeto de explorar os profundos sentimentos que a Maçonaria provoca no autor — Robert Lomas.

As Origens da Maçonaria
O Século da Escócia (1590-1710)

David Stevenson

O tema sobre as origens da Maçonaria sempre foi inesgotável entre maçons e estudiosos, que, freqüentemente, encontram-se em um terreno complexo e confuso que apresenta diversas possibilidades quanto à sua verdadeira procedência.

O Templo e a Loja
O Surgimento da Maçonaria e a Herança Templária

Michael Baigent e Richard Leigh

Neste cativante relato de investigação histórica, os autores de The Holy Blood and The Holy Grail traçam a fuga dos Cavaleiros Templários, a partir de 1309, da Europa para a Escócia, onde a herança templária fincou raízes e seria perpetuada por uma rede de relações entre as famílias nobres.

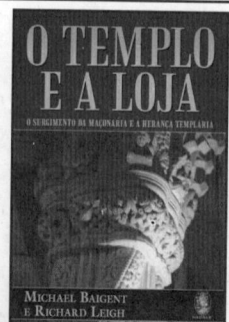

www.madras.com.br

MADRAS® Editora
CADASTRO/MALA DIRETA

Envie este cadastro preenchido e passará a receber informações dos nossos lançamentos, nas áreas que determinar.

Nome _____
RG _____ CPF _____
Endereço Residencial _____
Bairro _____ Cidade _____ Estado ____
CEP _____ Fone _____
E-mail _____
Sexo ❏ Fem. ❏ Masc.   Nascimento _____
Profissão _____ Escolaridade (Nível/Curso) ____

Você compra livros:
❏ livrarias   ❏ feiras   ❏ telefone   ❏ Sedex livro (reembolso postal mais rápido)
❏ outros: _____

Quais os tipos de literatura que você lê:
❏ Jurídicos   ❏ Pedagogia   ❏ Business   ❏ Romances/espíritas
❏ Esoterismo ❏ Psicologia ❏ Saúde   ❏ Espíritas/doutrinas
❏ Bruxaria   ❏ Autoajuda   ❏ Maçonaria   ❏ Outros:

Qual a sua opinião a respeito desta obra? _____
_____

Indique amigos que gostariam de receber MALA DIRETA:
Nome _____
Endereço Residencial _____
Bairro _____ Cidade _____ CEP _____

Nome do livro adquirido: **O Tesouro Arcano**

Para receber catálogos, lista de preços e outras informações, escreva para:

MADRAS EDITORA LTDA.
Rua Paulo Gonçalves, 88 – Santana – 02403-020 – São Paulo/SP
Caixa Postal 12183 – CEP 02013-970 – SP
Tel.: (11) 2281-5555 – Fax.:(11) 2959-3090
www.madras.com.br

Este livro foi composto em Times new roman, corpo 11,5/13.
Papel Offset 75g
Impressão e Acabamento
Orgráfic Gráfica e Editora — Rua Freguesia de Poiares, 133
— Vila Carmozina — São Paulo/SP
CEP 08290-440 — Tel.: (011) 2522-6368 — orcamento@orgrafic.com.br